中国轻工业"十四五"规划立项教材

信息检索与利用

（第二版）

彭奇志　沈艳红　严而清　编著

中国轻工业出版社

图书在版编目（CIP）数据

信息检索与利用/彭奇志，沈艳红，严而清编著. —2 版. —北京：中国轻工业出版社，2023.8

ISBN 978-7-5184-4470-0

Ⅰ.①信… Ⅱ.①彭…②沈…③严… Ⅲ.①信息检索—高等学校—教材 Ⅳ.①G254.9

中国国家版本馆 CIP 数据核字（2023）第 112443 号

责任编辑：杜宇芳

策划编辑：杜宇芳　　责任终审：李建华　　封面设计：锋尚设计

版式设计：霸　州　　责任校对：晋　洁　　责任监印：张　可

出版发行：中国轻工业出版社（北京东长安街 6 号，邮编：100740）

印　　刷：三河市万龙印装有限公司

经　　销：各地新华书店

版　　次：2023 年 8 月第 2 版第 1 次印刷

开　　本：787×1092　1/16　印张：14.25

字　　数：350 千字

书　　号：ISBN 978-7-5184-4470-0　定价：49.80 元

邮购电话：010-65241695

发行电话：010-85119835　　传真：85113293

网　　址：http://www.chlip.com.cn

Email：club@chlip.com.cn

如发现图书残缺请与我社邮购联系调换

220928J1X201ZBW

前　言

当今时代信息搜集与鉴别的重要性在科学研究领域愈加凸显。据美国科学基金会统计，一个科研人员用在文献资料调研上的时间占全部科研时间的50.9%，足以说明科研信息检索的重要性。科研人员在课题选题过程中，必须充分地查找和搜集与课题有关的文献信息资源，追踪课题研究轨迹，以便全面洞悉课题研究的相关学术成果、发展前沿及趋势；在课题研究过程中，需要查阅大量深层次文献信息资源，以便借鉴他人的经验，在前人的研究基础上开拓创新；在研究后期，仍然需要借助文献信息资源对研究成果进行评估与修正等。科学研究的创造性、继承性与延续性，决定了文献信息资源的搜集与利用将贯穿整个科研创新活动的始终。

在网络技术不断发展的背景下，世界的信息和知识都处于大爆炸状态，造成了诸如信息泛滥、信息质量差、信息价值低等问题，有价值的学术信息往往湮没在杂乱无序的信息噪声之中，给学术信息检索的“查准率”和“查全率”带来很大影响。科研人员只有熟练地掌握计算机检索技术及检索策略，并拥有信息甄别、管理与分析的能力，才能做到“广、快、精、准”地获取课题研究前沿信息，进而追踪课题发展趋势及开展科研创新。

《信息检索与利用》（第二版）正是为适应信息时代大学生、研究生与科研人员对信息资源进行“广、快、精、准”搜索与分析利用的需要而撰写与修订的，是作者努力以“授人以渔”为宗旨，以读者信息检索及分析利用能力的提升为目的，引领读者“站在巨人的肩膀上”洞悉和掌控学术信息资源的工具型教材。本教材在第一版的基础上经过作者的精心打磨与内容重构，相关章节做了适当的精简和增补，力求突出如下特色：

（1）新颖性：突出学科前沿课题检索案例教学内容。以重点学科前沿课题检索为实例，对国内外常用的学术数据库进行分析评鉴，并详细阐述其检索策略的制定和检索技巧，同时引入了可视化分析、科研评价等内容。

（2）科学性：以大量的课题检索案例为例，科学地分析了信息资源实践检索过程中的常见误区，归纳总结了信息资源检索策略的优化路径，以及如何灵活调整检索策略以提高检索效果的具体方法。

（3）实践性：强调理论与实践相结合，把信息检索教学实践经验、科技查新及学科知识分析等业务工作、课程教学理念三者融会贯通。因此，教材融入了较多科技查新实例，以及文献管理工具、文献信息分析、论文写作与投稿策略等应用知识。

（4）综合性：把学术信息检索技术、核心期刊与引文评价、文献管理方法、论文撰写、信息分析与利用等相关知识融入教材，注重读者文献信息素养综合能力的培养。

本教材凝聚了作者多年来躬耕于本科生与研究生教学、情报咨询工作的精髓。全书共9章，其中第1章、第2章、第7章、第8章、第9章由彭奇志撰写，第3章由彭奇志（3.1，3.2）、沈艳红（3.3）、严而清（3.4，3.5）撰写，第4章由严而清（4.1，4.2）、彭奇志（4.3～4.5，4.8～4.11）、沈艳红（4.6，4.7）撰写，第5章由沈艳红撰写，第6

章由严而清（6.1～6.4）、沈艳红（6.5～6.8）撰写。全书由彭奇志、沈艳红审稿与统稿。张群、喻萍等参与了本教材第一版的撰写，杜宇芳、顾烨青等对第二版的修订与出版工作给予了大力支持，在此一并表示衷心的感谢！

本教材系中国大学 MOOC 课程、“十三五”高等学校在线开放课程、双一流高校优秀在线课程“信息检索与利用”配套教材，江南大学研究生教材建设项目资助（编号：YJSJC22_004）。教材配套的 MOOC 视频、多媒体课件、习题等教学素材可通过中国大学 MOOC、江南大学图书馆“信息检索课程”平台浏览或下载使用。本教材适合高校大学生、研究生与各类科研人员使用。

信息时代学术文献数据库及各种网络信息资源的发展日新月异，加之作者的知识和能力有限，书中的疏漏、不当之处乃至错误在所难免，敬请专家、读者指正，相关建议与意见请致作者邮箱 596339088@qq.com。

编著者

2023 年 2 月

目　录

第1章　信息检索基础知识

1.1　信息素养

我们要掌握信息检索的方法，提高信息分析与利用的能力，还得从了解信息素养的概念及组成因素着手。

1.1.1　信息素养概述

信息素养（Information Literacy，IL）即信息素质，是进入信息社会后出现的一个概念。1974年美国信息产业协会主席保罗·泽考斯基在提交给全美图书馆学和信息学委员会的一份报告中首次提出了这一概念，他将之解释为“利用大量的信息工具及原始信息源使问题得到解答的技术和技能”。1989年，美国图书馆协会下设的IL主席委员会发表的一份有关IL的权威报告对IL的定义是至今使用最为广泛的一种：“具有信息素养的人必须在需要时能够识别、查找、评价和有效地使用信息”。目前可以检索到的国内第一篇关于信息素养的文章是熊扬华于1989年发表在《江西社会科学》第一期的《浅议企业经营者市场信息素养》。随着人们对信息素养认识的不断深入，信息素养的内涵不断丰富和扩展，对信息素养的重要性形成了普遍的共识。此后出现了一系列对信息素养的定义：①信息素养是指为了某种目的而寻找、处理和利用信息的能力。②信息素养是个体能够认识到何时需要信息，能够检索、评估和有效地利用信息的综合能力。③从水平维度看，信息素养是思维能力、问题解决能力、决策能力和合作能力的基础。从垂直维度看，信息素养是终身学习的基础。④信息素养是利用信息技术进行信息检索和交流的能力。⑤信息素养是在信息资源中寻找所需信息的能力等。

信息素养是一种基本能力，是一种对信息社会的适应能力。信息素养也是一种综合能力，涉及各方面的知识，是一种特殊的、涵盖面很宽的能力，它包含人文的、技术的、经济的、法律的诸多因素，和许多学科有着紧密的联系。信息素养的重点是内容、传播、分析，包括信息检索以及评价。它是一种了解、搜集、评估和利用信息的知识结构，既需要通过熟练的信息技术，也需要通过完善的调查方法、通过鉴别和推理来完成。

综上所述，信息素养是利用大量的信息工具及主要信息源使问题得到解答的技术和技能，包括信息意识、信息知识、信息能力、信息伦理道德等多方面因素。

1.1.2　信息素养组成因素

信息素养主要包括信息意识、信息知识、信息能力、信息伦理道德等因素。

（1）信息意识

信息意识是科研人员创新最基本的素养能力。信息意识是信息在人脑中的集中反映，即社会成员在信息活动中产生的认识、观点和理论的总和，是人们凭借对信息与信息价值所特有的敏感性和亲和力，主动利用现代信息技术捕捉、判断、整理、利用信息的意识。

人们的信息搜集活动是受信息需求驱使的，而影响需求的力量大小主要就是需求被意识的清晰程度，即意识越明确、行动目标越清楚，则信息活动的动机就越稳定、持久、强烈，努力程度也就越高。如果这种意识仅停留在感性阶段，那么接受信息总是处于被动状态；反之，信息意识经常在觉醒的、活跃的状态，就会促使人们主动制定信息活动计划，预见各种变化，并做出积极的选择。信息意识是人们对信息做出的能动反映，具体表现为了解信息的重要性、对信息的敏感程度，从已有的信息事件基础出发，依据事物之间的固有模式的内在联系与规律而推断创造出具有创新意义的信息，同时在遇到问题时意识到需要依靠信息进行判断、分析和决策。对信息的联系和联想也是获得新颖信息的重要途径。

（2）信息知识

信息知识是指涉及信息活动（确定信息问题、获取、评价、利用、交流信息的活动）所必须具备的基本原理、概念和方法性知识。它主要包括5方面：①传统文化知识。主要指传统的读、写、算的知识。②信息的基本知识。主要指信息的基本原理、方法和原则（信息分析综合法、系统整体优化法）等。包括信息的基本概念、文献学知识、信息检索原理和方法，对知识进行交流、传播和管理的知识（如正式出版的审核、编辑等），图书情报学知识等。③现代信息技术知识。包括信息技术的原理（如计算机原理、网络原理等）和信息技术的操作技能等。④信息法规、伦理知识。主要是指人与人信息交往过程中应该遵循的基本伦理规范、基本礼节、对不同人群文化差异的理解；必须遵守的网络安全法规、知识产权等。⑤外语。这是经济全球化的必然要求。

（3）信息能力

信息能力是指人们在社会生活、科学研究中查找、整理加工、传递交流和利用信息的一种直接的或潜在的能力，它包括信息获取能力、信息处理能力、信息评价能力、信息创新能力和信息交流能力等。

信息能力主要概括为以下几个方面：

① 信息获取能力。包括了解知识和信息的产生和组织方法，了解科学研究领域内信息的特征和表现形式，了解信息检索工具，并能根据自己明确的信息要求，采用合适的方法和途径获取信息，掌握快速、全面、准确获取信息的技能。

② 信息处理能力。包括文字、图片、声像信息的处理以及特定科技领域内的信息处理方法、网络信息浏览、信息组织与保存技术、信息发布、信息的个性化管理等技术能力。

③ 信息筛选、评价、提炼能力。科技创新需要知识和信息的积累和存储，也需要快速筛选、分析、概括和推理的能力。面临无数的信息选择，能够根据自己的需要，评价筛选出对科学研究有价值的信息，并能对获取的信息重新组织、整理、分工、分析和整合，提高信息的利用率，加速创新的过程。在信息收集的基础上，能准确地概述、综合、履行和表达所需要的信息，使之简洁明了，通俗流畅，并且富有个性特色。

④ 信息创新能力。在现有信息和知识的基础上，从新的理论、新的方法、新的视角、新层次上进行创造性的思维和实验，以促进信息转化并衍生出新的信息和成果。这不仅是知识和信息的沉淀，而且是知识和信息的再生，创新由此而产生。

⑤ 信息交流与协作能力。创新常常是各种不同思想在交融、碰撞中产生的火花。掌

握必要的信息交流技能，通过各种渠道与领域和其他领域的专家进行不限时间和限时间的信息传递和信息交流，将有利于促进创新结果的产生。高水平的信息能力可以极大地提高科研、生产的效率，节省时间。信息和信息工具作为跨越时空的、“零距离”的交往和合作中介，人们使之成为延伸自己的高效手段，同外界建立多种和谐的合作关系。

⑥ 信息效益发挥能力。善于运用接收的信息解决问题，让信息发挥最大的社会和经济效益。

⑦ 信息免疫力。浩瀚的信息资源往往良莠不齐，需要有正确的人生观、价值观、甄别能力以及自控、自律和自我调节能力，能自觉抵御和消除垃圾信息及有害信息的干扰和侵蚀，并且完善合乎时代的信息伦理素养。

（4）信息伦理道德

信息伦理道德是一个涉及面广、全球化程度高、空白点多的问题。在国外，网络伦理研究者把与网络有关的信息伦理道德问题归纳为“7P”，即 Privacy（隐私）、Piracy（盗版）、Pornography（色情）、Pricing（定价）、Policing（监督、管理）、Psychology（心理）和 Protection of the Network（网络保护）。国内一些专家认为，“7P”还不足以涵盖信息伦理道德领域的全部问题，又提出信息伦理道德建设要处理好虚拟空间与现实社会、网络道德与传统道德、信息内容地域性与传播手段的超地域性、通信自由与社会责任、个人隐私与社会监督、信息共享与信息独有、网络开放与网络安全、网络资源的正当使用与不正当使用等方面的矛盾。信息伦理不是由国家强行制定和强行执行的，是在信息活动中以善恶为标准，依靠人们的内心信念和特殊社会手段维系的。

信息伦理结构的内容可概括为“两个方面，四个层次”。所谓两个方面，即主观方面和客观方面。前者指人类个体在信息活动中以心理活动形式表现出来的道德观念、情感、行为和品质，如对信息劳动的价值认同、对非法窃取他人信息成果的鄙视等，即个人信息道德；后者指社会信息活动中人与人之间的关系以及反映这种关系的行为准则与规范，如扬善抑恶、权利义务、契约精神等，即社会信息道德。所谓四个层次，即信息道德认知、信息道德情感、信息道德意志、信息道德行为。

1.2　信息资源和检索工具

1.2.1　信息资源的概念

信息资源（Information Resources）目前尚无统一认可的定义。一般认为，只有经过人类加工、有使用价值或者潜在使用价值的信息才可称为信息资源。信息资源具有客观性、传递性、依附性、动态性、共享性、时效性、增长性等特点。

1.2.2　信息资源的类型

信息资源种类繁多，数量巨大。信息资源按照不同的划分标准，可以分为不同的类型。

1.2.2.1　按加工程度划分

按加工程度，信息资源可以划分为零次信息资源、一次信息资源、二次信息资源和三次信息资源。

（1）零次信息资源

指未向社会公开和正式报道，只供一定范围内使用的信息资源。如手稿、私人笔记、会议（发布会、座谈会）记录、信件、设计草稿、网络私人聊天等。它具有直接性、及时性、新颖性、随机性、非存储检索等典型特征。零次信息资源在当代信息社会具有愈来愈重要的作用。

（2）一次信息资源

指以科学研究、研制成果、生产或产品信息等为基础撰写的，未经他人加工、重组、压缩，通过某种方式（含网络）向社会公开发布或报道的信息资源。如专著、教材、学术期刊论文、科技报告、专利说明书等。一次信息资源一般内容详尽、分散、无序。

（3）二次信息资源

指将各种分散、无序的一次信息资源，按照一定的规则整理、归纳、提炼和简化，按一定的规律组织而形成的供查找一次信息资源的线索型信息资源。它能有效地提高检索和使用一次信息资源的效率。主要包括目录、题录、文摘、索引类具有标引和检索性质的信息资源。如图书馆馆藏书目、联机目录、专题文摘、引文索引、网络文摘题录型数据库、搜索引擎检索结果等。

（4）三次信息资源

是在对一次信息资源和二次信息资源进行评价和筛选后，经过分析、提炼和压缩，按知识门类或专题综合加工而成的信息资源，也称为参考工具书。其内容上具有概括性、浓缩性、可检索性和参考性。如百科全书、年鉴、字词典、标准信息、综述和述评等。

1.2.2.2　按信息载体划分

按信息载体，信息资源可分为四大类。

（1）纸质信息资源

是一种以纸质材料为载体的信息资源。按其记录方式又可分为：印刷型信息资源，包括图书、期刊、报纸等；书写型信息资源，包括手稿、日记、信件和原始档案等。

（2）缩微型信息资源

包括缩微胶片和缩微胶卷等。

（3）声像型信息资源

包括唱片、磁带（录音带、录像带）、胶卷、胶片和幻灯片等。

（4）电子信息资源

是指以二进制的格式把文字、声音、图像和动画等存储在磁盘或磁带等载体上，需要通过计算机、终端等设备进行阅读的信息资源。包括光盘数据库、网络数据库、联机数据库、电子图书、电子期刊、电子报纸和互联网信息资源等。

1.2.2.3　按存在状态和开发程度划分

按存在状态和开发程度，信息资源可分为潜在的信息资源和现实的信息资源。

潜在的信息资源是指个人在学习、认知和实践过程中存储在大脑中的信息资源，其特点是只能供个人所用。现实的信息资源则是指潜在的信息资源经过个人表述之后能够为他人所利用的信息资源，它最主要的特征是具有社会性，通过特定的符号表述和传递，可以在特定的社会条件下广泛地连续往复地为人类所利用，是一种无限再生的信息资源。而现实的信息资源又可分为口语信息资源、体语信息资源、实物信息资源、网络信息资源和文献信息资源。

（1）口语信息资源

是人类以口头语言如谈话、演讲、授课、讨论、歌唱等方式表述出来的信息资源。例如口头谚语“有雨四边亮，无雨空顶上”揭示了云和雨之间的关系。

（2）体语信息资源

是以手势、表情、姿势如舞蹈、体育比赛、杂技等人的体态表达出来的信息资源。哑剧通过丰富的表情和动作传递剧情，服装表演传递时尚和美感信息。中国人竖大拇指表示称赞，点头表示同意，美国人耸肩表示无可奈何，欧美人手指做成“V”状，表示“必胜”。

（3）实物信息资源

是以实物本身如文物、产品样本、模型、碑刻、雕塑等形式来存储和表现的知识信息。如某种样品、样机，它本身就代表一种技术信息。如工艺美术信息，一尊雕像、一幅绘画既是艺术品，又是作者的创作思想、艺术流派、艺术传统等重要信息的载体和传递者。

（4）网络信息资源

可以理解为“通过计算机网络可以利用的各种信息资源的总和”，主要指互联网上的信息资源。

（5）文献信息资源

可以理解为“以文字、图形、符号、声频、视频等方式记录在各种载体上的知识和信息资源”。按照各种标准，文献可分为不同的类型。

① 图书（Book）

国家标准《信息与文献　术语》（GB/T 4894—2009）对图书的解释是：一般不少于 49 页并构成一个书目单元的文献。按照联合国教科文组织（UNESCO）和国际标准化组织（ISO）的规定，49 页不包括封面与扉页。48 页或少于 48 页的小书被称为小册子（Pamphlet）。图书具有内容全面、系统、基础理论性强、论点成熟、定型和可靠等优点，但时间性较差，传递信息的速度较慢。图书可分为专著、丛书、通俗图书、教科书（教材）、工具书等。

a. 专著（Monograph）：也叫学术著作，对某学科专门主题进行较全面、系统论述的图书。内容广博、论述系统、观点成熟是其特点。书后一般有引文注释、参考文献和主题索引。专著是科学研究成果的体现，具有较高的学术价值。

b. 丛书（Series）：汇集多种图书、冠以总书名的成套图书。它通常是为了某一特定用途或特定读者对象，或围绕某一主题而编撰的。一套丛书内的各子书一般有相同的版式、书型、装帧形式，各子书均可独立存在，并有独立的书名。有整套丛书的编者，亦有各子书自己的编者或作者。可以一次出齐，也可陆续出版。

c. 工具书（Reference Book）：指用于查找和检索信息和知识的一类图书。它是求知治学的得力工具。内容概括、信息量大、排列有序、查检快捷是其特点。它包括书目、索引、文摘、字词典、类书、政书、百科全书、年鉴、手册、名录、图谱、传记资料等。

每种图书一般都有唯一的标识即国际标准书号——ISBN（International Standard Book Number），根据 ISBN 可知该书的语种区、出版社、流水号等。一般来说，号码为

13位或者10位（2007年1月1日之前）数字，由5或者4个部分组成：Ⅰ．如果是13位数字的国际标准书号，则有一个GS1前导数字，通常为978或者979；Ⅱ．出版国家或者语言代码；Ⅲ．出版者代码；Ⅳ．书所分配到的号码；Ⅴ．校验码。例如：ISBN 978-7-5161-0424-8。

② 连续出版物（Serial Publication）。连续出版物是指具有统一题名、定期或不定期以分册形式出版、有卷期或年月标识、计划无限期连续出版的文献。它包括期刊、报纸、年度出版物及其他连续性报告、会议录、专著性丛刊等。

期刊（Periodical；Journal）：又称杂志（Magazine），指有统一名称，定期出版的连续出版物。期刊具有出版周期短、载文量大、出版速度快、内容新颖、品种多、连续性强，能及时反映国内外科技水平等特点。期刊按照载文的内容性质，可分为学术性期刊、通讯性期刊、消息性期刊、综述与述评性期刊、资料性期刊和检索性期刊等。按照出版时间长短，可分为周刊、旬刊、半月刊、月刊、双月刊、季刊、半年刊和年刊等。期刊的外表特征包括刊名、年卷期、页码、国际标准连续出版物号——ISSN（International Standard Serial Number）。ISSN后的前七位数字为顺序号，最后一位是计算机校验码。例如：ISSN 1007-7634。

年度出版物（Annual Publication）：汇集年内重要资料、每年出版一次的连续出版物。它包括年报、年鉴、年度进展、年度指南与手册、按年修订的百科全书等。内容较为系统、资料性强、便于查检是其特点。

③ 特种文献。特种文献是指有特定内容、特定用途、特定读者范围、特定出版发行方式的文献。它包括专利（Patent）、学位论文（Dissertation；Thesis）、会议录（Proceedings）、研究报告（Research Report）、标准（Standard）、档案（Archives）、政府出版物（Government Publication）和产品样本（Product Sample）等。

1.2.3 检索工具的概念与类型

检索工具是人们用来报道、存储和查找各类信息的工具。

按照检索手段的不同，检索工具可分为手工检索工具、机械检索工具和计算机检索系统。按照著录形式的不同可分为目录型检索工具、题录型检索工具、索引型检索工具、文摘型检索工具、全文型检索工具等。按照载体形式的不同可分为书本式检索工具、卡片式检索工具、缩微式检索工具和机读式检索工具等。

1.2.3.1 手工检索工具

手工检索工具是传统的检索工具，主要是各种类型的工具书。工具书是人们根据一定的需要，广泛收集某一范围的有关资料，按特定体例或方式编排，提供基本知识和文献线索的一种特殊类型的图书，是检索文献信息的重要工具。根据工具书的体例和功用，可分为检索类工具书、词语类工具书、资料类工具书、表谱类工具书、图录类工具书和边缘类工具书六种类型。

检索类工具书一般包括四种：目录、题录、文摘、索引。

（1）目录（Bibliography/Catalogue）：通常是以文献的“本”“种”“件”等为单位，对一批相关文献外表特征的揭示和报道。例如：《全国新书目》《全国总书目》《全国报刊简明目录》等。

（2）题录（Title）：它报道和揭示单篇文献的外表特征，是在目录的基础上发展起来的一种检索工具。它与目录的主要不同点在于著录的对象不同，目录的著录对象是整部文献，而题录的著录对象是文献中的论文或部分内容，如美国《化学题录》等。

（3）文摘（Abstract）：是系统著录、报道、积累和揭示文献信息外表特征和内容特征的检索工具，是重要的二次文献。它是对文献中的论文或内容进行浓缩，概括地描述其主要论点、数据、结论等，并注明其出处，按一定的规则编排起来的一种检索工具。文摘分三种：指示性文摘、报道性文摘和评论性文摘。例如：《新华文摘》《经济学文摘》等。

（4）索引（Index）：是将文献信息中的题名、人名、地名、字句及参考文献等分别摘录出来，并注明出处，按一定的规则编排起来的一种检索工具，如《科学引文索引》（Science Citation Index，SCI）等。

1.2.3.2　计算机检索系统

计算机检索系统是借助计算机技术、通信技术、光盘技术、网络技术等信息技术建立的存储和检索信息的检索工具。检索系统由硬件和软件组成，硬件主要包括计算机主服务器、检索终端、数据输出设备等。软件主要包括检索程序和数据库等。检索软件是检索系统的灵魂，负责管理数据库和处理检索提问，它决定系统的检索能力。数据库是检索系统的信息源和信息存储仓库，是检索作业的对象。存储时，将大量的各种信息以一定的格式经加工处理后输入可供检索的数据库。检索时，将符合检索需求的提问表达式通过检索终端向检索系统发出请求，检索系统在选定的数据库中执行匹配运算，然后将符合要求的检索结果按一定的格式输出。计算机检索系统一般可分为光盘检索系统、联机检索系统和网络检索系统等。

1.2.3.3　机械检索工具

机械检索工具是手工检索工具向计算机检索系统过渡的中间检索工具。它主要包括两种类型：机电检索工具（如打孔机）和光电检索工具（如缩微机）。

1.3　信息检索与检索原理

1.3.1　信息检索概述

信息检索（Information Retrieval）全称为“信息存储与检索”（Information Storage and Retrieval），其概念有广义和狭义之分。广义上是指将杂乱无序的信息按一定的方式组织和存储起来，并根据信息用户的需要找出相关信息的过程和技术。信息的存储主要是指对一定范围内的信息进行筛选、加工、描述其特征，使之有序化，形成信息集合，即建立检索工具或数据库；信息的检索是指采用一定的方法与技术从检索工具中查找出所需信息，是存储的逆过程。通常人们所说的信息检索是指后一过程，也就是狭义的信息检索。存储是检索的前提和基础，检索是存储的目的。

计算机信息检索是在手工信息检索的基础上发展起来的，是指对大量的文献信息资料或数据进行加工整理，按一定格式存储在光盘、磁盘、磁带等机读载体上，建成机读数据库，并开发相应的检索和管理软件，建立计算机检索系统，提供用户利用计算机对检索系统对其数据库进行检索的信息检索方式。简单地说就是使用特定的检索指令、检索词和检索策略，从计算机检索系统中检索出所需要的信息的过程。

从广义上来说，计算机信息检索包括信息的存储和检索两个方面，计算机信息存储的过程就是将待存储的原始文献进行主题分析、标引和著录，按一定格式输入计算机，构成可供机读数据库记录及文献特征标识，这相当于编制手工检索用的文摘、索引等检索工具。从狭义上来说，计算机信息检索则是信息查询的过程。用户对检索课题内容加以分析，明确检索范围，弄清主题概念，然后用检索语言（主题词、分类号等）来表示主题概念，形成检索标识及检索策略，输入计算机进行查找。本书所指的主要是狭义上的信息检索。

1.3.2 信息检索的类型

根据不同的标准，可以将信息检索划分为不同的类型。

（1）根据检索对象的不同，信息检索可分为文献检索、多媒体检索、事实检索、数据检索四种类型。

① 文献检索：是从一个文献集合中检索出切题文献的过程、方法与策略。它是利用检索工具查找文献线索，获取文献信息的过程。包括书目题录检索和全文检索。传统的文献检索过程一般包括两个步骤，先获得题录文摘信息，据此查找或复制文献全文。随着全文检索系统和超文本检索系统的发展，人们已经可以直接从全文检索系统和超文本检索系统中检索和获取文献全文。

② 多媒体检索：是从存储有多媒体文件的检索系统中获取多媒体信息的一种检索方式。它是随着计算机技术的发展而产生的新的检索类型。检索结果是以多媒体形式反映特定信息的文字、图像、声频、视频等。可以在因特网上利用特定的搜索引擎进行检索。

③ 事实检索：是从存储有大量知识信息、事实信息和数据信息的检索工具中获取某一事物的现状、结果，发生的时间、地点及过程的检索。可以利用各种百科全书、年鉴、名录等进行检索。如查找某产品的生产企业、性能，某机构的概况等。

④ 数据检索：是从存储有大量数据、图表的检索工具和系统中获取数值型信息的一种检索类型。检索的结果是经过评价的各种数据，可直接用于比较分析和定量分析。可以利用各种百科全书、手册、年鉴和图谱等进行检索。

（2）根据检索手段的不同，信息检索可分为手工检索和计算机检索两种形式。

① 手工检索：通常使用的是一些印刷型的检索工具，检索过程是通过手翻、眼看、大脑判断来完成的。

② 计算机检索：使用的是检索系统，检索系统包括计算机设备、通信网络、数据库和其他辅助设备等。计算机检索又包括光盘检索、联机检索和网络检索。传统的检索手段是手工检索形式，随着计算机技术、网络通信技术和数字化技术的快速发展，以计算机为工具的信息检索形式正逐步替代传统的手工检索形式，成为信息检索的主要形式。

1.3.3 信息检索原理

在存储信息时，信息著录和标引人员首先要对各种原始信息进行主题分析，把原始信息中包含的信息内容分析出来，形成若干能代表该原始信息主题的概念，并用检索语言的语词（即标引标识，包括主题词和分类号等）把这些概念标识出来，然后按一定规则存入检索工具或系统。用户检索时，首先要对检索课题进行主题内容分析，明确所涉及的学科范畴、检索要求及检索范围，并形成若干能代表检索课题需要的概念，把这些概念转换成检索语言的语词（即检索标识，包括主题词和分类号等），然后从检索工具或系统中查找含有该检索标识的信息，从而获得所需的信息。

信息的存储包括对信息的著录、标引及编排正文和辅助索引等。对信息的著录是按一定规则对信息的外表特征和内容特征加以简单明确的描述。信息的标引是对其内容按一定的分类表或主题词表给出分类号或主题词。检索过程则是按照同样的分类表或主题词表及组配原则分析课题，形成检索标识，根据检索工具所提供的检索途径，从信息集合中查找与检索标识相符的信息特征标识的过程。

信息检索原理就是将检索标识与存储在检索工具或系统中的标引标识（包括可检索的著录项）进行比较，两者一致或信息标引的标识包含着检索标识，则含有该标识的信息就从检索工具或系统中输出。计算机检索是用计算机代替人工检索的匹配过程。计算机一方面接受检索提问表达式，另一方面从数据库中读取信息记录，然后在两者之间进行匹配运算，即将检索提问表达式与数据库中的信息标引标识进行比较，如果比较的结果一致，那么这条信息就被输出；如果比较的结果不一致，那么这条信息就不被输出。

在计算机检索系统中，文献记录以机读代码的形式存储在计算机的外存储器上，同常规的手工检索工具相比，它的一条记录除了文献款目内容外，还加上了一些供计算机处理所需要的符号，如指示符、分隔符、字段或记录的结束符等，此外还有记录长度、字段标识、长度与起始地址等的说明。在当代的联机检索中，用户的检索提问表达式首先与索引文档中的索引单元进行比较，如果比较一致，则可按索引单元所带的地址在顺排文档中找到所需的文献全记录。由于索引文档（又称倒排文档）比顺排文档小得多，因而这种匹配运算比顺序式检索快得多。计算机检索对检索提问与文献记录之间的相关性判断实际上是检索词与标引词之间的相似性计算。信息检索的过程是信息存储的逆过程（图 1-1）。

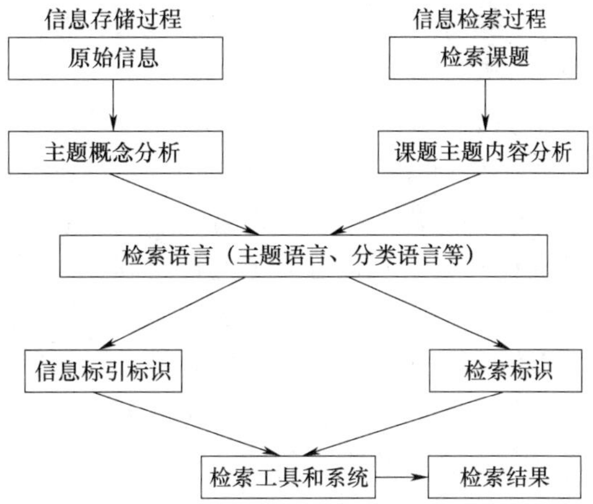

图 1-1　信息存储与信息检索过程

存储信息的同时必须考虑信息的检索，要使检索工具和系统中的信息能被人们检索到，就必须使信息存储所依据的规则与信息检索所依据的规则尽量做到一致。也就是说，信息存储标引人员在存储信息过程中与信息检索人员在检索信息过程中必须遵循同一种规则，不论由谁来检索，只要遵循同一种规则就可以检出这条信息来。为了保证检索过程的顺利进行和达到较高的检索效率，除了在存储和检索过程的各个环节必须依据一定的方法和规则之外，一般还必须有统一的检索语言和名称规范作为存储人员和检索人员的共同依据。

1.4 检索方法与检索途径

1.4.1 检索方法概述

检索文献信息采用何种方法，需要考虑的因素很多，这主要包括检索课题的目的、性质、所要求的文献信息类型、检索工具和检索系统的现状、用户的具体要求等。检索方法过去常用手工检索，但计算机检索同样可以借鉴。它通常指以手工操作的方式，利用书本式或卡片式检索工具进行文献信息检索，是信息检索的传统方式。它采用人工匹配方式，即由检索人员或用户，对提问标识和检索标识是否相符进行比较，并做出选择。手工检索可以根据查找的具体情况，随时对检索的方向、目标、深度及检索词等进行灵活的调整，使文献的选择具有更高的准确性和切题性，使检索的结果更符合检索课题的需要。

1.4.2 检索方法的类型

一般说来，文献信息检索方法主要有工具法、引文法和循环法三种。

1.4.2.1 工具法

又称常用法或直接法，是指直接利用检索工具检索文献信息的方法，这是信息检索中最常用的一种方法。它又分为顺查法、倒查法和抽查法。

（1）顺查法

顺查法指利用选定的检索工具，按照时间的先后顺序，由远及近地（过去到现在）逐年查找文献信息的方法。这种方法能系统、全面地检索到某一课题的文献信息，检索信息量大，查全率高，但工作量大，比较费时费力。一般来说，就某项科研立项或科技成果的新颖性进行文献信息检索，国内文献信息要求检索 10 年以上，国外文献信息要求检索 15 年以上。

（2）倒查法

倒查法与顺查法相反，指利用选定的检索工具，按照时间的逆序，由近及远地（现在到过去）逐年查找文献信息，直到满足信息检索的需要为止。一方面，由于近期的文献信息新颖性和及时性好，可能已经包含和吸收了过去的文献信息；另一方面，由于一旦基本掌握了所需要的信息，或检索出的文献信息已经符合用户的要求，可随时终止检索。所以，倒查法能快速、准确地检索到某一课题的文献信息，检索效率高，获得的信息新颖及时，工作量较小，省时省力，适用于满足检索准确性要求较高的检索需求。这种方法的主要不足是检索不够系统、全面，漏检的可能性大。检索年限可根据获得的文献信息量是否满足用户的需要来决定。

（3）抽查法

抽查法是根据研究课题的实际需要，利用检索工具检索某个特定时期文献信息的方法。使用该方法的前提是用户必须清楚有关该课题的文献信息最可能出现或最多出现的时间段。它适合于检索某一学科研究高潮很明显的、某一专业的发展阶段很清晰的、某一事物出现频率在某一阶段很突出的课题。此法能快速、有效地检索到某一课题的文献信息，检索效率高，但如果不了解课题的历史背景就容易产生漏检。

1.4.2.2　引文法

引文法又名追溯法，是查找某一篇文献被哪些文献所引用，或者以文献末尾所附参考文献和注释为线索逐一地追溯查找原始文献的方法。文献之间的引证和被引证关系反映了文献之间存在的某种内在联系，某一篇文献后所附的参考文献、其参考文献的参考文献，以及该文献被引用的文献，组成了一条学术链，从一定程度上反映了某一课题研究的轨迹。循着这些轨迹去查找，不仅可以利用前人的学术成果，节省很多时间和精力，而且可能在原来的基础上有新的发现。引文索引是采用引文法快速查找文献信息的有效工具，但容易产生漏检。

引文法的具体操作可以采用两种方式：

（1）由远及近地查找

指找到一篇有价值的文献后，进一步查找该文献被哪些其他文献引用过，以了解他人对该文献的评价、引用用途等。这种检索方法需要依靠专门的引文索引，如《科学引文索引》、《社会科学引文索引》（Social Sciences Citation Index，SSCI）。

（2）由近及远地查找

指利用文献末尾所附参考文献和注释，由近及远地追溯查找，直到满足要求为止，适合于查找以往的研究情况或对背景资料的查询，其缺点是越查文献就越旧，单纯使用此法查找文献是很不够的，它具有很大的局限性。

1.4.2.3　循环法

循环法又称为综合法、交替法，它是把工具法和引文法结合起来查找文献信息的方法。循环法既要利用检索工具进行常规检索，又要利用文献后所附参考文献进行追溯检索，分期分段地交替使用这两种方法。循环法的好处是能够综合工具法和引文法的优点，因为任何检索工具，都有文献收录的范围、主题报道的重点和倾向等，以引文法进行补充，可以扩大文献线索，发现更多有价值的文献信息。按照引文规律，有价值的文献在发表后最初几年（例如 5 年）内被引用的次数较多，但以后趋于减少，因此，追溯检索的年限不宜过长。利用此法可以获得较为全面而准确的文献，因此用户在实际检索中采用较多。

循环法的具体操作可以采用两种方式：

① 首先使用工具法，然后使用引文法，不断循环交替。

即首先利用成套的检索工具，检索出一批相关文献，然后利用这些文献所附的参考文献，进行引文追溯，获得更多有用文献。

② 首先使用引文法，然后使用工具法，不断循环交替。

即首先利用已经掌握的相关文献，以已知文献信息所附的参考文献或注释进行追溯检索，然后依据这些检索出的文献信息的各种特征（如责任者、分类号、关键词等）作为检索标识，利用检索工具，进一步展开有针对性的信息检索。

1.4.3　检索途径

信息检索与信息存储是互逆的过程，存储在检索工具和系统中的数据，有些著录项或标引字段是可以提供检索的，这些著录项或标引字段就是检索的入口。在进行文献信息检索时，一般可以利用文献信息存储时的著录项或标引字段。检索途径一般包括文献信息的内容特征途径和外表特征途径（表 1-1）。

表 1-1 检索途径

途径类型	途径名称
内容特征途径	主题途径
	分类途径
	代码途径
外表特征途径	题名途径
	责任者途径
	机构名称途径
	编号途径
	其他途径

各种检索途径都有自身的优点和缺点，综合利用多种检索途径，能够提高文献查全率，仅用一种途径去查找，难免产生漏检。

1.4.3.1 内容特征途径

主题途径和分类途径是从文献内容特征检索文献信息的主要途径。主题途径以主题词或关键词作为检索标识，能直接、灵活、准确地表达课题和检索提问的主要概念，能集中检索出特指内容的有关文献信息。分类途径按照学科分类的方法，检索的学科专业系统性强，适合于学科的族性检索。代码途径通常作为一种辅助检索途径。

（1）主题途径

主题途径是按文献信息的内容主题进行检索的途径，对课题进行主题概念分析，提炼主题概念，选择能表达主题概念的语词，确定主题词、关键词、叙词或标题词。传统的手工检索依据的是各种主题索引或关键词索引，主题索引或关键词索引按检索词的字顺排列，用户根据确定的检索词按照字顺进行查找，从检索词下的索引款目，即可找到所需文献的线索。计算机检索视检索系统的检索规则而定，如检索系统提供了主题词索引，用户必须先查主题词索引，然后使用规范的检索词才能检索。

（2）分类途径

分类途径是一种按照文献信息所属学科（专业）类别进行检索的途径。对课题内容进行分类分析，按分类法进行分类，获取分类号。传统的手工检索依据的是按分类编排的分类目次表或分类索引，按类逐级进行检索。计算机检索时提交分类号进行检索即可。分类检索能较好地满足族性检索的要求，提高课题信息的查全率。

（3）代码途径

许多文献信息具有唯一的或一定的代码，如化学分子式、结构式、化学物质登记号等。根据各种代码编制成了不同的代码索引，在已知代码的前提下，利用代码途径能查到所需文献，满足特性检索的需要。利用代码途径，需对代码的编码规则和排检方法有一定的了解，往往可以从代码判断文献的种类、出版的年份等，有助于文献检索的进行。

1.4.3.2 外表特征途径

文献信息的外表特征主要包括题名、责任者、责任者机构、文献编号以及其他特征。

（1）题名途径

题名途径是根据文献信息的题名来查找文献的途径，文献信息的题名包括书刊名称、论文名称、专利名称、标准名称等。传统的手工检索依据的是按照名称编排的检索工具或检索工具的书名索引、论文名称索引、刊名索引、专利名称索引等，这些索引提供了按题名检索文献信息的途径。国内的手工检索工具如《全国新书目》《报刊资料索引》《全国报刊索引》等，按书刊资料的名称顺序排列，需要在已知书刊名称的前提下才能进行检索。计算机检索系统一般提供了题名的检索入口。

（2）责任者途径

责任者途径是根据已知文献责任者来查找文献信息的途径。文献责任者包括个人责任者、团体责任者、专利发明人、专利申请人等。利用责任者检索文献信息，主要利用作者索引、个人目录、个人作者索引、团体作者索引、专利权人索引等。通过责任者检索文献信息，可以跟踪从事科技研究的个人或团体在某一时期的学术研究成果和研究动态。在利用责任者检索文献信息时，需要注意姓名的构成，与我国姓在前名在后不同，欧美国家的习惯是名在前姓在后。

（3）机构名称途径

根据机构名称检索该机构出版或发表的文献信息情况，以了解和统计该机构的学术和科研成果。检索工具中的团体著者索引提供了由机构名称检索文献的途径。计算机检索系统一般提供了责任者所在机构的检索入口。

（4）编号途径

编号途径是根据文献信息出版或发布时给出的编号来检索文献信息的途径。这些号码包括图书 ISBN、ISSN、专利申请号、专利号、标准号、报告合同号和论文存取号等。如专利的检索可根据“专利号索引”进行检索。

（5）其他途径

有些检索工具还编有一些特殊索引，可以通过特殊途径找到所需文献信息。如引文索引、会议索引等。

1.5　检索语言

1.5.1　检索语言的概念

检索语言（Retrieval Language）是用来描述文献内容特征、外表特征和表达信息提问的一种人工语言，是检索工具或系统存储和检索所使用的共同语言，即在信息存储时，信息的内容特征（如分类、主题）和外表特征（如题名、责任者等）按照一定的语言来描述，检索信息时的提问也按照一定的语言来加以表达，这种在信息存储和检索过程中，共同使用、共同遵循的语言就是检索语言。实质上它是标引和检索之间的约定语言，是人与检索工具或系统对话的基础。检索的匹配就是通过检索语言的匹配来实现的。

1.5.2　检索语言的类型

根据描述文献信息特征的不同，检索语言可分为描述文献信息内容特征的语言和描述文献信息外表特征的语言（图 1-2）。

（1）描述文献信息内容特征的语言

主要包括主题语言、分类语言和代码语言。主题语言又包括标题词语言、单元词语言、关键词语言和叙词语言。分类语言又包括体系分类法（如《中图法》《杜威十进分类法》和《国际十进分类法》等）和组配分类法（如《冒号分类法》）。代码语言是以文献信息的某些代码作为标识系统的检索语言。

（2）描述文献信息外表特征的语言

主要包括题名、责任者、编号、机构名称和引文等。它是采用文献信息的题名、责任者、编号、机构名称和引文等作为著录和标引的对象，检索时可将题名、责任者、编号、机构名称和引文作为检索标识进行检索。

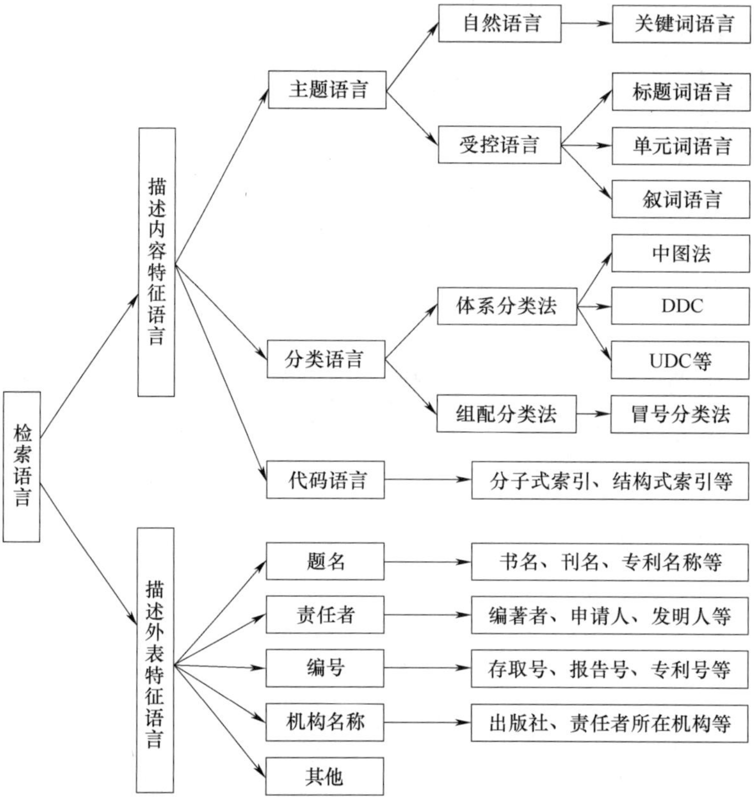

图 1-2　检索语言的类型

1.5.3　主题语言

主题语言，也称为主题法，是一种用语词标识处理原始信息、组织主题检索工具或检索系统的方法。通常以信息的主题为依据选择语词作为概念标识，将概念标识按照一定规则排列，概念之间的相互关系通过一套参照系统指引等方法间接显示。具体地说，是指以自然语言的字符为字符，以规范化或未经规范化的名词术语为基本词汇，以概念之间的形式逻辑作为语法和构词法，用一组词语作为信息检索标识而构成的一种检索语言。主题语言又分为标题词语言、单元词语言、叙词语言和关键词语言，前三者经过了人工规范化处理，是受控语言。

关键词语言是直接选用文献信息中的自然语言作基本词汇，并将那些能够揭示文献信息题名或主题意旨的关键性自然语词作为关键词进行标引的一种检索语言。关键词是直接选自文献信息的标题、文摘、正文和参考文献，是对表达文献主题具有实质意义并在揭示和表达文献信息主题内容上起关键作用的词或词组。关键词语言属于自然语言，未经规范化处理，即对同义词、近义词等不进行严格优选，甚至对同一个词的单数、复数等词形不加统一，即可以保持原形。从文献信息中抽取的每个关键词都能作为查找该文献信息的检索入口词。

主题语言简单、直接，能形成专指度高的检索词，从而能进行特性检索，提高查准率。但分散文献学科体系，表达概念受限，词汇转换失真，标引、检索前处理量大且难以达到统一，查全率低。

1.5.4　分类语言

分类语言，又称为分类法，是将文献主题概念按知识学科性质进行分类和系统排列，并用号码（分类号）表达各种概念的检索语言，包括体系分类法和组配分类法。分类语言的具体表现形式主要是分类表，但规定分类标引规则的使用说明书或手册也是一个必要的组成部分。由于用分类表和分类规则来标引、组织、检索文献信息的方法被称为分类法，所以人们习惯上又把分类语言称为分类法。

1.5.4.1　主要分类法

以下介绍几种主要分类法。

（1）中国古代四部分类法

中国古代传统图书分类的方法，主要在七略法和四部法之间演变。西汉刘歆《七略》分图书为 7 类，即辑略、六艺略、诸子略、兵书略、术数略、方技略、诗赋略。西晋荀勖《中经新簿》始改为甲、乙、丙、丁四部，甲部为经，乙部为子，丙部为史，丁部为集。东晋李充《四部书目》更换子、史次序，以史为乙部，子为丙部。从此，四部分类法便成为官修书目的唯一分类方法。《隋书・经籍志》正式确定经、史、子、集的名称和顺序，下分 40 个子目。此后为后代沿用，直至近代。只有每部下类目的名称、顺序、详细各有不同。

经部主要收集儒家经典及其传、释和文字学方面的著作，包括《易经》《书》《诗》《周礼》《仪礼》《礼记》《左传》《谷梁传》《公羊传》《论语》《孝经》《尔雅》《孟子》十三经以及解经的书和小学（文字、音韵、训诂）等。

史部主要收集历史以及地理、时令、政书、目录等方面的著作。

子部主要收集先秦以来诸子百家和佛道宗教的著作，包括哲学、兵书、天文、算法、医学、农业、艺术、工商等方面的著作。

集部收录楚辞、总集、别集以及其他文学、戏曲方面的著作。

清代纪昀等编纂的《四库全书总目》初稿完成于清乾隆四十六年（即 1781 年），刊行于乾隆五十八年（即 1793 年）。著录收录《四库全书》的古籍 3461 种，79309 卷，以及未收录《四库全书》的存目 6793 种、93550 卷。基本上包括了清代乾隆以前中国古代的著作。

（2）中国图书馆分类法

《中国图书馆分类法》简称为《中图法》，目前它不仅被广泛应用于我国图书分类，而且还被用于编制目录、索引、文摘、百科全书、专科辞典等工具书。《中图法》分为 22 大类，大类下再分小类，层层展开，形成一个树状等级结构。其 22 大类及“T 工业技术”大类的二级类目体系结构示意图如图 1-3 所示。

22 大类：

A 马克思主义、列宁主义、毛泽东思想、邓小平理论
B 哲学、宗教
C 社会科学总论
D 政治、法律
E 军事
F 经济
G 文化、科学、教育、体育
H 语言、文字
I 文学
J 艺术
K 历史、地理
N 自然科学总论
O 数理科学和化学
P 天文学、地球科学
Q 生物科学
R 医药、卫生
S 农业科学
T 工业技术 →
U 交通运输
V 航空、航天
X 环境科学、安全科学
Z 综合性图书

二级类目：

T-0 工业技术理论
T-1 工业技术现状与发展
T-2 机构、团体、会议
T-6 参考工具书
[T-9] 工业经济
TB 一般工业技术
TD 矿业工程
TE 石油、天然气工业
TF 冶金工业
TG 金属学与金属工艺
TH 机械、仪表工业
TJ 武器工业
TK 能源与动力工程
TL 原子能技术
TM 电工技术
TN 电子技术、通信技术
TP 自动化技术、计算机技术
TQ 化学工业
TS 轻工业、手工业、生活服务业
TU 建筑科学
TV 水利工程

图 1-3 《中图法》体系结构示意图

《中图法》采用混合号码即汉语拼音字母和阿拉伯数字相结合的符号作标记符号，大类用汉语拼音表示，小类用阿拉伯数字表示。在字母后用数字表示大类下类目的划分，数字的编号制度，使用小数制。分类号码的排列，严格按照小数制的排列方法。数字的设置，尽可能使号码的级数代表类的级数，基本上遵从层累制的编制原则，但为了使号码适应类目设置的需要，在号码配备上也具有一定的灵活性。主要体现在：对超过 10 个同位类时，采用八分制（1…8、91、92）或双位制（11、12…99）的编号法；对同位类号的设置，有时为了缩短号码或对重点类给予较宽裕的号码，采用使用上位类号办法；在分类号码的 3 位数字后，隔以小圆点“.”，使号码醒目易辨，如 H319.4。

（3）杜威十进分类法

《杜威十进分类法》(Dewey Decimal Classification，DDC）是广为世界各地图书馆使用的分类法。不仅用于图书馆藏书分类，也广泛用于数据库和网络信息资源组织和检索。1876 年由美国图书馆学家 Melvil Dewey 所创，在全世界得到广泛使用。DDC 采用传统的学科来分类，首先把所有知识体系分为十个主要学科（main classes），每一大学科下又分为十类（divisions），每类又分为十小类（sections）。综合性的为第十类，放在最前面。DDC 中每个学科都会用特定范围的数字来表示，它的分类体系结构示意图如图 1-4 所示。

000 总类(Generalities)
100 哲学(Philosophy)
200 宗教类(Religion)
300 社会科学类(Social science)
- 310 普通统计学
- 320 政治学
- 330 经济学
- 340 法律
- 350 公共行政管理
- 360 社会机构，社会团体
- 370 教育 →
  - 371 学校管理、特殊教育
  - 372 初等教育
  - 373 中等教育
  - 374 成人教育
  - 375 课程
  - 376 妇女教育
  - 377 学校与宗教
  - 378 高等教育
  - 379 政府法规、管理与资助
- 380 商务、通讯、运输
- 390 习俗、礼仪、民俗

400 语言类(Language)
500 纯科学类(Pure science)
600 应用科学类(Technology)
700 艺术类(The arts)
800 文学类(Literature)
900 地理历史类(General geography & history)

图 1-4　DDC 体系结构示意图

1.5.4.2　分类法的优点与缺点

分类法能反映学科体系的特点，对于熟悉本专业学科结构的用户来说，十分方便；同时由于在分类法中同类文献聚集在一起，有利于检索同一学科或同一专业的文献；在检索中由于分级类目的上下位关系明确，所以能够灵活地扩大或缩小检索范围。但是分类法对于边缘学科、交叉学科的文献较难处理；对于新学科、新概念和新技术难以做出及时反应；在检索中分类法对于同一类文献检索方便，但对于特性检索则不是很方便。具体说来，分类语言具有以下优缺点：

分类法的优点主要有：具有按学科或专业集中地、系统地揭示文献信息内容的功能，便于收集某门学科或专业全面、系统的所有文献，用分类方法检索文献具有较高的查全率。分类法将概念逐级划分，具有等级结构，便于扩大和缩小检索范围。用分类号检索，可不受语种的限制，例如可以用国际专利分类号查找世界各国的专利信息。分类法既能用于组织检索工具和检索系统，又能用来组织图书资料的分类和排架。

分类法的缺点主要有：分类法用分类号作为检索标识，不能直接表达概念。检索时需要先将检索的主题概念转换为分类号，若不熟悉分类法，就可能发生误差。不能及时反映新的科学技术主题，对属于新兴学科的文献，会找不到十分切题的类目和分类号。分类法的类目不可能详尽无余地列举一切事物概念，遇到检索主题狭窄的文献，可能难以找到相应的类目和分类号，检索结果查准率不高。

习　　题

1. 什么是信息素养？信息素养的组成因素有哪些？
2. 什么是信息资源？信息资源按加工程度分为哪几种类型？
3. 信息资源按信息载体形式分为哪几种类型？
4. 信息资源按存在状态和开发程度分为哪几种类型？
5. 现实的信息资源分为哪几种类型？
6. 文献信息资源是什么？文献的主要类型有哪些？
7. 图书和期刊有何异同？了解 ISBN 和 ISSN 的构成。

8. 特种文献是指什么？主要包括哪些类型？
9. 检索工具是什么？主要包括哪些类型？
10. 理解信息检索和计算机信息检索的含义。
11. 信息检索分为哪些类型？
12. 简述信息检索原理。
13. 常用的检索方法有哪几种？各有何优点？
14. 信息检索途径有哪些？
15. 什么是检索语言？它有何作用？
16. 检索语言包括哪些类型？
17. 主题语言有哪些优点和缺点？
18. 分类语言有哪些优点和缺点？

第 2 章　计算机检索技术与检索策略

2.1　计算机检索技术

计算机检索的实质是“匹配运算”，即由检索者把检索提问变成计算机能识别的检索式输入到计算机中，由计算机自动对数据库中各文档进行扫描、匹配。掌握计算机检索技术，快速准确地构建计算机能识别的检索式是进行计算机检索的重要环节。计算机检索技术主要指检索词的组配技术和检索式的构成规则。

2.1.1　布尔逻辑运算符

布尔逻辑运算符指规定检索词之间相互关系的运算符号，在检索表达式中起着逻辑组配的作用，它们能把一些具有简单概念的检索词组配成一个具有复杂概念的检索式，用以表达用户的检索需求。常用的布尔逻辑运算符包括：逻辑“与（AND）”、逻辑“或（OR）”、逻辑“非（NOT）”。

（1）逻辑“与”

运算符为“AND”或“*”。用于交叉概念或限定关系的组配，实现检索词概念范围的交集，可以缩小检索范围，提高查准率。如检索式为：A AND B 或者 A * B，表示检出同时含有检索词 A 和检索词 B 的记录。凡是使用“AND”的检索式检索，AND 两侧的检索词必须同时出现在检索字段中。

（2）逻辑“或”

运算符为“OR”或“+”。用于检索词并列关系（同义词、近义词）的组配，实现检索词概念范围的并集，它可以扩大检索范围，防止漏检，有利于提高查全率。如检索式为：A OR B，表示检出所有含有检索词 A 或检索词 B 的记录。在一篇文献记录中只要含有检索词 A 和检索词 B 中的任何一个即算命中。

（3）逻辑“非”

运算符为“NOT”或“－”。它是一种排斥关系的组配，用来从原来的检索范围中排除不需要的概念。如“A NOT B”，表示检出含有检索词 A，但同时不含检索词 B 的记录。逻辑“非”和逻辑“与”运算的作用类似，可以缩小检索范围，增强检索的准确性。此运算适用于排除那些含有某个指定检索词的记录。但如果使用不当，将会排除有用文献信息，从而导致漏检。

以上三种布尔逻辑运算符的逻辑关系，如图 2-1 所示。

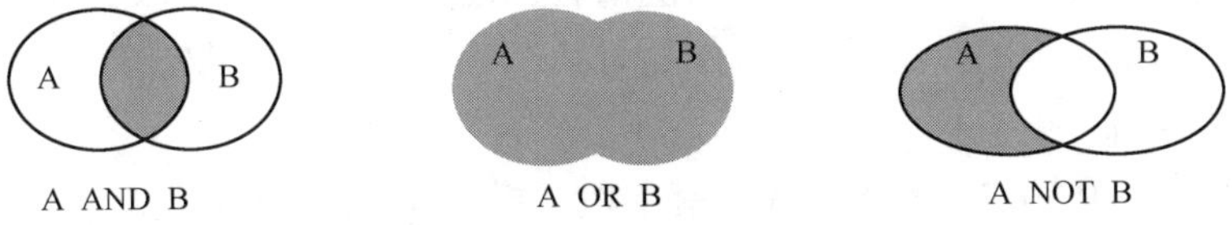

图 2-1　三种布尔逻辑运算符的逻辑关系图

2.1.2 优先算符

优先算符为英文半角形式的括号()。将检索表达式的某一部分用括号括起来，表示命令计算机首先运算()中的提问式，而不按计算机系统默认的运算符优先级别运行。通常计算机运算顺序为()＞NOT＞AND＞OR。

2.1.3 截词检索

使用截词检索时，要特别注意截断的词干不能太短，词干一般应在3个字符以上，以免增加机器检索时间和产生误检。很多系统使用“*”作为无限截词符，代替零个或多个字符；使用“?”作为有限截词符，几个“?”就代替几个字符。截词检索主要有以下几种形式：

（1）右截断：截去某个词的词尾，使词的前方保持一致，也称为前方一致检索。右截断在英文检索中用处较大，因为在英文词汇中，词的单复数变化、词性变化通常表现在词尾的变化中，如输入“employ *”，则可检出包含employ、employing、employee、employer、employment等词的记录。

（2）中间截断：截去某个词的中间部分，使词的两边保持一致，也称为两边一致检索。当一个截词符放置在检索词的中间（通常用“?”），表示允许它为任一字符，如“practi?e”可以查找到practice和practise。允许有一个或n个字符变化，分别使用一个或n个截词符。例如，用“fib??glass”可以查找到fiberglass和fibreglass。

（3）左截断：截去某个词的前部，使词的后方保持一致，也称为后方一致检索。例如：输入*economic能够检出含有economic、microeconomic、macroeconomic等词的文献记录。

2.1.4 短语或词组检索

短语或词组检索常用运算符为英文半角形式的双引号" "。当用户需要检索与输入形式完全相同的短语或词组时，可以将其放入" "中，如"foreign trade"，系统将严格匹配，检出含有短语foreign trade的记录。

2.1.5 限制检索

（1）字段限制

在检索系统中对检索词（或检索项）出现的字段作一些限制，其作用是使检索出的文献信息达到一定的专指度。对数据库检索时，将检索词限制在某一个特定字段内检索，不但可以减轻机器负担，提高运算速度，还可以使检索结果更准确。数据库字段通常有主题、篇名、文摘、关键词、分类、作者、机构名、语种等字段。字段检索包括两种形式：一是通过菜单选择检索字段，二是用命令的方式输入字段限制算符。

（2）使用限制符

Web检索方式通常通过菜单选择检索字段，在联机检索和数据库高级检索中，还可用表示语种、文献类型、出版国家、出版年代等的字段标识符来限制检索范围。在某些数据库中，用专门的字符表示不同字段，例如，TI：题名；AB：文摘；KW：关键词；AU：作者；SO：文献来源；JN：刊名；LA：语种；PY：出版年代。

2.1.6　精确检索与模糊检索

精确检索实际上是检索形式上完全匹配的检索词，通常使用在题名、主题词、作者等字段。例如以精确检索方式在主题词字段中检索“反倾销”一词，那么在主题词字段中出现“反倾销战略”“反倾销调查”等复合词的记录就并非命中记录，一定是单独以“反倾销”出现才算匹配。再如，用户输入作者名为“黄河”，那么“黄河浪”“李黄河”等便不算匹配记录。模糊检索类似智能检索或概念检索，系统不但忽略复合词，可能还会自动返回包含它认为意义相近的检索词的记录。

2.1.7　位置算符

位置算符又称为邻接运算符，使用位置算符是为了表达各个检索词之间的顺序与相对位置关系。使用布尔逻辑检索时，计算机只判断参加运算的检索词在数据库记录中出现与否，不能确定检索词之间的相对位置关系，对许多检索课题不能满足要求。例如要查找“纺织品贸易”方面的信息，如果仅按采用布尔逻辑运算符列出的检索式“纺织品 AND 贸易”检索，则检索结果中既有“纺织品贸易”，也有“用于出口贸易的纺织品检测”的信息，这显然与检索课题的要求不一致。而通过与位置算符配合使用可以减少检索误差。不同的信息检索系统所使用的位置算符的种类和功能有所不同。

2.1.8　加权检索

加权检索是某些检索系统中提供的一种定量检索技术。加权检索的基本方法是：在每个检索词后面给定一个数值表示其重要程度，这个数值称为权，在检索时，先查找这些检索词在数据库记录中是否存在，然后计算存在的检索词的权值总和。权值之和达到或超过预先给定的阈值，该记录即为命中记录。运用加权检索可以命中核心概念文献，因此它是一种缩小检索范围提高查准率的有效方法。

2.2　检索词和检索式

检索词是构建检索式的根基，检索式是数据库检索的关键因素。

2.2.1　检索词及其确定原则

2.2.1.1　检索词的概念

检索词即检索标识，是指能表达检索课题主题概念和信息需求的名词术语、分类号、名称及代码等的总称，包括主题词、关键词、名称、分类号、分子式、专利号及各种号码等。它与检索途径相对应，是检索途径的具体化。如主题途径的检索标识就是主题词，分类途径的检索标识是分类号，责任者途径的检索标识是责任者姓名，其他的则以此类推。

2.2.1.2 检索词的类型

按照表达文献信息特征的形式不同，检索词可分为以下4种类型：

① 表示主题的检索词，如标题词、单元词、叙词、关键词等。

② 表示分类的检索词，如分类号等。

③ 表示责任者的检索词，如作者姓名、机构名等。

④ 表示特定意义的检索词。如分子式、专利号、ISBN、ISSN等。

2.2.1.3 确定检索词的基本原则

检索词的确定一般应考虑以下基本原则：

① 检索词必须反映课题内容和信息需求。

② 检索词和数据库的标引标识应相一致。

③ 所选检索工具或系统具有叙词表或主题词表的，优先选用叙词或主题词作为检索词。

④ 要从词表规定的专业范围出发，选用各学科内具有检索价值的基本名词或术语。

⑤ 如选择的检索词无词表可查，或在词表中未反映时，检索词选择自由词，这时还应选取该词的同义词、近义词、广义词、狭义词、分子式、分类号、登记号、专利号、化学物质俗名、商品名等，使用多个词试检，或通过逻辑“或”组配进行检索。

2.2.2 检索式及其构建策略

2.2.2.1 检索式的概念

检索式是运用各种计算机检索技术，如逻辑运算符、优先算符、截词符及其他限制符号等，把检索词连接组配起来，确定检索词之间的关系，构成的计算机可以识别的算式。

构建检索式，就是用一定的组配关系把各个检索标识连接起来组成检索提问式，并表达各种复杂的概念关系，以准确地表达信息需求。在构建检索式时要注意各种逻辑运算符、位置算符、截词符等的使用方法，如位置算符的松紧程度及先后次序，还要考虑各个检索项的限定要求及输入的次序，根据反馈信息对检索式进行调整等。

2.2.2.2 检索式构建策略

针对一个研究课题，可以构建1个或1个以上检索式，可以先宽后紧，也可先紧后宽，检索式的构建策略（方法）主要有以下几种：

（1）最专指面优先策略

也称为最少记录面优先策略，是指在检索时首先选择最专指的概念组面进行检索，如果检索命中的文献相当少，那么其他概念组面就不再加到检索式中去；如果检索命中的文献较多，就把其他概念组面加到检索式中，以提高查准率。

（2）引文珠形增长策略

这种策略从直接检索课题中最专指的概念组面开始，以便至少检出一篇命中文献。检索人员从这一条或数条记录中找到新的规范词或自由词，补充到检索式中去，然后再检索就能重新查出更多的文献。

（3）逐次分馏策略

逐次分馏策略是指先确定一个较大的、范围较广的初始文献集，然后逐步提高检索式的专指度，从而逐步缩小命中文献集，直到得到数量适宜、用户满意的文献集合为止。

（4）积木型概念组面策略

积木型概念组面策略是把检索课题分解成若干个概念组面，并分别先对这几个概念组面进行检索，在每个概念组面中尽可能全地列举同义词、相关词、近义词，并用布尔逻辑运算符“OR”连接成子检索式，然后再用布尔逻辑运算符“AND”把所有概念组面的子检索式连接起来构成一个总检索式。

在实际的课题检索当中，有时首次得到的检索结果不一定能符合课题的需要，这时检索人员应采取措施及时对检索式做出调整。

2.2.3　检索式构建案例

以下是对检索课题进行分析后，确定检索词，构建检索式的案例。

（1）土豆生产休闲食品的工艺研究

检索词：土豆，马铃薯，洋芋，休闲食品，零食，薯片，薯条

检索式：（土豆 OR 马铃薯 OR 洋芋）AND（休闲食品 OR 零食 OR 薯片 OR 薯条）

（2）金融危机对我国纺织服装进出口的影响研究

检索词：金融危机，金融风暴，我国，中国，纺织，服装，进出口，国际贸易，外贸

检索式：（金融危机 OR 金融风暴）AND（我国 OR 中国）AND（纺织 OR 服装）AND（进出口 OR 国际贸易 OR 外贸）

（3）基于互联网的 3D 动画设计与制作研究

检索词：互联网，Internet，因特网，3D，三维，动画，动漫，卡通

检索式：（互联网 OR Internet OR 因特网）AND（3D OR 三维）AND（动画 OR 动漫 OR 卡通）

（4）Research on security testing of cloud computing（云计算安全检测研究）

英文检索词：security，secure，safety，test，check，determine，determination，detect，detection，measure，cloud computing

英文检索式：（secur＊ OR safety）AND（test＊ OR check＊ OR determin＊ OR detect＊ OR measur＊）AND ″cloud comput＊″

2.3　检索策略的制定

2.3.1　检索策略概述

检索策略（Retrieval Strategy）是指为实现检索目标而制定的全盘计划或方案。不同的检索课题，不同的检索目的，不同的检索要求，所选用的检索工具和检索方法就不同，检索效果也大相径庭。为了迅速准确地检索到所需要的课题信息，在开始正式检索前，应制定适当的检索策略。

制定检索策略，就是在分析课题内容概念，明确信息需求的基础上，选择检索工具和检索系统，确定检索词、检索途径、检索方法和技术，拟定检索程序等。制定检索策略一般包括制定计算机检索策略和制定手工检索策略。

检索策略考虑得是否周全，直接影响信息的查全率和查准率。好的检索策略可以优化

检索过程，提高检索效率，节省检索时间，可以减少各种不利因素的影响，尽可能地使检索提问标识、信息需求和检索工具保持良好的一致性，从而检索出满足用户需求的信息。

2.3.2 计算机检索策略

制定计算机检索策略的步骤包括：分析检索课题、确定检索词、构建检索式、选择检索系统和检索工具、选择检索途径、提交检索、索取原文等。计算机检索策略流程图如图 2-2 所示。

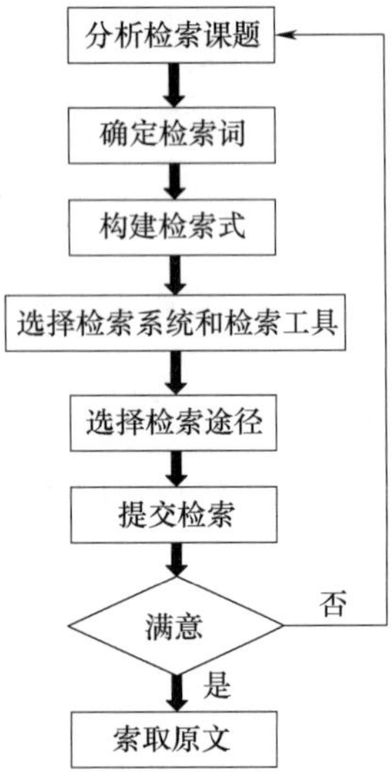

图 2-2 计算机检索策略流程图

2.3.2.1 分析检索课题

分析检索课题，是为了弄清楚检索课题要达到的目的和意图，以达到良好的检索效果。明确用户的检索目的和意图、检索的范围、确定主题概念，是制定检索策略的基础和前提。

（1）了解信息需求，明确检索目的和意图

信息需求通常是人们从事科学研究、技术开发、学术探索和决策分析等过程中对各种文献信息的一种需求，这种需求是人们索取文献信息的出发点，也是选择检索工具和检索系统、制定检索策略以及评价检索效果的依据。不同类型的课题，其信息需求不尽相同。

（2）明确检索课题的范围

分析检索课题所涉及的学科、专业范围，时间、语种范围，所需要的信息类型是文献还是具体的数据、事实，对检出信息的类型、语种、出版时间、地域范围等有什么具体要求。学科范围是指研究课题所属的学科是单一学科，还是涉及多学科或跨学科的。确定课题需要获取的信息量，例如规定所需信息数量的上限，对以后确定检索策略和控制检索费用是一个很重要的参数；同时还需对检索课题可能有的相关信息量做出估计。明确所需信息的语种、年代范围、类型、作者或其他外表特征，对于限定检索范围也很重要。

（3）分析检索课题的概念组面

检索课题的概念组面是在分析课题的基础上，形成的反映课题内容的主题概念。每一检索课题都包含一个或多个甚至一系列的概念组面，应该分析出主要的、有检索意义的主题概念。有些课题的概念组面较易确定，有些课题实质性的内容往往很难确定，需要从课题所属专业角度对其内容进行透彻的分析，在理解课题内容的基础上，提炼出能够确切反映课题内容的主题概念。对概念复杂的课题，应明确组成课题内容的几个概念组面，并通过一定的逻辑组配形成一定的复合概念或概念关系来表达信息需求。充分分析已知线索，如信息名称、有关人名、机构名称、号码（分类号、专利号、标准号、报告号）等，有利于检索的进行。

2.3.2.2 确定检索词

对前面确定的课题概念组面，还需要选择和确定检索词。将概念单元转换为检索词时，应尽量选用规范化词。检索新课题、边缘学科或比较含糊的概念时，可能这些词没有收入检索系统，这时应从专业范畴出发选用本学科具有检索意义的关键词或自由词，不然就会带来误检或漏检。检索词选择是否得当，直接影响检索效果的好坏。

2.3.2.3　构建检索式

在构造检索式时要注意各种逻辑运算符、位置算符、截词符等的使用方法，如位置算符的松紧程度及先后次序，还要考虑各个检索项的限定要求及输入的次序，根据反馈信息对检索式进行调整等。在实际课题检索当中，有时首次得到的检索结果不一定能符合课题的需要，这时检索人员应采取措施及时对检索式作出调整。

2.3.2.4　选择检索系统和检索工具

分析了信息需求后，可根据课题的学科内容、检索的语种、地域、时间以及信息类型等已知的条件来选择合适的检索系统和检索工具。每一种检索工具都有自己的特点，不仅有综合性和专业性的不同，标引方法和检索方法、收录的专业范围、收录信息类型、语种、出版物的文字也均有差别，因此要根据检索课题的要求、检索系统的特点和检索者的外语水平，选择合适的检索系统和检索工具，具体应考察：①其类型能否满足检索需要；②其学科专业范围能否与检索课题的学科专业相吻合；③收录的信息量、信息类型、收录的时间范围、更新周期是否符合检索需求；④数据库的基本索引及辅助索引、标引深度、提供的功能、检索途径和检索入口有何特点；⑤检索费用。对于联机检索，费用包括机时费、联机（脱机）打印费、通信费、字符费等。

2.3.2.5　选择检索途径

检索系统和检索工具确定之后，其提供的检索途径（或检索字段）也随之确定，可根据已知的条件来确定某一个或几个检索途径。常用的检索途径有分类、主题、题名、责任者、机构名、专利号、代码（如分子式、结构式）、引文等，还有信息类型、出版时间、语种等。用户在开始检索前，掌握的已知信息不多，随着检索的进行，可根据获得的文献信息逐步调整检索途径。检索途径选择恰当与否，直接影响检索效果的好坏。

2.3.2.6　提交检索

首先试检，得到相关结果后，要分析检索结果是否符合检索的需要。如果试检结果满意，就进行正式检索；否则，要分析原因，从头开始，重新分析课题并修改、调整检索策略。但是在实际计算机检索中，常常会出现检索结果过少甚至为零或检索结果过多的情况，这时都应仔细地进行分析，及时调整检索策略，通过扩检或缩检的手段以扩大或缩小检索范围，使检索达到令人满意的效果。具体的调整包括调整和修改检索词与检索式、重新选择检索系统和数据库以及检索途径等。

2.3.2.7　索取原文

在索取原始文献之前，需要对获取的检索结果进行归类整理，可按相关度或发表时间进行排序，按相关度高低索取最有价值的原始信息。索取原始文献的方式有：利用图书馆馆藏目录或公共联机目录（OPAC）查找文献馆藏地，到附近的图书馆或文献情报中心借阅或复印文献；利用有关全文数据库，打印、下载原始文献；通过图书情报机构文献传递服务索取原始文献；利用联机信息系统或网络信息系统，用联机传递、E-mail、Fax或脱机邮寄的方式获取原始文献；搜索网上免费信息资源，获得一些有用的文献信息等。

2.4 检索效果及其评价

检索效果（Retrieval Effectiveness），就是利用检索系统进行检索服务时所获得的有效结果。评价系统的检索效果，目的是准确地掌握系统的各种性能和水平，找出影响检索效果的各种因素，以便有的放矢，改进系统的性能，提高系统的服务质量，更好地满足用户信息检索的需求。

2.4.1 检索效果的评价指标

评价指标是衡量检索系统性能和检索效果的标准。克兰弗登（Cranfield）在分析用户基本要求的基础上，提出了6项检索系统性能的评价指标，它们是收录范围、查全率、查准率、响应时间、用户负担和输出形式。随着网络信息检索系统和搜索引擎等快速发展，关于评价指标体系的研究不断有新的观点出现。有的评价体系把查全率（R）、查准率（P）、漏检率（M）和误检率（N）作为评价指标。

（1）查全率

查全率（Recall Factor）是指检出的相关文献总量与检索系统中相关文献总量的百分比，是衡量信息检索系统检出相关文献能力的尺度，可用下式表示：

$$查全率=\frac{检出的相关文献总量}{系统中的相关文献总量}\times100\%$$

即 $R=b/a\times100\%$

a 为检索系统中的相关文献总量，b 为检出的相关文献总量。

（2）查准率

查准率（Pertinency Factor）是指检出的相关文献总量与检出文献总量的百分比，是衡量信息检索系统精确度的尺度，可用下式表示：

$$查准率=\frac{检出的相关文献总量}{检出文献总量}\times100\%$$

即 $P=b/m\times100\%$

m 为检出文献总量。

（3）漏检率

漏检率（Omission Factor）是指漏检相关文献量与检索系统中相关文献总量的百分比，是衡量信息检索系统漏检文献程序的尺度，可用下式表示：

$$漏检率=\frac{漏检相关文献量}{系统中相关文献总量}\times100\%$$

即 $M=(1-b/a)\times100\%=100\%-R$

（4）误检率

误检率（Noise Factor）是指误检（检出不相关）文献量与检出文献总量的百分比，是衡量信息检索系统误检文献程度的尺度，可用下式表示：

$$误检率=\frac{误检文献量}{检出文献总量}\times100\%$$

即 $N=(1-b/m)\times100\%=100\%-P$

评价信息检索系统检索效果的主要指标是查全率和查准率。与之对应的，评价信息检索系统的检索误差的主要指标是漏检率和误检率。误差越大，效率越低，检索系统的性能就越低；误差越小，效率越高，检索系统的性能就越高。由此可见，产生漏检和误检的原因是影响信息检索系统效果的主要因素。

检索系统的响应时间是指从发出检索提问到获得检索结果平均消耗的时间。在网络信息环境下，响应时间在相当大的程度上取决于用户使用的通信设备和网络的拥挤程度等，主要包括：①用户请求到服务器的传送时间；②服务器处理请求的时间；③服务器的答复到用户端的传送时间；④用户端计算机处理服务器传来信息的时间。

收录范围是指一个系统收录的文献是否齐全，包括专业范围、语种、年份与文献类型等，这是提高查全率的前提基础。用户负担是指用户为检索课题所投入的费用。检索结果的输出形式，是指用户获得的文献信息类型（题录、文摘还是全文）以及获得方式（浏览、保存、下载、E-mail）等。

2.4.2　查全率和查准率的互逆关系

由于许多因素的影响，在实际检索中，查全率和查准率是不可能达到 100%的，而是存在着一种互逆关系，即在同一检索系统中提高查全率，查准率则会降低；反之，查准率提高，查全率则会下降。因为如果检索时采用提高查全率的检索策略，则检索范围比较宽，就会检索出一些内容关联程度较低的信息；而采用提高查准率的检索策略，如专指性强的关键词或自然词，就会因为没有考虑到某些广义词、上位概念或因书写格式等问题造成漏检，遗漏一些关联程度较高的信息，影响查全率。查全率和查准率之间存在的互逆关系如图 2-3 检索特性曲线所示。

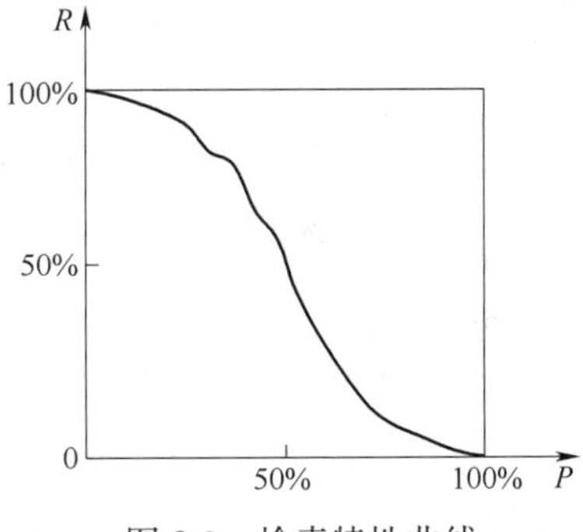

图 2-3　检索特性曲线

有研究认为，在物理、技术科学信息检索范围内，P 提高 1%将导致 R 降低 3%。在现代科技信息检索系统中，一般 R 为 60%～70%，P 为 40%～50%。同时，检索特性曲线还与文献信息专业特点有关，例如在具体概念为主、对象描写明确的化学等专业中，产生误检较少，特性曲线向右移；而在抽象概念多的心理学等领域中，特性曲线则向左移。此外特性曲线还与对查出的文献信息适用性的评价有关，若评价标准严格，则曲线偏左；反之，曲线偏右。用户应当根据具体课题的要求，合理调节查全率和查准率，保证检索效果。

2.5　信息检索常见误区分析

在信息检索过程中，漏检和误检导致需要的信息没找到而不相关文献检索到，最后造成课题重复选题或选题失败的情形不少见。课题选题的新颖性判断是依赖于相关文献的查全与查准，只有全面地、准确地掌握与课题相关的文献，才能对所选课题的新颖性做出客观的评价，因此文献信息检索的查全率与查准率对科研人员的科研活动以及检索人员的检索质量都有着重要意义。漏检和误检的因素很多，主要原因分析与归纳如下。

2.5.1 课题分析不透

课题分析不透，主题概念模糊。由于对课题缺乏全面和深入的了解，对课题的概念组面和子课题不熟悉，因而检索时容易产生漏检和误检。例如“Web 挖掘技术的研究”，如果课题分析不够深入，只从课题名称中选择关键词“挖掘技术”进行检索，那将大错特错。因为 Web 挖掘技术的发展源于数据挖掘，数据挖掘方法通常可以分为两类：一类是建立在统计模型的基础上，采用的技术有决策树、分类、聚类、关联规则等，其中的聚类算法和关联规则技术就有多种；另一类是建立一种以机器学习为主的人工智能模型，采用的方法有神经网络、自然法则计算方法等。检索人员对课题内容陌生，或者研究人员跨专业进行课题检索时由于不清楚课题研究内容和学科归属，都容易产生重大的检索失误。

2.5.2 数据库选择不当

国内外文献数据库种类繁多，既有综合性的也有专业性的，在文献收录范围、收录年代、文献信息标引质量和提供的检索功能上都有很大的差异，任一专题数据库或检索系统都不可能全面收录本专业及相关专业的文献，仅选择一种数据库、一种检索方式或检索途径进行检索，都会造成相关文献的漏检或误检。例如，我们曾接到一些项目委托查新，经查新后发现，在检出的学位论文或者专利文献中有相同的报道，因而项目的创新性是不成立的。分析其失误，缘于委托人项目立项前的信息搜集过程有问题：委托人虽然在开题前进行了检索，但忽略了对学位论文、专利文献等特种文献数据库的检索，以至于漏检了一些密切相关文献而使项目新颖性被否定。因此，在信息检索过程中，要选择好合适的检索系统和检索工具。

2.5.3 检索词使用不当

在选择和确定检索词时可能出现的问题主要有：

① 确定检索词时，忽略了同一主题概念有多个不同形式的词，例如同义词、近义词、全称、简称和缩写等，导致漏检。例如“检测”的同义词有“测定”“测试”“检验”等，英文词有“test”“detection”“check”“measure”“determination”等。

② 使用不规范的主题词或某些产品的商品名或俗称作为检索词，造成漏检。例如使用“海绵”而没有使用“泡沫塑料”和“泡沫橡胶”检索。

③ 忽略了英文中同一关键词有不同的拼写形式而造成漏检。同一含义的单词有名词、动词、动名词、不规则的过去式和过去分词等，同一作者姓名有不同表示形式或缩写形式。如不加考虑，容易造成文献的漏检。

④ 检索词的专指度过高，没有进一步选择一些上位词或相关词检索，以致漏检。

⑤ 由于主题词、检索词、检索入口过于宽泛，以致检索结果过多而误检。例如直接用“脂肪酶”（6580 条）、“保健食品”（11432 条）或“棉织物”（5667 条）等宽泛概念进行检索，查出文献太多。

⑥ 没分辨一词多义，即同一关键词代表多个不同的含义而造成误检。例如同名同姓作者、同一英文简称代表不同的意思。

同义词、近义词或由其组成不同的检索式进行检索，检索到的文献数量均会不同。检索实例如表 2-1 所示，检索年限为 2010 年 1 月—2022 年 10 月，检索字段选择题名（篇名），选择精确匹配。

表 2-1　　不同形式关键词的检索实例

类别	检索词 1	命中	检索词 2	命中	数据库
学名和俗名	聚丙烯腈	1411	腈纶	906	万方专利库
学名和俗名	乙醇	7177	酒精	7568	万方专利库
全称和简称	脱氧核糖核酸	116	DNA	26101	CNKI 期刊库
全称和简称	世界贸易组织	219	世贸组织	245	CNKI 期刊库
外文的全称和简称	World Trade Organization	473	WTO	3654	CNKI 期刊库
反义词	粗糙度	2620	平滑度 光滑度	44 19	CNKI 期刊库
反义词	死亡率	2425	成活率 存活率	3948 748	CNKI 期刊库
上下位概念	垃圾 * 处理	5821	垃圾 * 焚烧 垃圾 * 再生 垃圾 * 回收	3912 446 776	CNKI 期刊库
曾用名	Jiangnan Univ *	27687	So * Yangt * Univ *	1349	SCIE(2001-2022)
错别字	针灸	31466	针炙	44	CNKI 期刊库

2.5.4　核心检索词的选择问题

在选取核心检索词的时候，可能出现选择过多或过少的问题。

① 使用太多的核心检索词，逻辑“与”的组配过多，可能造成检索结果为零或太少。

② 使用太少的核心检索词进行检索，可能造成检索结果太多而密切相关文献被湮没。

2.5.5　检索技术运用不当

对数据库的检索技术（检索规则）不熟悉，可能导致构建的检索式不理想，从而产生检索失误。

① 逻辑运算符使用不当。例如布尔逻辑算符使用错误，该用 AND 而用了 OR，或者该用 OR 却用了 AND；算符前后需要空格而没有空格，造成检索失误。

② 优先算符使用不当。同义词或平行关系的检索词使用逻辑或进行组配时，没有使用优先算符（）括起来就与其他检索词进行逻辑与的组配。计算机运算时的优先次序一般是：( )＞NOT＞AND＞OR。

③ 不会正确调整检索式进行扩检或缩检。检索式过于宽泛，检索结果可能太多而无法一一浏览或阅读；检索式过于紧窄，检索结果可能太少或者为零。

④ 选择不合适的检索途径（或检索字段）进行检索，导致检索结果太多或太少，或者相关文献漏检或误检。

⑤ 截词符或通配符的问题。英文检索词有多种形式，例如单复数、动名词以及过去式等，只使用了其中一种形式的检索词进行检索，而没有使用截词符或通配符截词。

⑥ 由于对检索词的截词截得过短造成误检。例如：使用“sep *”检索“separation”，使用“fer *”检索“fermentation”就会造成误检。

⑦ 忽略使用词组和短语算符" "检索、忽略精确检索与模糊检索的区别，导致漏检或误检。

2.5.6 检索途径与检索方法单一

① 检索时只使用了一种检索途径，如只使用关键词多个检索而忽略了分类法检索，就会造成漏检。例如查找“英语阅读”方面的文献，如仅使用关键词“英语阅读”检索，而不使用分类号 H319.4 检索，检索结果会少很多。

② 只使用工具法而忽略了引文法和循环法的使用。检索边缘学科课题或特定课题的文献信息，如果使用工具法检索得到的检索结果很少，那么可以考虑采用引文法和循环法扩大检索范围，得到更多的检索结果。

2.5.7 文献著录问题

由文献著录而产生的漏检与误检，主要是由检索工具或检索系统工作人员著录过程中的人为因素造成的。这类问题主要有：

① 文字录入错误：最常见的是检索词录入错误，如主题词、分类号、题名、责任者等录入错误。例如：“高粱”误录为“高梁”，“针灸”误录为“针炙”等。

② 数字、字母、标识符号录入不规范：由于录入时出现差异，检索时就会因不匹配而造成漏检与误检。

2.6 检索策略优化路径及案例

2.6.1 深入分析课题，明确主题概念

深入透彻地了解课题及检索目的，是正确选择主题词与构建检索式的先决条件，也是提高查全率和查准率的前提。分析主题应根据检索课题的研究内容、重点、目的等来进行，以便使检索课题形成若干个既能代表信息需求又具有检索意义的主题概念或概念组面。这一分析过程包括明确所需的主题概念或概念组面有哪些、概念的专指度是否合适、对于复杂的课题，还要搞清楚哪些是主要主题、哪些是隐性主题，同时还应明确主题概念或概念组面之间具有的逻辑关系等。

2.6.2 仔细斟酌，选定检索词

（1）选择同义词、近义词及相关词

信息检索中的同义词所指的范围相对宽泛，主要包括同义词、近义词、相关词、全称、简称、缩写、别名等，检索时要将表达同一概念的同义词、近义词、相关词用布尔逻辑运算符“OR”组配起来，以提高相关文献的查全率。

（2）选择反义词

同义词和反义词是意义相反的一组词组，在文献检索中发现，有些反义词是从相反的

角度反映同一个问题，造成相同主题文献的分散，所以检索时对反义词同时进行检索，可以提高查全率。

（3）选择上位词和下位词

词与词之间的关系除同义和近义以外，还有属分关系，即有上位词和下位词的存在，上位词是泛指概念，内容含义更广泛；下位词是专指概念，内容含义狭窄。在检索时，要弄清楚当前检索词的上位概念和下位概念以及这些概念之间的关系，通过检索上位词和下位词，扩大检索范围，提高查全率。

例如：在检索“中药银杏达莫对冠状动脉无复流现象的作用”这一课题时，检索词用银杏达莫（或银杏黄酮甙、银杏苦内酯、白果内酯、双嘧达莫，均为银杏达莫的有效成分）与无复流（或慢复流、无再流，为无复流的同义词）组配，则检索不到文献，用银杏达莫的上位概念中药或中草药来扩大检索，则能检出相关文献。

由于上位概念词所指过于宽泛，没有明确性，虽然能保证查全，但也容易造成误检。若要提高查准率，则应避免使用外延广泛的上位词，尽量选择专指度强的主题词、下位词以及规范的专业术语，这样才能减少误检。总之采用上位词和下位词检索，应根据检索课题的具体需要灵活运用，以达到查全和查准的最佳检索效果。

（4）使用单元词检索，慎用短语和词组

单元词是表达事物概念的最小的不可拆分的词语，检索时要尽量使用确切表达概念的单元词。如用词组“高能聚焦超声”进行检索，检出 206 篇；而用检索式“高能 AND 聚焦超声”进行检索，则检出 227 篇。

（5）忌用自造词检索

检索词应该涵盖行业内公知公用的技术术语，自创词汇或自己命名的产品名称、产品型号，都不宜用作检索词。

（6）注意错别字词的检索

数据库文献中难免有一些错别字词，即便是大型综合性数据库也不例外；还有检索外来词时要注意外来词的译写变化，检索前要尽量找全不同的音译形式。

检索课题的核心检索词确定后，必须选择该核心检索词及其同义词、近义词、反义词、曾用名称与其他相关词，用逻辑或将其构建成检索式，有关检索词及其相关词的选择、确定及词间逻辑组配关系实例如表 2-2 所示。

表 2-2　　检索词及其相关词的选择与组配实例

<table>
<tr><th>类别</th><th>检索词 1</th><th>检索词 2</th><th>检索式</th></tr>
<tr><td>学名和俗名</td><td>聚丙烯腈</td><td>腈纶</td><td>聚丙烯腈 OR 腈纶</td></tr>
<tr><td>学名和俗名</td><td>乙醇</td><td>酒精</td><td>乙醇 OR 酒精</td></tr>
<tr><td>全称和简称</td><td>脱氧核糖核酸</td><td>DNA</td><td>脱氧核糖核酸 OR DNA</td></tr>
<tr><td>全称和简称</td><td>世界贸易组织</td><td>世贸组织</td><td rowspan="2">世界贸易组织 OR 世贸组织
OR WTO OR "World Trade Organization"</td></tr>
<tr><td>外文的全称和简称</td><td>World Trade Organization</td><td>WTO</td></tr>
<tr><td>反义词</td><td>粗糙度</td><td>平滑度
光滑度</td><td>粗糙度 OR 平滑度 OR 光滑度</td></tr>
</table>

续表

类别	检索词1	检索词2	检索式
反义词	死亡率	成活率 存活率	死亡率 OR 成活率 OR 存活率
上下位概念	垃圾 处理	焚烧 再生 回收	垃圾 AND （处理 OR 焚烧 OR 再生 OR 回收）
曾用名 (SCI-E)	Jiangnan University	Southern Yangtze University	(Jiangnan OR South * Yangtze) AND Univ *
错别字	针灸	针炙	针灸 OR 针炙

在实际检索中，检索词选择过多或过少都不利于检索，提高了查全率则降低了查准率，缩小限定范围则查不全，这就需要检索人员在对课题学科理解透彻的基础上进行选择，根据词的同类、隶属、相关等关系列出一系列检索词，应用有关主题词表、分类词表查核相关检索词，试检筛查并随机调整、修正与增减检索词，最后确定最合适的检索词。

2.6.3 反复试检，确定检索式

遇到检索结果文献量过多或者过少的情况，要根据检索结果的满意程度不断地对检索式做适当调整和优化，或缩小检索范围或扩大检索范围，通过多次试检，获得满意的检索结果，最后确定最佳检索式。检索结果为 0、过少或过多的解决办法总结如下。

2.6.3.1 提高查全率的主要方法

检索结果为 0 或过少时，需要进行扩检以提高查全率，这时检索策略调整的主要方法有：

（1）降低检索词的专指度，从词表或检出文献中选一些上位词或相关词。

（2）减少 AND 组配，如删除某个不甚重要的概念组面（检索词）。

（3）多用 OR 组配，如选同义词、近义词等并以“OR”方式加入到检索式中。

（4）族性检索，如采用分类号检索。

（5）截词检索。目前的中文数据库基本上都可以进行字词的任意一致检索，只要直接键入检索词，即可自动实现截词检索。因此截词检索常用于西文文献检索中。在西方语言中，词干相同的词，其基本含义通常是一致的，如某一概念的名词、动词、形容词、分词、单数、复数、英美拼法等形式，进行文献检索时，在词干前后可能变化的字符处加上截词符作为检索标志，代替多个同义词、近义词进行检索，以提高查全率；同时也可以减少检索词输入量，减少服务器的消耗。

（6）放宽限制运算，如取消字段限制符，调松位置算符等。

2.6.3.2 提高查准率的主要方法

检索结果过多时，需要进行缩检以提高查准率，这时检索策略调整的主要方法有：

（1）提高检索词的专指度，增加或采用下位词和专指性较强的检索词。

（2）增加 AND 组配，用 AND 连接一些进一步限定主题概念的相关检索项。

（3）减少 OR 组配。

（4）利用文献的外表特征进行限制，如限制文献类型、出版年代、语种、作者等。

（5）限制检索词出现的可检字段，如限定在篇名字段和叙词字段中进行检索。

（6）使用位置算符进行限制。位置算符用来限定检索结果中词与词之间的位置关系，可以提高查准率。应用规则为：①如果在一个检索式中有几个不同的位置算符，系统按照从左至右的顺序处理；②如果在一个检索式中既有位置算符，又有逻辑运算符，系统优先执行位置算符；③使用括号可保证优先权。

（7）选择精确检索，词组和短语使用" "符号。

2.6.4　选择合适的数据库

目前国内外文献数据库种类繁多，既有综合性的，也有专业性的，在文献收录范围、文献信息标引质量和提供的检索功能上都有很大的差异，任何一种数据库或检索系统都不可能全面收录本专业及相关专业的文献，仅选择一种数据库或依靠一种检索手段，都会造成文献的漏检和误检。为了提高查全率，除了选择课题专业核心数据库，还要选择相关的专题数据库。确定检索系统的一般原则是：

（1）以课题专业领域核心数据库为主，相关专题数据库为辅，兼顾网络信息的检索。

（2）重视特种文献数据库，包括学位论文、会议论文、专利、成果等数据库的检索。

2.6.5　采用合适的检索方法

（1）检索过程中使用主题法检索的同时，不能忽略分类法的检索。使用分类号或按照学科分类浏览方法进行族性检索，会提高查全率。

（2）使用工具法的同时，不能忽略引文法和循环法的使用。使用工具法进行检索若检索结果过少，可以采用引文法和循环法扩大检索范围，得到更多的检索结果。

2.6.6　加强检索实训，提高检索技能

要优化计算机检索策略的制定与实施，需要提高信息素养，特别是专业的计算机检索能力。需要虚心地、认真地学习信息检索与利用课程，理解计算机检索原理与过程，领会课题分析的目的，检索词选择与确定的方法，灵活掌握计算机检索技术构建检索式，熟悉各种综合型数据库和专题数据库。特别是加强课题检索实训，会使用户尽快掌握计算机信息检索的技能。

2.6.7　检索策略优化案例

【检索案例 1】 检索“酿酒厂废水的处理技术”相关文献。

检索步骤：

① 分析课题，确定核心检索词：酿酒、废水、处理。

② 扩展检索词：这三个核心检索词的同义词、近义词等需要挖掘，酿酒应该扩大为白酒、啤酒、红酒等，上位词为“酒”；废水又称污水，废水的处理是为了净化水质，还可以回收利用，即回用、再生，因此本课题最后的中文检索词和对应的英文检索词扩展为：

酒（wine、liquor、beer）；废水（wastewater、waste water）、污水（foul water、sewage）；处理（treatment）、净化（purify、purification）、回收（recovery）、回用（re-use）、再生（regeneration）。

③ 构建中文检索式：酒 AND（废水 OR 污水）AND（处理 OR 净化 OR 回收 OR 回用 OR 再生）

使用布尔逻辑运算符与优先算符连接检索词，同义词之间用逻辑或 OR 连接，不同概念组面之间用逻辑与 AND 连接，注意：布尔逻辑运算符 AND、OR 的前后必须空一格，() 必须是英文半角的括号。

④ 构建英文检索式：(wine OR liquor OR beer) AND (wastewater OR "waste water" OR "foul water" OR sewage) AND (treat * OR purif * OR recover * OR reus * OR regenerat *)

词组或短语用" "引起来，在英文词的相同前缀后用“ * ”截词，“ * ”代替 n 个字符。

⑤ 选择数据库：中文数据库主要有 CNKI 中国知网、万方数据知识服务平台、维普期刊数据库、中国生物医学文献服务系统、中国专利数据库、超星发现等。外文数据库主要有 Web of Science、EI、EBSCO、FSTA、ScienceDirect（SD）、PQDT、CAS、EPO Patent、USPTO、超星发现等。

⑥ 提交检索：首先试检，对检索结果进行分析，若检索结果满意，则选择需要的文献保存文摘或下载全文，否则需要重新调整检索策略后再次检索。

【检索案例 2】 检索“猪肉中瘦肉精的检测技术”相关文献。

检索步骤：

① 分析课题，确定核心检索词：猪肉、瘦肉精、检测。

② 扩展检索词，确定以上三个核心检索词的同义词、近义词：“猪肉”的上位词是“猪”；“检测”的同义词有“测定”“检验”“测试”；“瘦肉精”的同义词和下位词有“促生长因子”“促生长素”“生长促进素”“生长激素”“克伦特罗”等，因此确定本课题最后的中文检索词和对应的英文检索词为：

猪肉（pork）、猪（pig）；检测、测定、测试、检验（test、detect、determine、check、measure）、瘦肉精（lean meat powder）、促生长因子（growth promoting factor）、促生长素、生长促进素（promine）、生长激素［somatotropin、growth hormone（GH）］、克伦特罗（clenbuterol）。

③ 构建中文检索式：

(猪肉 OR 猪) AND (检测 OR 测定 OR 测试 OR 检验) AND (瘦肉精 OR 促生长因子 OR 促生长素 OR 生长促进素 OR 生长激素 OR 克伦特罗)

④ 构建英文检索式：

(pork OR pig) AND (test * OR detect * OR determin * OR check * OR measur *) AND ("lean meat powder" OR "growth promot * factor" OR promin * OR somatotropin * OR "growth hormon * " OR GH OR clenbuterol)

⑤ 选择数据库：中文数据库主要有 CNKI 中国知网、万方数据知识服务平台、维普期刊数据库、中国专利数据库、超星发现等。外文数据库主要有 Web of Science、EI、EBSCO、FSTA、MEDLINE、CAS、ScienceDirect（SDOL）PQDT、EPO Patent、USPTO、超星发现等。

⑥ 提交检索：首先试检，对检索结果进行分析，若检索结果满意，则选择需要的文

献保存文摘或下载全文，否则需要重新调整检索策略后再次检索。

习　题

1. 简述布尔逻辑运算符的种类及其功能。
2. 试述截词检索的使用方法。
3. 短语或词组检索、优先算符的运算符分别是什么？
4. 精确检索与模糊检索有何区别？
5. 什么是检索词？检索词有哪些类型？
6. 如何确定检索词？
7. 什么是检索式？如何构建检索式？
8. 检索式的构建策略有哪几种？
9. 检索策略是什么？如何制定检索策略？
10. 试述计算机检索策略制定步骤与流程。
11. 什么是检索效果？评价信息检索系统检索效果的主要指标有哪些？
12. 什么是查全率和漏检率？二者的关系如何？
13. 信息检索常见误区有哪些？
14. 检索词选用不当主要有哪些情形及检索后果？
15. 检索技术运用不当主要有哪些情形及检索后果？
16. 试述检索策略优化路径。
17. 提高查全率的主要方法有哪些？
18. 提高查准率的主要方法有哪些？

第 3 章　国内综合性文献数据库

3.1　文献统一检索平台

文献统一检索平台又称为文献资源一站式检索平台，它通过对不同应用系统数据源的整合，实现跨平台的无缝连接。用户只需一个检索指令，就可以在一个统一的检索界面上一次查询多个数据库的信息，这些数据库可以是不同类型（图书、期刊、学位论文、专利等）、不同结构、不同系统、不同语种的数据库。

3.1.1　超星发现

3.1.1.1　概述

超星发现是一个大型文献统一检索平台，由北京世纪超星信息技术发展有限责任公司开发研制，其文献资源包括中文和外文图书、期刊、报纸、学位论文、会议论文、标准、专利、音视频和科技成果等，以近十亿海量元数据为基础，利用数据仓储、资源整合、知识挖掘、数据分析、文献计量学模型等相关技术，较好地解决了复杂异构数据库群的集成整合、高效、精准、统一的学术资源搜索，进而通过分面聚类、引文分析、知识关联分析等实现高价值学术文献发现、纵横结合的深度知识挖掘、可视化的全方位知识关联。网址：http://www.zhizhen.com 或 http://ss.zhizhen.com。

3.1.1.2　检索方式

超星发现能全面地、系统地检索中外文文献资源，其检索结果主要为题录与文摘，部分提供全文（如超星期刊），并提供全文链接和文献传递。检索平台提供了简单检索、高级检索和专业检索三种检索方式。

（1）简单检索

在检索框中直接输入 1 个或多个检索词，多个检索词之间用空格隔开，表示逻辑与的关系。例如检索“大数据环境下的知识融合”，在检索框中输入：大数据 知识融合，然后单击“检索”，检索结果界面，显示了返回文摘题录的篇数，以及文献总被引频次（图 3-1）。如果返回的检索结果不满意，还可以在检索框中输入其他限定检索词，单击“在结果中检索”进行精炼检索。

检索结果可按照文献出版时间维度、文献类型维度、主题维度、学科维度、作者维度、机构维度、权威工具收录维度以及全文来源维度等进行任意维度的聚类。检索结果的排序方式有：按馆藏优先、出版日期升序或降序、学术性、相关性或引文量排序。

（2）高级检索

高级检索可选择中文、外文以及不同的文献类型、检索字段、限定出版年代，在检索框中输入检索词或短语进行检索。检索框的增减可通过“+”“-”按钮来实现。

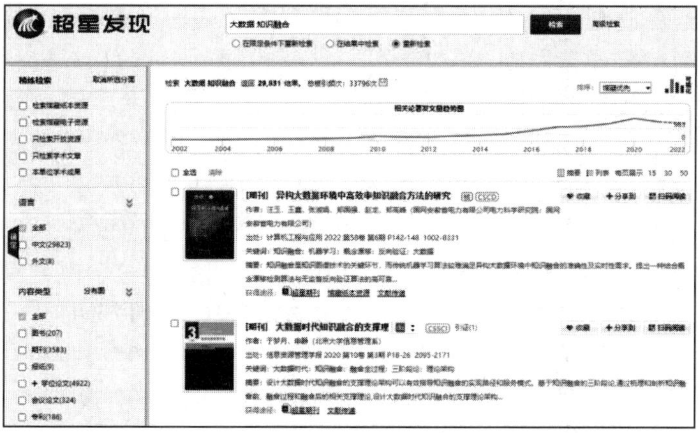

图 3-1　简单检索

【检索案例 1】 检索“大数据环境下的知识融合”的相关英文文献。

检索步骤：

① 确定英文检索词：big data（大数据）、knowledge fusion（知识融合）及其同义词 knowledge integration（知识融合）。

② 语种选择“外文”。把 knowledge fusion 和 knowledge integration 分别输入两个检索框中，检索字段选“标题”，逻辑运算选“或”；在下一行检索框中输入 big data，逻辑运算选“与”，检索字段选主题。主题字段包括标题、关键词和摘要三个字段。

③ 单击检索（图 3-2），然后浏览或保存检索结果。

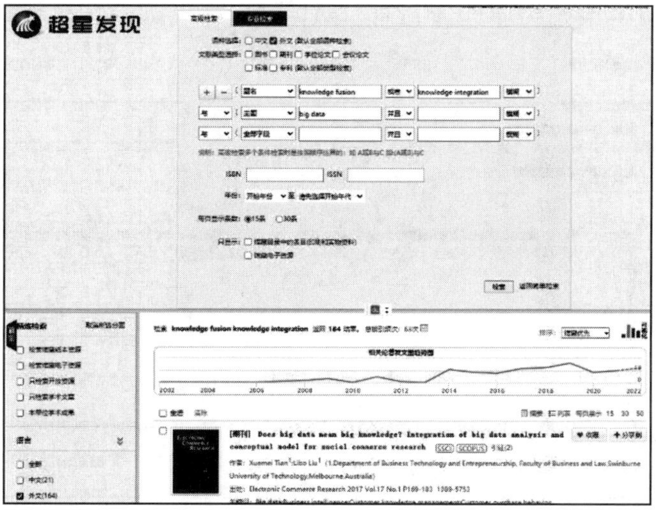

图 3-2　高级检索

（3）专业检索

专业检索必须使用检索式进行检索，检索式的构建需要遵循以下检索规则。

检索规则：

① 所有符号和英文字母，都必须使用英文半角字符；

② ″ ″代表精确匹配，′ ′代表模糊匹配；

③ 同一字段运算规则：* 代表并且，| 代表或者，—代表不包含；

④ 不同字段间逻辑检索规则：AND（与）、OR（或）、NOT（非）。这些符号的前后必须空一格，并且只能用大写字母；

⑤ 逻辑运算优先级：不同字段间：NOT > AND > OR；同一字段间：— > * > |，若要改变组合的顺序，需使用英文半角括号“（）”括起；

⑥ 常用的字段包括：T=标题（书名、篇题），Su=主题（标题、关键词、摘要），A=作者（责任者），K=关键词，S=文摘（摘要、视频简介），O=作者单位（作者单位、学位授予单位），Z=全部字段，Y=年（出版发行年、学位年度、会议召开年、专利申请年、标准发布年），CLC=中图分类号。

⑦ 文献类型：BK=图书，JN=期刊，DT=学位，CP=会议，PT=专利，ST=标准，VI=音视频，NP=报纸，TR=科技成果。

【检索案例 2】 检索“大数据环境下的知识融合”的相关英文文献。

检索步骤：

① 构建检索式：T="Knowledge Integration" | "Knowledge fusion" AND Su="big data"

② 在专业检索框中输入检索式，提交检索。

【检索案例 3】 检索“基于物联网的车辆监控系统”的相关文献。

检索步骤：

① 确定检索词及其同义词：物联网、传感网、汽车、车辆、监控、监测、监视、系统、平台、软件。

② 构建检索式：T='物联网'|'传感网' AND T='汽车'|'车辆' AND T='监控'|'监测'|'监视' AND Su='系统'|'平台'|'软件'

③ 在专业检索框中输入检索式，提交检索（图 3-3）。

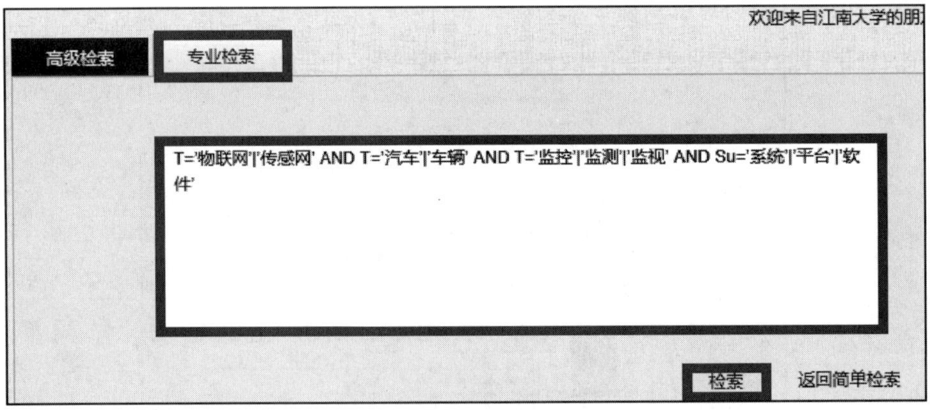

图 3-3 专业检索

3.1.1.3 扩展功能

超星发现除了上述检索功能以外，还具有以下功能：

（1）学术趋势分析

超星发现提供了“相关论著发文量趋势图”，显示了近年来每年发表文献数量及其趋势。单击横坐标年度上方曲线上的小圆点，可以按年度聚类，即显示该年度的所有论著；

单击“可视化”图标，或单击新功能下面的图标——“多主题对比”，会显示该主题的相关图书、期刊、学位论文、会议论文、专利等文献学术发展趋势的曲线图，“可视化”图标中还有“各类型学术发展曲线”图；还提供多种核心期刊体系收录情况、各学科、各种期刊、各地区、作者发表该主题文献、基金支持等知识图谱。完整地展示了知识关联，揭示了学术趋势，为预测该学术未来发展的趋势提供了帮助。

（2）聚类分析

检索结果界面的左边，提供了多种选项，可以实现多维分面聚类。只要选中其中一项或同时选中几项，单击确定，就可以让“超星发现”将搜索结果按各类文献的时间、文献类型、主题、学科、作者、机构、权威工具收录以及全文来源等进行任意维度的聚类。

（3）中文引证分析

论文篇名后面显示了论文所在期刊的核心刊类型和引证频次，单击“引证”按钮，则会显示该论文的详细信息、历年影响因子、引用文献和参考文献等。通过引证关系网，可实现图书与图书之间、期刊与期刊之间、图书与期刊之间以及其他各类文献之间的相互参考、相互引证关系分析。

（4）可视化的知识关联图谱

提供检索结果的可视化分析图谱，按照知识概念给出知识关联图谱，通过单向或双向线性知识关联构成的链状、网状结构，形成主题、学科、作者、机构、地区等关联图，从而反映出学术思想之间的相互影响和源流。

（5）学术产出评价

能够统计与分析机构或个人的学术产出、被引频次、被引最多的学术成果、学术成果出处、研究主题、学术趋势等，为评价机构或个人的学术产出提供依据。

（6）智能辅助搜索

能够智能匹配检索词的同义词、近义词，机构的曾用名、合并名称、英文简称和全称，化学物质学名和俗名等，扩大检索范围，起到有效地提高查全率的功能。例如在检索框中输入“集成电路”，可对集成电路的关联词“微电路”“芯片”等同时进行扩检。

（7）无缝对接各类全文获取系统

检索结果可以通过单击每条记录下方的“获得途径”获取。全文获取方式包括超星期刊全文、汇雅图书全文、全文链接或文献传递等，检索结果若是期刊，且图标是彩色封面，则可直接单击浏览或下载该刊论文全文。文摘题录保存可选择多篇，然后单击页面下方的“已保存的题录”，选择不同的输出格式进行保存或打印。

3.1.2　读秀学术搜索

3.1.2.1　概述

读秀学术搜索是由海量中文文献资源组成的庞大知识库系统，包括国内众多图书馆的330 万种中文图书书目，240 万中文图书全文、10 亿页全文资料，以及 6700 多万种期刊元数据。通过读秀学术搜索，读者能一站式搜索馆藏纸质图书、电子图书、随书光盘等学术资源，对于本机构缺藏的资源，读秀也为用户提供链接和文献传递服务。读秀学术搜索包括图书、期刊、报纸、学位论文、会议论文、音视频、专利、标准等模块，可选择其中任一模块进行检索。

3.1.2.2 检索方式

读秀学术搜索提供了快速搜索、高级搜索和专业搜索三种检索方式。

（1）快速搜索

以图书模块为例，选择“图书”模块，检索框下方有全部字段、书名、作者、主题词、丛书名、目次等检索字段，可以根据需要选择检索字段。在检索框内输入检索词后，单击“中文搜索”搜索中文文献资源，或单击“外文搜索”搜索外文文献资源。

检索结果的保存或下载：

① 全文获取：单击题名进入详细信息页面，提供了获取途径，单击全文链接或“图书馆文献传递”获取全文，部分文献提供了在线“试读”。

② 保存摘要：选择需要保存的文献，单击页面下方的“导出”按钮，进入导出页面，可选择引文、EndNote、NoteExpress、查新、自定义、excel 等格式导出题录或摘要信息。

【检索案例 1】 检索“网络安全管理”相关图书。

检索步骤：

进入读秀快速搜索界面，直接在检索框里输入检索词“网络安全管理”，选择“书名”检索字段，单击“中文搜索”得到检索结果，检索结果可按时间、访问量、收藏量、引用量等排序；单击界面左侧聚类名称，可按文献类型、年代、学科、作者等进行聚类。

（2）高级搜索

以图书模块为例，选择“中文图书高级搜索”模块，检索字段包括书名、作者、主题词、出版社、ISBN 号、分类、年代等，可以根据需要选择检索字段。检索框的增减可通过＋一按钮来实现。可根据检索需求在多行检索框里填写多个检索词，每一行检索框之间的逻辑关系可选择与、或、非，完成之后单击“高级搜索”按钮即可。

【检索案例 2】 检索 2017—2022 年间“食品安全法”相关期刊论文。

检索步骤：

① 确定检索词及其同义词：法、法律、法规、法制、食品安全。

② 在高级搜索页面选择“中文期刊高级检索”。

③ 单击＋号增加检索框，在前 4 行检索框中分别输入检索词“法、法律、法规、法制”，每一行检索框之间逻辑关系选择“或”，在第 5 行检索框中输入“食品安全”，逻辑关系选择“与”，检索项均选“标题”。

④ 限定年度范围：2017 年—2022 年。单击“高级搜索”，获得检索结果（图 3-4）。

图 3-4 高级搜索

⑤ 选择检索结果排序方式，选择需要的检索结果，导出题录或文摘信息。

（3）专业搜索

单击“专业搜索”链接进入专

业搜索页面，可选择“中文图书专业搜索”“中文期刊专业搜索”“报纸专业搜索”等多个检索模块，用户需要构建检索式，在检索框里输入检索式方可进行检索。单击检索结果中的文献题名可进入详细信息页面，该页面显示了文献全文获取途径，部分文献提供了在线试读；用户还可以通过“图书馆文献传递”填写表单，获取全文文献。

各检索字段简称：T＝题名，A＝作者（责任者），K＝关键词（主题词），Y＝年（出版发行年），O＝作者单位，JNj＝刊名，S＝文摘（摘要）。

检索技术（以下符号均为半角符号）：

① 逻辑符号：＊代表并且，｜代表或者，－代表不包含，" "代表精确匹配；

② 其他符号：() 括号内的逻辑优先运算，＝后面为字段所包含的值，＞代表大于，＜代表小于，＞＝代表大于等于，＜＝代表小于等于；

③ 大于小于符号仅适用于年代 Y，如果只有单边范围，字段名称必须写前边，如 Y＜2022，不允许写出 2022＞Y。

例如：题名或关键词中含有“新能源汽车”，且出版年范围是 2012—2022 年（含边界），检索式为：(T＝新能源汽车｜K＝新能源汽车)＊(2012＜＝Y＜＝2022)

【检索案例 3】 检索 2012～2022 年间出版的“基于物联网的车辆监控系统”的相关期刊论文。

检索步骤：

① 确定检索词及其同义词：物联网、传感网、汽车、车辆、监控、监测、监视、系统、平台、软件；

② 构建检索式：(T＝物联网｜传感网 ＊ T＝汽车｜车辆 ＊ T＝监控｜监测｜监视 ＊ T＝系统｜平台｜软件)＊(2012＜＝Y＜＝2022)

③ 进入“中文期刊专业搜索”界面，在专业搜索框中输入检索式，单击搜索，获得检索结果。

3.1.3　百链

3.1.3.1　概述

百链是数字图书馆专业学术搜索门户，目前已实现与 700 多家图书馆馆藏书目系统、电子书系统、中文期刊、外文期刊、外文数据库系统集成。百链拥有 4.2 亿条元数据，包括中外文图书、期刊、学位论文、会议论文、专利、标准等类型文献，整合数百个中外文数据库，数百万中文图书书目，收录中文期刊数千万篇元数据，外文期刊上亿篇元数据。百链包括图书、期刊、学位论文、会议论文、专利、标准、报纸、视频、信息咨询等模块。

3.1.3.2　检索方式

百链提供了快速搜索、高级搜索与专业搜索三种检索方式。

(1) 快速搜索

以期刊模块为例，在检索框中输入关键词，根据需要在全部字段、标题、作者、刊名、关键词等字段中选择其一，单击“外文搜索”可搜索外文期刊论文；单击“中文搜索”，将对海量的中文期刊论文进行搜索。

【检索案例 1】 检索“pattern recognition”（模式识别）相关外文期刊论文。

检索步骤：选择期刊模块，在检索框里输入检索词“pattern recognition”，检索字段选择“标题”，单击“外文搜索”即获得检索结果。

（2）高级搜索

以“期刊”模块为例，进入高级检索界面，选择“外文期刊高级搜索”模块，检索字段可选择全部字段、标题、作者、刊名、关键词、作者单位、内容摘要等字段，可限定期刊出版年度范围，选择搜索结果每页显示条数。在1行或多行检索框里输入1个或多个检索词，确定每行之间的逻辑关系后进行组配检索。检索框的增减可通过＋－按钮来实现。

【检索案例2】 检索“自动驾驶控制”相关外文期刊论文。

检索步骤：

① 选择“外文期刊高级检索”模块，选择检索字段“标题”。

② 在前3行检索框里分别输入autopilot，driverless，Intelligent driving，逻辑关系选择“或”；在第4行检索框里输入control，逻辑关系选择“与”。

③ 单击“高级搜索”即获得检索结果（图3-5）。

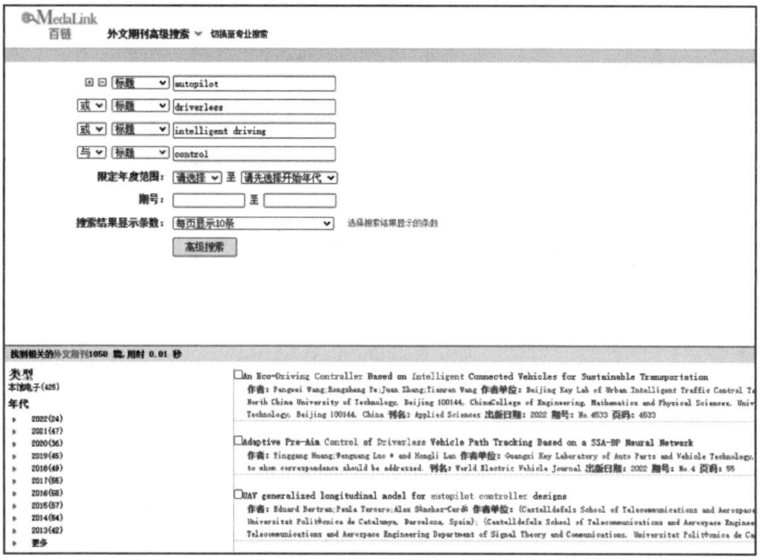

图3-5　高级搜索

（3）专业搜索

单击“专业搜索”进入专业搜索界面，选择“外文期刊专业搜索”模块，用户需要构建检索式，在检索框内输入检索式，单击搜索即可获得检索结果。单击检索结果中的文献题名进入详细信息页面，显示了文献全文获取途径，用户还可以通过“文献传递”填写表单，获取全文文献。

检索字段简称：T＝题名，A＝作者（责任者），K＝关键词（主题词），Y＝年（出版发行年），O＝作者单位，JNj＝刊名，S＝文摘（摘要）。

检索技术（以下符号均为半角符号）：

① 逻辑符号：*代表并且，|代表或者，－代表不包含，优先级：－＞*＞|，" "代表精确匹配，''代表模糊匹配。

② 其他符号：() 括号内的逻辑优先运算，=后面为字段所包含的值，>代表大于，<代表小于，>=代表大于等于，<=代表小于等于。

③ 检索词包含空格或逻辑符号，需要加模糊匹配符号''或者精确匹配符号" "，如K="cryptography" | K="Multimedia security"。

④ 大于小于符号仅适用于年代 Y，如果只有单边范围，字段名称必须写前边，如 Y<2013，不允许写出 2013>Y。

例如：检索题名或关键词中含有"pattern recognition"，且出版年范围是 2012 至 2022 年（含边界），检索式为：((T="pattern recognition")|(K="pattern recognition"))*(2012<=Y<=2022)

【检索案例 3】 检索 2012—2022 年间出版的"自动驾驶控制"相关外文期刊论文。

检索步骤：

① 确定检索词及其同义词：autopilot，driverless，intelligent driving，control

② 构建检索式：((T="autopilot"|"driverless"|"intelligent driving")*T=control)*(2012<=Y<=2022)

③ 进入专业搜索界面，选择"外文期刊专业搜索"模块，在检索框里输入检索式，单击"搜索"即获得检索结果。

3.2　数字图书馆

以下介绍的数字图书馆是指提供数字图书检索、浏览和下载的文献数据库。

3.2.1　超星数字图书馆

3.2.1.1　概述

超星数字图书馆是由北京世纪超星信息技术发展有限责任公司于 2000 年建成的中文数字图书馆，收录了社会科学、自然科学、工程技术等各类电子图书近 200 万种、学术论文数百万篇，超 16 万集的学术视频，数据总量达 10^6GB 以上，不收录文艺作品和通俗读物。超星汇雅电子图书数据库是超星数字图书馆的重要组成部分。

3.2.1.2　检索方式

超星汇雅电子图书数据库主要有三种检索方式：分类浏览、快速检索和高级检索。

(1) 分类浏览

可按图书分类类目浏览电子图书。一级类目包括马列主义、毛泽东思想、邓小平理论，哲学、宗教，社会科学总论，政治、法律，军事，经济，文化、科学、教育，语言、文字，文学，艺术，历史、地理，自然科学总论，数理科学和化学，天文学、地球科学，生物科学，医药、卫生，农业科学，工业技术，交通运输，航空、航天，环境科学、安全科学，综合性图书 22 大类。单击一级类目名称即显示该类图书，可单击阅读或下载电子图书。检索结果可按出版日期或书名字顺排序。

(2) 快速检索

用户可在快速检索的检索框内直接输入 1 个或多个检索词，多个检索词之间用空格隔开，表示逻辑与的关系。可选择书名、作者、目录或全文检索。例如检索"博士研究生英语”相关图书，可在检索框中输入：“博士 英语”，然后单击“检索”获取检索结果（图3-6）。如果检索结果不满意，还可以在检索框中输入其他限定检索词，单击“二次检索”进行精炼检索。

图 3-6　快速检索

（3）高级检索

高级检索提供了书名、作者、主题词、中图分类号、出版年代等组合检索功能。进入高级检索界面，可在不同的检索框中输入多个检索词、名称和中图分类号进行多字段组合检索。例如查找2017—2022年间出版的英语阅读图书，可输入中图分类号H319.4，选择年代后进行组合检索（图3-7）。

图 3-7　高级检索

3.2.1.3　电子图书阅读和下载

平台提供了阅读器阅读、EPUB阅读、网页阅读、PDF阅读等电子图书在线阅读方式。下载电子图书或使用“阅读器阅读”需要安装超星阅读器。在检索结果中单击书名下方的“阅读器阅读”即可打开电子图书，按鼠标右键选择“下载图书”可下载电子图书。

使用超星阅读器可以脱机阅读已下载的电子图书全文，还可对图书内容进行文字识别（文本文件转换）、查看本书的书签、对阅读内容进行标注等。

3.2.1.4　超星移动图书馆

超星移动图书馆是专门为各图书馆制作的专业移动阅读平台，读者可在手机、平板电脑等移动终端上使用。使用方法：在移动终端的应用市场或应用商店里搜索“移动图书馆”或在浏览器里输入网址：http://m.5read.com/app.html，下载客户端。安装好后选择所在高校，绑定借书证号。

移动图书馆的功能：

（1）图书馆服务：读者可随时获取图书馆的信息公告，在线查询馆藏书目，远程预约借书、续借，还可实现与图书馆的在线咨询、荐购图书、意见反馈等交流互动。

（2）数字资源移动阅读服务：实现学术资源移动设备的一站式检索，并随时随地浏览电子图书、期刊、报纸、名师讲坛等图书馆数字资源。

（3）读者学习交流社区服务：可在移动图书馆建立自己的学习交流圈，通过小组、笔记等功能随时随地记录和分享自己的阅读感悟及兴趣爱好。

3.2.2　书生之家

3.2.2.1　概述

书生之家数字图书馆由北京书生科技有限公司创办，是一个集图书、期刊、报纸、论文等各种出版物于一体的综合性数字图书馆，可提供 35 万多种电子图书的阅读与下载。书生之家电子图书内容涵盖文学艺术、计算机、通信与互联网、经济金融与工商管理、语言文化教育体育、教材教参与考试、生活百科、社会科学、法律、军事、历史地理、科普知识、知识信息传媒、轻工业与手工业、电信与自动化等 30 个大类。网址：http://ss.hnadl.cn/index.action。

3.2.2.2　检索方式

书生之家电子图书提供分类浏览、简单检索、高级检索、组合检索、全文检索等检索方式。在线阅读电子图书全文之前需安装“书生阅读器”。

（1）分类浏览

在主页左栏的图书分类大类下分小类，小类下又分子类，共 4 级类目，类目可逐级打开。单击类目名打开所需的下级类目，在图书列表中，单击“全文”，即可阅读图书全文。

（2）简单检索

检索字段包括图书名称、作者、丛书名称、主题、摘要。选择检索字段，在“图书检索”的检索框里输入检索词，即可进行查询。

（3）高级检索

即“一站式检索”，实现在其他数字图书馆系统中检索用户所需要的资源。一站式检索系统通过标准接口，可以整合各家数字图书馆（包括纸书）的元数据资源，从而实现一站式检索。查询条件可以为标题、出版社、作者、描述或全部，查询结果以超链接形式提供。

（4）组合检索

检索字段包括图书名称、作者、丛书名称、主题、摘要；多行检索框之间可选择逻辑与、或进行组配。选择检索字段，在一行或多行检索框里输入检索词，选择逻辑组配关系，提交查询（图 3-8）。

（5）全文检索

包括图书全文检索与高级全文检索。图书全文检索可先选择大类，选择按图书内容进行查找或按图书目录进行查找，在检索框里输入检索词提交检索。高级全文检索（图 3-9）可先进行检索设置：选择大类，选择在图书全文或图书目录中检索，选择单词或多词检索，单词检索还可选择是否对其上位词、下位词、同义词及相关词进行分词处理，多词检索可选择词间逻辑关系，限定检索位置与范围。最后输入检索词进行组配检索。

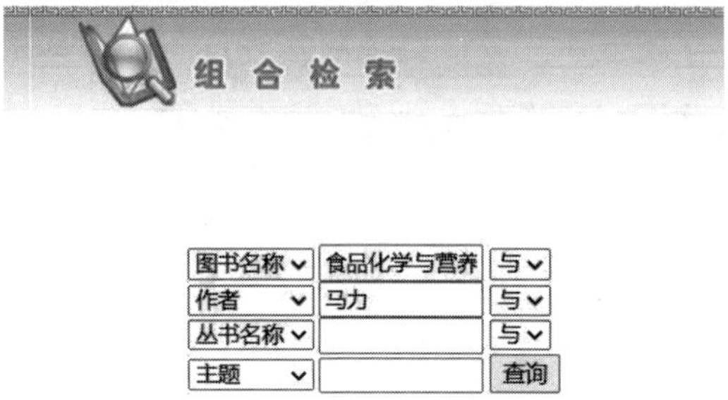

图 3-8　组合检索

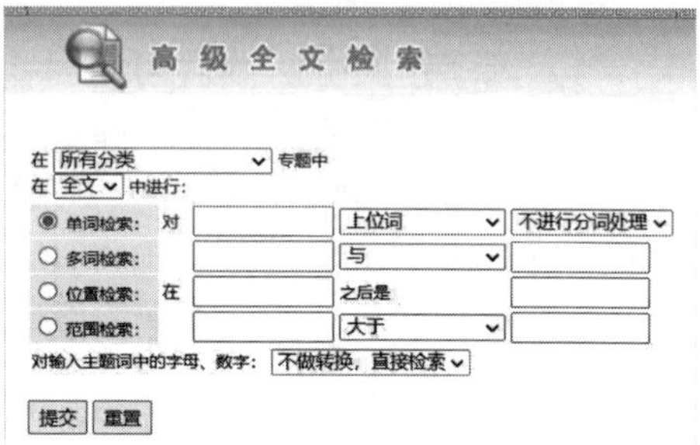

图 3-9　高级全文检索

3.3　CNKI 中国知网

3.3.1　概述

中国知识基础设施工程（China National Knowledge Infrastructure）是以实现全社会知识资源传播共享与增值利用为目标的信息化建设项目，由清华大学与清华同方发起，始建于 1999 年 6 月。经过多年建设，现已建成了世界上全文信息量规模最大的“CNKI 数字图书馆”，为全社会提供丰富的知识信息资源和有效的知识传播与数字化学习平台——CNKI 中国知网（以下简称 CNKI）。目前 CNKI 已经集成期刊论文、博士论文、硕士论文、会议论文、报纸、工具书、年鉴、专利、标准、国学、海外文献资源等多种信息资源于一体。网址：http://www.cnki.net/。

3.3.2　信息资源类型

CNKI 收录的信息资源类型主要包括：

① 学术期刊：《中国学术期刊（网络版）》收录中文学术期刊 8570 余种，含北大核心期刊 1970 余种，网络首发期刊 2280 余种，最早回溯至 1915 年，共计 5940 余万篇全文文献；外文学术期刊包括来自 80 个国家及地区 900 余家出版社的期刊 7.5 万余种，覆盖 JCR 期刊的 96%，Scopus 期刊的 90%，最早回溯至 19 世纪，共计 1.2 余亿篇外文题录，可链接全文。

② 学位论文：包括“中国博士学位论文全文数据库”和“中国优秀硕士学位论文全文数据库”，是目前国内资源完备、质量上乘、连续动态更新的中国博硕士学位论文全文数据库。本库出版 510 余家博士培养单位的博士学位论文 40 余万篇，780 余家硕士培养

单位的硕士学位论文 500 余万篇，最早回溯至 1984 年，覆盖基础科学、工程技术、农业、医学、哲学、人文、社会科学等各个领域。

③ 会议论文："中国重要会议论文全文数据库"重点收录 1999 年以来中国科协系统及国家二级以上的学会、协会，高校、科研院所、政府机关举办的重要会议以及在国内召开的国际会议上发表的文献，部分重点会议文献回溯至 1953 年，目前已收录国内会议、国际会议论文集 4 万本，累计文献总量 350 余万篇。

④ 报纸："中国重要报纸全文数据库"是以学术性、资料性报纸文献为出版内容的连续动态更新的报纸全文数据库。报纸库收录并持续更新 2000 年以来出版的各级重要党报、行业报及综合类报纸 500 余种。

⑤ 年鉴："中国年鉴网络出版总库"内容覆盖基本国情、地理历史、政治军事外交、法律、经济、科学技术、教育、文化体育事业、医疗卫生、社会生活、人物、统计资料、文件标准与法律法规等各个领域。目前收录年鉴总计 5390 余种，4 万本，4040 余万篇。

⑥ 专利："中国专利全文数据库（知网版）"包括中国专利和海外专利。中国专利收录了 1985 年以来在中国大陆申请的发明专利、外观设计专利、实用新型专利，共 4410 余万项，每年新增专利约 250 万项；海外专利包含美国、日本、英国、德国、法国、瑞士、世界知识产权组织、欧洲专利局、俄罗斯、韩国、加拿大、澳大利亚等十国两组织和中国香港及中国台湾两地区的专利，共计收录从 1970 年至今的专利 1.2 余亿项，每年新增专利约 200 万项。

⑦ 标准："国家标准全文数据库"包括国家标准全文、行业标准全文以及国内外标准题录数据库，共计 60 余万项标准。其中国家标准全文数据库收录了由中国标准出版社出版的，国家标准化管理委员会发布的所有国家标准；行业标准全文数据库收录了现行、废止、被代替、即将实施的行业标准；国内外标准题录数据库收录了中国以及世界上先进国家、标准化组织制定与发布的标准（题录），共计 54 余万项。

⑧ 科技成果："中国科技项目创新成果鉴定意见数据库（知网版）"收录正式登记的中国科技成果，按行业、成果级别、学科领域分类。每条成果信息包含成果概况、立项、评价、知识产权状况及成果应用、成果完成单位、完成人等基本信息，并包含该成果的鉴定数据（推广应用前景与措施、主要技术文件目录及来源、测试报告和鉴定意见等内容）。目前共计收录 100 余万项成果，年更新约 4.8 万项，收录年度集中于自 1978 年至今，部分回溯至 1920 年。

⑨ 图书："中国图书全文数据库（心可书馆）"收录精品专业类图书 15269 本，覆盖人文社科、自然科学、工程技术等各领域，通过参考文献、引证文献等关联关系，实现了图书内容与其他各类文献的深度关联融合。

⑩ 学术辑刊："学术辑刊库"收录自 1979 年至今国内出版的重要学术辑刊，共计 1080 余种，30 余万篇。辑刊的编辑单位多为高等院校和科研院所，其内容覆盖自然科学、工程技术、农业、哲学、医学、人文社会科学等各个领域。编者的学术素养高，论文质量好、专业特色强，具有较强的学术辐射力和带动效应。

⑪ 工具书："中国工具书网络出版总库"集成了近 200 家知名出版社的 3000 余部工具书，包括语文词典、双语词典、专科辞典、百科全书、图录、表谱、传记、语录、手册等，约 1500 万个条目，70 万张图片。所有条目均由专业人士撰写，内容涵盖哲学、文学

艺术、社会科学、文化教育、自然科学、工程技术、医学等各个领域。

⑫ 引文索引："中国引文数据库"是基于CNKI源数据库文献的文后参考文献和文献注释为信息对象建立的一个规范的引文数据库，涵盖期刊（中外文）、博硕士学位论文、国内/国际会议论文、图书、中国专利、中国标准、年鉴、报纸等文献类型引文。通过揭示各种类型文献之间的相互引证关系，不仅可以为科学研究提供新的交流模式，而且也可以作为一种有效的科研管理及统计分析工具。

3.3.3 检索技术

（1）支持布尔逻辑运算，逻辑与、或、非分别使用运算符 * 、＋、－。使用运算符构建检索式时，运算符前后要空一个字节。

（2）支持优先运算，运算符号为（），注意必须用英文半角符号。

（3）支持短语或词组检索，运算符使用′　′、″　″，建议使用英文半角符号。

（4）多个检索词组合或检索式在同一检索项内运算，检索框内输入的内容不得超过120个字符。

（5）若检索词本身含空格或 * 、＋、－、（）、/、%、＝等特殊符号，进行多词组合运算时，为避免歧义，须将检索词用英文半角单引号或英文半角双引号引起来。

3.3.4 检索方式

CNKI包括文献检索、知识元检索和引文检索三大检索模块。文献检索模块涵盖的资源包括学术期刊、学位论文、会议、报纸、年鉴、专利、标准、成果、图书、学术辑刊、法律法规、政府文件等。文献检索模块提供一框式检索（即快速检索）、高级检索、专业检索、作者发文检索、句子检索等多种检索方式。

3.3.4.1 一框式检索

CNKI首页即为一框式检索界面（图3-10）。用户可根据自己的需要勾选一个或多个数据库进行单库检索或跨库检索，可根据需要选择相应的检索字段，检索字段包括主题、篇关摘、关键词、篇名、全文、作者、第一作者、通讯作者、作者单位、基金、摘要、小标题、参考文献、分类号、文献来源、DOI等。在检索框里可以输入检索词、短语或句子后提交检索；在检索框里也可以同时输入多个检索词，多个检索词并列，词与词之间空格相连，表示逻辑与的关系；在检索框里还可以输入检索式进行检索。

3.3.4.2 高级检索

在CNKI主页单击检索框右侧的"高级检索"进入高级检索界面（图3-11）。用户在高级检索界面，单击右上部的"检索设置"，可设置检索范围：选择单库或同时选择多库检索、检索结果的排序方式、每页显示数量等。可在左侧的"文献分类"中选择研究课题所属学科领域；系统缺省提供了三行检索框，单击左边的[＋]图标增加一行检索框，单击[－]图标将减少一行检索框；可通过检索框下方的时间范围选项限定文献出版时间。用户可根据自己的需要选择合适的检索字段，在检索框里输入检索词或检索式，调整逻辑关系，选择"精确"或"模糊"检索，实现多字段的组合检索。

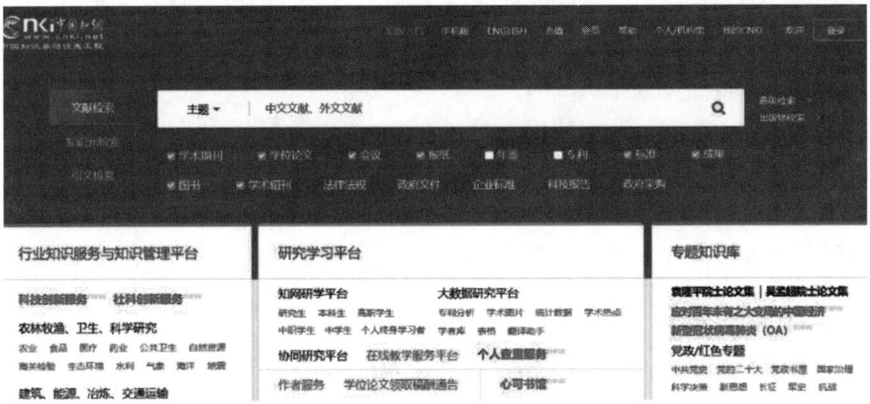

图 3-10　一框式检索界面

图 3-11　高级检索界面

【检索案例 1】 检索“无纺布阻燃技术”的相关文献。

检索步骤：

① 确定检索词：无纺布，不织布，非织造布，阻燃，耐高温，耐火，防火。

② 构建检索式：（ 无纺布 ＋ 不织布 ＋ 非织造布 ）*（ 阻燃 ＋ 耐高温 ＋ 耐火 ＋ 防火 ）

③ 在高级检索界面，选择篇名字段，方法一：在检索框里输入检索式。方法二：在第一行检索框内输入：无纺布 ＋ 不织布 ＋ 非织造布；在第二行检索框内输入：阻燃 ＋ 耐高温 ＋ 耐火 ＋ 防火；逻辑关系选择 AND。

④ 单击检索，得到检索结果。

3.3.4.3　专业检索

专业检索需要使用专业的检索语句（检索式）进行检索。用户需使用字段代码、匹配运算符、检索词构建检索式。

（1）字段代码：包括 SU（主题）、TKA（篇关摘）、TI（题名）、KY（关键词）、AB

（摘要）、FT（全文）、AU（作者）、FI（第一责任人）、RP（通讯作者）、AF（机构）、JN（文献来源）、RF（参考文献）、YE（年）、FU（基金）、CLC（分类号）、SN（ISSN）、CN（统一刊号）、IB（ISBN）、CF（被引频次）。

（2）匹配运算符："＝"表示精确匹配，"％"表示模糊匹配。

（3）不同检索字段间用 AND、OR、NOT 连接，同一检索字段内多个检索词之间用＊、＋、－来组合。

【检索案例 2】 查询篇名或者关键词包括"益生菌"并且作者单位为"江南大学"或"中国农业大学"的所有文章。

检索步骤：

① 确定检索词：益生菌、江南大学、中国农业大学。

② 构建检索式：（TI＝'益生菌'OR KY＝'益生菌'）AND（AF％'江南大学'＋'中国农业大学'）

③ 在专业检索的检索框里输入检索式，提交检索，得到检索结果（图 3-12）。

图 3-12　专业检索界面

3.3.4.4　作者发文检索

作者发文检索可输入作者姓名、单位等信息，查找作者发表的文献及其被引和下载情况。当用户在作者检索框内输入作者姓名后，右侧引导列表中就会列出该作者可能属于的机构，用户可根据实际情况勾选相应机构实现精准定位。

3.3.4.5　句子检索

检索项可选择"同一句"或"同一段"，用户可输入两个检索词，查找同时包含这两个词的句子或段落。相比通过全文字段检索，它将检索范围缩小到同一句或同一段，适合于两个有密切关系的检索词。

3.3.5　检索结果处理

（1）检索结果聚类分析

CNKI 自动对检索结果按照主题、学科、发表年度、研究层次、文献类型、文献来源、作者、机构、基金等分组进行聚类。用户单击检索结果页面左侧各分组名称，可浏览详细聚类分析结果。选择分组中的小类名称，还可进行限定检索。大部分分组项的内容按文献量排序，部分分组项采用特有的排序标准，分组同时进行权威性推荐，如作者分组按作者 H 指数排序后显示，学术期刊库的期刊分组按期刊的 CI 指数排序后显示。

（2）检索结果排序

检索结果有 5 种排序方式。①相关度排序：根据检索结果与检索词相关程度进行排序，是系统默认的检索结果排序方式，反映了结果文献与用户输入的检索词相关的程度，越相关的文献越排前，让用户最先看到。②发表时间排序：根据文献发表的时间先后排序，可以帮助用户找到最新文献，了解课题发展的最前沿。③被引频次排序：将检索结果按照被引频次排序，可以帮助用户方便地获得高影响力文献。④下载频次排序：根据文献被下载次数进行排序，可以帮助用户发现传播最广、最受欢迎、文献价值较高的文献。⑤综合排序：综合考虑了文献的“相关度”“发表时间”“被引”和“下载”四个维度对文献进行综合排序。

（3）检索结果导出与分析

在检索结果页面勾选所需文献后，单击“导出与分析”，可选择相应格式导出文献题录和摘要信息。单击“可视化分析”可进行“已选结果分析”或“全部检索结果分析”。图 3-13 为对“篇名”中包含“益生菌”的全部检索结果进行的可视化分析。

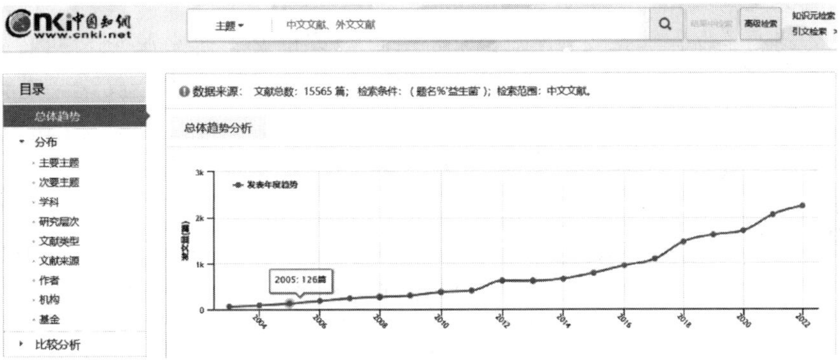

图 3-13　检索结果分析

3.4　万方数据知识服务平台

3.4.1　概述

万方数据知识服务平台（以下简称万方数据）是建立在互联网上的大型中文科技、商务信息平台，由北京万方数据股份有限公司研制。万方数据是科技部下属的股份制公司，中国科技信息研究所是公司最大的股东，公司成立于 1993 年，是国内早期大型专业数据库公司之一。万方数据整合数亿条全球优质知识资源，包括万方智搜模块、创研平台模块以及科研诚信模块等。万方智搜模块即数字图书馆模块，集成了期刊、学位、会议、科技报告、专利、标准、科技成果、法规、地方志、视频等十余种知识资源类型，覆盖自然科学、工程技术、医药卫生、农业科学、哲学政法、社会科学、科教文艺等全学科领域，实现海量学术文献统一发现及分析，支持多维度组合检索。网址：http://www.wanfangdata.com.cn/。

3.4.2 信息资源类型

万方数据收录的信息资源类型主要包括：

（1）学术期刊

包括中文期刊和外文期刊。中文期刊共8000余种，涵盖自然科学、工程技术、医药卫生、农业科学、哲学政法、社会科学、科教文艺等多个学科。外文期刊主要来源于NSTL外文文献数据库、著名学术出版机构以及DOAJ、PubMed等知名开放获取平台，收录了世界各国出版的40000余种重要学术期刊。

（2）学位论文

包括中文学位论文和外文学位论文。中文学位论文来源于经批准可以授予学位的高等学校或科研机构，收录始于1980年，年增30余万篇，目前共收录600多万条，涵盖基础科学、理学、工业技术、人文科学、社会科学、医药卫生、农业科学、交通运输、航空航天、环境科学等各学科领域。外文学位论文收录始于1983年，累计收藏60余万册。

（3）会议论文

包括中文会议论文和外文会议论文。中文会议论文收录始于1982年，年收集3000多个重要学术会议的论文，年增20万篇论文。外文会议论文主要来源于NSTL外文文献数据库，收录1985年以来世界各主要学协会、出版机构出版的学术会议论文共计700余万篇全文。

（4）专利

包括中国专利和国际专利。万方专利数据库（Wanfang Patent Database，WFPD）涵盖超过一亿条专利数据，范围覆盖11国两组织专利，其中中国专利2200余万条，收录时间始于1985年。国际专利8000余万条，最早可追溯到18世纪80年代。

（5）科技报告

包括中文科技报告和外文科技报告。中文科技报告收录始于1966年，源于国家科技部，共计2.6万余份。外文科技报告收录始于1958年，源于美国政府四大科技报告（AD、DE、NASA、PB），共计110万余份。

（6）科技成果

源于中国科技成果数据库，收录了自1978年以来国家和地方主要科技计划、科技奖励成果，以及企业、高等院校和科研院所等单位的科技成果信息，共计94余万项。

（7）标准

包括国内标准和国际标准。国内标准涵盖了中国标准、国际标准以及各国标准等在内的244余万条记录，综合了中国质检出版社等单位提供的标准数据。国际标准来源于科睿唯安国际标准数据库（Tech street），包含各个行业55万余件标准。

（8）法律法规

主要由国家信息中心提供，涵盖了国家法律、行政法规、部门规章、司法解释以及其他规范性文件。

（9）地方志

简称“方志”，即按一定体例，全面记载某一时期某一地域的自然、社会、政治、经济、文化等方面情况或特定事项的书籍文献。方志按年代分为新方志和旧方志，新方志收录始于 1949 年，共计 5.5 万册；旧方志收录年代为新中国成立之前，共计 8600 余种，10 万余卷。

（10）视频

万方视频主要收录以科技、教育、文化为主要内容的学术视频，包括高校课程、会议报告、考试辅导、医学实践、管理讲座、科普视频、高清海外纪录片等精品视频。目前已收录视频 3.3 万余部。

万方数据除了提供上述信息资源检索与全文下载的万方智搜模块外，还通过创研平台和科研诚信模块提供万方检测、万方分析、万方书案、万方学术圈、万方选题、万方科慧等知识服务。

3.4.3　检索技术

（1）支持布尔逻辑运算，逻辑“与”“或”“非”分别使用运算符 AND、OR、NOT。使用运算符构建检索式时，运算符前后要空一个字节。

（2）支持优先运算，运算符为英文半角形式的括号 ()。

（3）支持短语或词组检索，运算符为英文半角形式的双引号" "。

3.4.4　检索方式

万方数据提供了快速检索、高级检索、专业检索、作者发文检索等多种检索方式。

3.4.4.1　快速检索

万方数据平台主页即万方智搜快速检索界面（图 3-14），进入主页时平台默认选择全部文献，用户也可以根据需要选择期刊、学位论文、专利、科技成果、标准等一种或多种类型文献。检索字段可以选择题名、作者、作者单位、关键词和摘要，也可以选择所有字段。在检索框里可以输入检索词、短语或句子；也可以同时输入多个检索词，多个检索词

图 3-14　万方智搜快速检索界面

之间空格表示逻辑与的关系；还可以直接输入检索式进行检索。

例如：要求在文献题名中检索“纳米陶瓷”，则可在检索框里选择题名，输入“纳米陶瓷”；也可直接输入检索式：“题名：纳米陶瓷”或“title：纳米陶瓷”进行检索。

【检索案例 1】

检索“公共图书馆经济效益评估研究”相关的学术论文。

检索步骤：

① 分析课题概念组面，确定检索词：公共图书馆、经济效益、经济价值、评估、评价、评鉴。

② 构建检索式：公共图书馆 AND（经济效益 OR 经济价值）AND（评估 OR 评价 OR 评鉴）

③ 信息资源类型选择“全部”，在检索框里输入检索式。

④ 提交检索获得检索结果（图 3-15）。

图 3-15　快速检索结果

【检索案例 2】 检索“离子交换树脂法测定土壤养分含量”相关的专利文献。

检索步骤：

① 分析课题概念组面，确定检索词：离子交换、树脂、土壤、测试、测定、检测。

② 构建检索式：离子交换 AND 树脂 AND 土壤 AND（测试 OR 测定 OR 检测）

③ 信息资源类型选择“专利”，在检索框里输入检索式。

④ 提交检索获得检索结果。

3.4.4.2 高级检索

单击万方智搜检索框右侧的“高级检索”进入高级检索界面（图 3-16），该界面还提供了“专业检索”和“作者发文检索”的链接。高级检索界面缺省提供了三行检索框，如果检索框不够用，可单击左边的[+]图标增加一行检索框，若单击[−]图标将减少一行检索框，检索框之间的逻辑关系可选择逻辑与、或、非。检索字段包括题名、主题、作者、作者单位等。

“高级检索”的一般步骤是：

（1）进行检索设置，选择一种、几种或全部文献类型，选择检索字段，精确或模糊匹配，文献发表的时间。

图 3-16　万方数据高级检索界面

（2）在检索框里输入检索词或检索式，选择检索框之间的逻辑关系，单击检索按钮得到检索结果。

【检索案例 3】 检索“人工智能在车辆自动驾驶中的应用研究”相关的学术论文。

检索步骤：

① 分析课题概念组面，确定检索词：人工智能、AI、自动驾驶、无人驾驶、智能驾驶、车辆、汽车、车。

② 构建检索式：（人工智能 OR AI）AND（自动驾驶 OR 无人驾驶 OR 智能驾驶）AND（车辆 OR 汽车 OR 车）

③ 在高级检索界面检索框上方选择“期刊论文”“学位论文”“会议论文”三种文献类型。

④ 选择“题名”字段（用户根据需要也可选择主题、关键词或摘要等字段），“模糊”匹配方式。

⑤ 在检索框里输入检索式，提交检索得到检索结果。

3.4.4.3　专业检索

专业检索（图 3-17）需要使用专业的检索语句（检索式）进行检索。检索式使用检索字段名称、检索词、″　″、优先算符（）等构建。检索字段名称包括主题、题名或关键

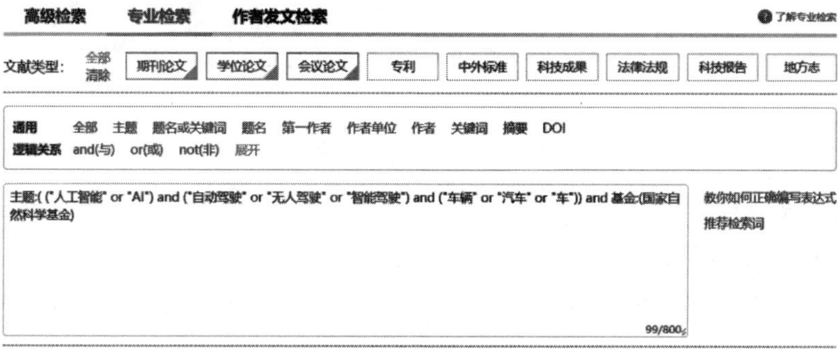

图 3-17　专业检索

词、题名、第一作者、作者单位、作者、关键词、摘要、基金、DOI 等。检索词需用" "引起来。

【检索案例 4】 检索“人工智能在车辆自动驾驶中的应用研究”相关主题，且基金是“国家自然科学基金”的学术论文。

检索步骤：

① 构建检索式：主题：(("人工智能" OR "AI")AND("自动驾驶" OR "无人驾驶" OR "智能驾驶") AND ("车辆" OR "汽车" OR "车")) AND 基金：(国家自然科学基金)

② 在专业检索界面检索框上方选择“期刊论文”“学位论文”“会议论文”三种文献类型。

③ 在检索框里输入检索式，提交检索获得检索结果。

3.4.4.4 作者发文检索

用户可以使用作者、第一作者和作者单位等字段进行组配，来精确查找相关作者的学术成果。系统默认为精确匹配，可自行选择精确或模糊匹配。同时，可以通过单击输入框前的“+”来增加检索字段。若某一行未输入作者或作者单位，则系统默认作者单位为上一行的作者单位。

3.4.5 检索结果处理

(1) 检索结果分组与分析

万方数据自动对检索结果按照资源类型、年份、学科分类、语种、作者、机构、来源数据库等进行分组聚类。逐级单击检索结果页面左侧各聚类名称，可逐步了解该类详情。单击分组中的小类名称，还可浏览该小类的详细情况。单击“结果分析”，可获得可视化分析图表（图 3-18），分别从年份、关键词、作者、机构、学科、期刊、基金、资源类型等角度对检索结果进行分析。

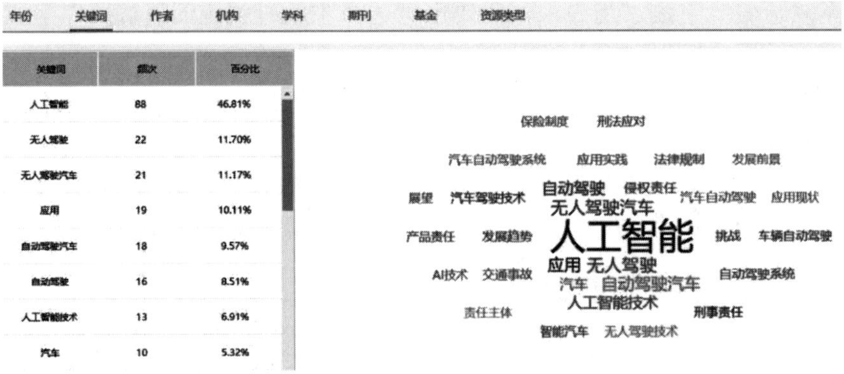

图 3-18 关键词可视化分析

(2) 检索结果排序

检索结果有 3 种排序方式：①相关度排序：将相关度最高的论文放在最前面让用户最先看到；②出版时间排序：将最新论文放在最前面让用户最先看到；③被引频次排序：被引用次数最多的论文放在最前面让用户最先看到。

(3) 检索结果浏览或保存

在检索结果页面，单击某条记录可阅读其文摘信息，并可以通过单击“在线阅读”“下载”来浏览或获取全文。单击“引用”或“批量引用”可导出所选文献记录，文献导出的格式可选择参考文献格式、查新格式、NoteExpress、RefWorks、NoteFirst、EndNote、自定义格式等。下载的全文文献均为 PDF 格式，用户需安装 Acrobat Reader 等浏览器阅读。

3.4.6　知识服务功能

万方数据的创研平台模块和科研诚信模块提供了较多知识服务功能，主要包括：

（1）万方检测

提供学术论文和专著等学术科研成果相似性（重复比）检测服务，出具多版本、多维度的检测报告。

（2）万方分析

针对科研人员、科研管理人员、科研决策人员等不同用户群体，提供主题研究现状分析、学科发展动态跟踪、分析学者和机构的学术能力监测、期刊学术影响力评价、地区科研水平定位等服务，为科学研究、科研决策、学科建设等提供数据支持和科学解决方案。

（3）万方选题

利用数据挖掘算法、知识关联技术深度挖掘中外文海量学术资源，揭示学科研究热点与新兴研究前沿，帮助科研人员快速把握选题方向、客观评估选题价值。

（4）万方学术圈

提供学术文献分享、科研档案展示、学术认知交流等功能，帮助学者们进行学术探讨与交流互动。

（5）万方科慧

基于世界各国近 100 个科研资助团体（200 多个科研资助机构）的资助项目实施常规的动态跟踪，构建了规范化、精细化描述的科研项目数据库。平台将科研项目关联万方数据科技成果，拓展科技数据的服务链条，支撑更广泛、更深入的科技信息服务。

（6）学者知识脉络

基于万方数据海量的学术文献数据库，利用学者唯一识别技术、大数据分析技术和可视化技术，为学者创建数字化的学术档案，揭示学者的学术发文情况、科研合作情况和学术影响力，为人才引进、人才评价、人才合作等提供精确的数据支持。

（7）机构知识脉络

利用大数据分析技术、机构规范技术和可视化技术，为机构创建数字化学术档案，全局洞察机构的科研发展、高层次人才、学术影响力、科研合作最新动态，为机构管理人员提供全面实时的机构监测与分析。

（8）关键词知识脉络

利用大数据分析技术和可视化技术，针对不同主题领域进行不同维度的统计分析，包括主题简介、研究趋势、影响趋势、渗透学科、代表学者和机构、热门文献等，从而揭示主题领域的学术知识脉络，为领域分析、科研选题提供数据支撑。

（9）专利工具

为高校、科研院所、企业以及专业知识产权服务机构的人员，提供高效便捷专利检索、阅读、分析需求，提供专利信息与情报全面解决方案，推动科技创新与知识产权战略。

3.5 维普中文期刊服务平台

3.5.1 概述

维普中文期刊服务平台（以下简称维普平台）是以中文期刊资源保障为核心，以数据检索应用为基础，以数据挖掘与分析为特色，面向教学、产研等多场景应用的期刊大数据服务平台。维普平台的核心资源库中文科技期刊数据库始建于1989年，至今累计收录期刊15000余种，文献总量7000余万篇，覆盖全学科领域。中文科技期刊数据库收录北大核心期刊1981种、CSSCI来源刊804种、CSCD来源刊1249种，为查收查引和科技查新工作提供了有力的支撑。网址：http://www.cqvip.com/。

3.5.2 检索技术

维普平台的“高级检索”和“检索式检索”支持以下检索技术：

（1）布尔逻辑运算：逻辑与运算符为AND或*，逻辑或运算符为OR或+，逻辑非运算符为NOT或－。使用运算符构建检索式时，运算符前后要空一个字节。

（2）优先运算，运算符为英文半角形式的括号()。

（3）短语或词组检索，运算符为英文半角形式的双引号" "。

（4）在检索式中，检索内容包含AND/and、NOT/not、OR/or、*、－等运算符或特殊字符检索时，需加半角引号引起来。如："multi-display" "C++"。

3.5.3 检索方式

维普平台提供4种检索方式：基本检索、高级检索、检索式检索和期刊导航。

3.5.3.1 基本检索

维普平台主页即基本检索界面。用户可选择任意字段、题名或关键词、题名、关键词、摘要、作者、机构、分类号、刊名、作者简介、基金资助等检索字段。在检索框里可以输入检索词、短语或句子后提交检索；检索框里可以同时输入多个检索词，多个检索词并列，词与词之间空格相连，表示逻辑与的关系。

3.5.3.2 高级检索

单击基本检索界面检索框右侧的“高级检索”进入高级检索界面。检索设置：用户可通过检索框下方的“时间限定”选择收录文献年代；通过“期刊范围”选择全部期刊、北大核心期刊或索引来源期刊；单击“学科限定”可以选择学科范围；根据自己的需要选择合适的检索字段，选择“精确”或“模糊”匹配。检索设置完成后，用户可在第一行检索框里输入检索词或检索式提交检索；也可在多行检索框里输入检索词或检索式，调整多行检索框之间的逻辑关系，选择相同或不同字段进行组合检索。

高级检索还支持同义词自定义扩展检索，用户在检索框里输入检索词，单击“同义词扩展”，在弹出的对话框里选择同义词，还可自定义输入同义词，确定后检索框里即形成了逻辑或组配的检索式。

【检索案例】 检索“人工智能在自动驾驶汽车中的应用”的相关论文。

检索步骤：

① 分析课题，确定核心检索词：人工智能、自动驾驶、汽车。扩展的同义词有：AI，无人驾驶，智能驾驶，车辆，车。

② 方法一：分别在三行检索框里输入上面三个核心检索词，单击同义词扩展，选择同义词并补充自定义同义词，单击确定，三行检索框里都形成了逻辑或组配的检索式。三行检索框之间的逻辑关系选择“与”。方法二：手工构建检索式：（人工智能 OR AI） AND（自动驾驶 OR 无人驾驶 OR 智能驾驶）AND（汽车 OR 车辆 OR 车）。这里 AND、OR 分别可用 * 、+代替。把检索式输入检索框里。

③ 检索字段选择“题名”，选择“模糊”匹配。

④ 提交检索，得到检索结果（图 3-19）。

图 3-19　高级检索（方法一）

3.5.3.3　检索式检索

检索式检索需要使用专业的检索语句（检索式）进行检索。用户需使用检索字段代码、检索词、″″、优先算符（）等构建检索式。检索字段代码有：U=任意字段、T=题名、M=题名或关键词、K=关键词、R=摘要、A=作者、C=分类号、S=机构、J=刊名、F=第一作者。比如检索式：T=（人工智能 OR AI）AND M=（自动驾驶 OR 无人驾驶 OR 智能驾驶）AND R=（汽车 OR 车辆 OR 车），表示检索出题名字段包含人工智能或 AI，题名或关键词字段包含自动驾驶、无人驾驶或智能驾驶，摘要字段包含汽车、车辆或车的所有论文（图 3-20）。

3.5.3.4　期刊导航

期刊导航为用户查阅、浏览专业期刊、期刊投稿等提供指引和参考，并给用户提供某学科出版的全部学术刊物的基本信息以及全文。期刊导航提供了期刊聚类、按类浏览、检索、按刊名字顺（从 A 到 Z）查找期刊等功能。

在期刊导航界面（图 3-21），用户检索和浏览期刊的方式主要有：

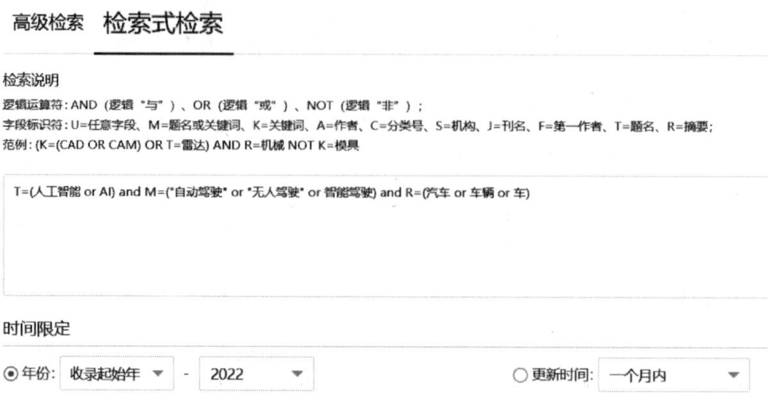

图 3-20　检索式检索

① 检索：可选择期刊的名称或曾用名、ISSN、CN（国内统一刊号）、主办单位、主编、邮发代号等字段，在期刊检索框里输入检索词检索期刊。

② 按字顺浏览：按刊名字顺（从 A 到 Z）查期刊。如单击字母 A，即列出以拼音字母 A 为首字母的所有期刊列表，可从中选择某种刊物进行浏览。

③ 按分类浏览：选中某个学科分类后，继续选择其所包含的小类目，逐级浏览期刊。

④ 期刊导航按照核心期刊、国内外数据库收录、地区、主题对全部期刊进行了聚类，用户根据需要可逐级单击浏览期刊详细信息。

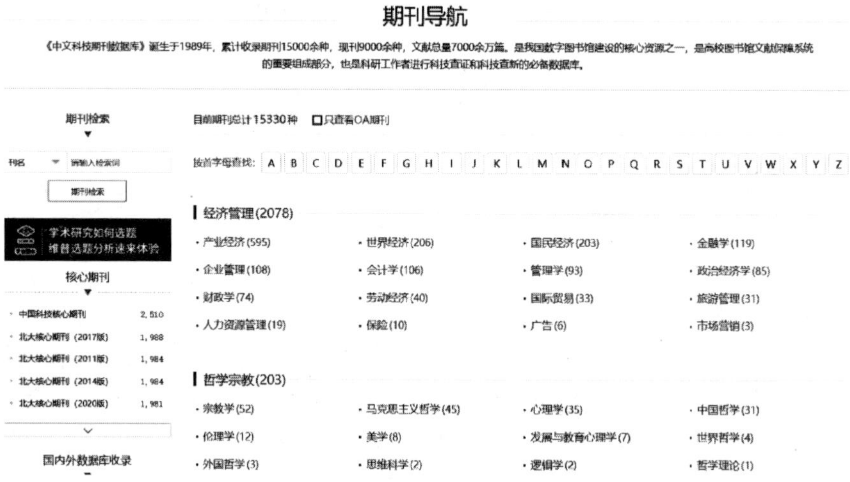

图 3-21　期刊导航

3.5.4　检索结果处理

在检索结果页面，用户可以选择对检索结果按相关度、被引量、时效性降序或升序排序，可以对检索结果进行批量处理（导出题录）、引用分析（参考文献或引证文献）、统计分析，也可以对检索结果进行精炼或聚类。

（1）检索结果聚类分析

维普平台自动对检索结果按照年份、学科、期刊收录、主题、期刊、作者、机构等进行分组聚类。用户逐级单击检索结果页面左侧各分组名称，可逐级浏览该分组详情。单击“统计分析”，可获得可视化分析图表（图 3-22），包括学术成果产出分析、作者、机构、学科、期刊等不同类别的统计分析图表。

2、学术成果产出分析

序号	2013	2014	2015	2016	2017	2018	2019	2020	2021	2022
发文量	1	1	7	77	96	138	115	91	83	49
被引量	0	0	0	57	457	429	215	117	19	3

图表1 近10年学术成果产出统计表

1、概述
2、学术成果产出分析
3、主要发文人物分析
4、主要发文机构统计分析
5、文章涉及主要学科统计
6、主要期刊统计分析
保存检索报告

年份发文量被引次数学术成果产出及被引变化趋势图

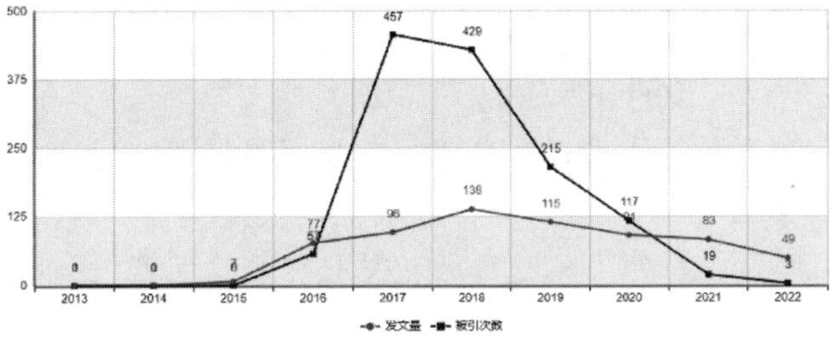

图表2 近10年学术成果产出及被引变化趋势

图 3-22　可视化分析图表

（2）检索结果排序

检索结果有 3 种排序方式：①相关度排序：按照相关度从高到低排序，将相关度最高的论文排列在最前面。②被引量排序：按照引用次数从高到低排序，被引用次数最多的论文排列在最前面。③时效性排序：按照论文发表新旧排序，将最新论文排列在最前面。

（3）检索结果浏览或保存

在检索结果页面，选择“引用分析”的“参考文献”，维普平台将汇总并展示用户所选论文的全部或部分参考文献信息，选择“引用分析”的“引证文献”，维普平台将汇总并展示用户所选论文的全部或部分引证文献信息。用户单击某条记录可阅读其文摘信息，维普平台提供全文在线阅读、下载 PDF、HTML 阅读、文献传递、OA 链接等多种浏览和获取方式。单击“导出题录”可导出所选文献记录，导出格式可选择参考文献、文本、查新格式、XML、EndNote、NoteFirst、自定义、EXCEL 格式等。在单篇文献详览界面右侧，单击“职称评审材料打包下载”，可以一键下载该篇论文的 PDF 全文、期刊封面、封底、目录等用于职称评审的相关材料。

习　题

1. 在以下课题中选择一项课题，使用超星发现的“高级检索”方式，选择题名字段，检索该课题的相关文献信息，要求上机检索并进行可视化分析。

（1）人工智能技术在智慧医疗中的应用研究。

（2）自动驾驶汽车定位方法。

（3）在线教育（MOOC）用户体验研究公司。

2. 在以下课题中选择 1 项课题，使用超星发现的“专业检索”方式，在文献标题或主题字段里检索该课题的相关文献信息，要求构建检索式并上机检索。

（1）酿酒废水处理技术。

（2）食品安全监管法律制度研究。

（3）（企业/公司）竞争情报分析研究。

3. 在以下课题中选择一项课题，使用读秀“中文期刊高级搜索”和“中文期刊专业搜索”方式上机检索。

（1）食品安全管理的法律保障研究。

（2）民族服饰保护与传承方法研究。

（3）金融科技监管机制构建研究。

（4）导航用芯片（集成电路）的设计研究。

（5）肿瘤（癌症）靶向治疗药物的开发研究。

4. 超星汇雅电子图书有哪几种检索方式？自选一专业课题分别进行检索实习。

5. 超星移动图书馆有何功能？

6. 书生之家电子图书有哪几种检索方式？自选一专业课题分别进行检索实习。

7. CNKI 中国知网主要有哪些类型的信息资源？

8. 如何利用 CNKI 中国知网的期刊导航功能查找你所学专业学科的期刊及北大核心期刊？

9. 利用知网，检索与课题“抗菌无纺布”相关的期刊论文、学位论文、会议论文和专利，并利用数据库的可视化分析功能了解课题国内研究概况。

10. 万方数据知识服务平台主要有哪些类型的信息资源？

11. 如何利用万方数据的期刊导航功能查找你所学专业学科的期刊及北大核心期刊？

12. 在以下课题中选择 1 项课题，利用万方数据的高级检索方式，分别选择题名和主题检索字段，检索该课题的相关文献信息，要求列出检索词、构建检索式并上机检索。

（1）纺织品阻燃技术的研究。

（2）光镊在蛋白质研究中的应用。

（3）基于物联网的车辆检测系统的研究。

13. 维普中文期刊服务平台有哪几种检索方式？

14. 维普中文期刊服务平台的期刊导航模块主要有哪几种检索和浏览期刊的方式？

15. 在以下课题中选择 1 项课题，利用维普中文期刊服务平台的高级检索方式，检索该课题的相关论文，要求列出检索词、构建检索式并上机检索。

（1）青蒿素耐药性研究。

（2）集成电路封装装置的研究。

（3）新农村养老保险制度研究。

第 4 章　国内专题数据库与网络资源

4.1　中国生物医学文献服务系统

4.1.1　概述

中国生物医学文献服务系统（SinoMed）由中国医学科学院医学信息研究所开发研制，是集检索、开放获取、个性化定题服务、全文传递服务于一体的生物医学中外文整合文献服务系统。用户注册个人账号后便能拥有“我的空间”，可以定制检索策略、保存和订阅检索结果、推送及邮件提醒检索内容、学术分析定制等。

4.1.2　信息资源类型

SinoMed 信息资源主要包括以下类型：

（1）中国生物医学文献数据库（CBM）

收录 1978 年至今国内出版的生物医学学术期刊 2900 余种，文献题录总量 1080 余万篇。全部题录均进行主题标引、分类标引，同时对作者、作者机构、发表期刊、所涉基金等进行规范化加工处理；2019 年起，新增了标识 2015 年以来发表文献的通讯作者，全面整合中文 DOI 链接信息。

CBM 根据美国国立医学图书馆《医学主题词表（MeSH）》（中译本）、中国中医科学院中医药信息研究所《中国中医药学主题词表》以及《中国图书馆分类法・医学专业分类表》对收录文献进行主题标引和分类标引，还对作者、作者机构、发表期刊、所涉基金等进行规范化处理，标识第一作者、通讯作者。

（2）西文生物医学文献数据库（WBM）

收录世界各国出版的重要生物医学期刊文献题录 2900 余万篇，其中协和医学院图书馆馆藏期刊 6300 余种，免费期刊 2600 余种；年代跨度大，部分期刊可回溯至创刊年。

（3）北京协和医学院博硕学位论文库（PUMCD）

收录 1981 年以来北京协和医学院培养的博士、硕士学位论文全文，涉及医学、药学各专业领域及其他相关专业。

（4）中国医学科普文献数据库（CPM）

收录 1989 年以来近百种国内出版的医学科普期刊，文献总量达 43 万余篇，包括养生保健、心理健康、生殖健康、运动健身、医学美容、婚姻家庭、食品营养等与医学健康有关的内容。

4.1.3　检索技术

（1）布尔逻辑运算

布尔逻辑算符使用 AND（逻辑与）、OR（逻辑或）和 NOT（逻辑非）。多个检索词之间空格，执行“AND”运算。

（2）截词检索

通配符有？和%，？可替代 1 个字符，%可替代 n 个字符，通配符的位置可以置词首、词中或词尾。如：胃？癌、肝%疫苗、%PCR。

（3）短语或词组检索

用英文半角双引号" "把检索语词括起来进行精确匹配检索。

（4）优先运算

用英文半角括号（）把检索词或检索式括起来，使计算机优先运算。

（5）检索词中含有“－”“（”“，”等特殊符号时，需要用英文半角双引号标识检索词，如“1，25-(OH) 2D3”。

4.1.4 检索方式

SinoMed 包括引文检索、期刊检索、文献传递、文献检索四大模块。

引文检索模块可通过被引文献题名、主题、作者、出处、机构、资助基金等查找引文，了解感兴趣的科研成果等在生物医学领域的引用情况。可通过发表年代、施引年代限定检索，并对检索结果按发表时间、期刊、作者、机构、期刊类型进行聚类筛选。

期刊检索模块用于查找和浏览期刊，提供检索词（刊名、出版地、出版单位、期刊主题词、ISSN）检索和按刊名字顺浏览期刊两种检索方式，并可统计和分析期刊的发文情况。

文献传递模块用于索取原始文献全文，用户可通过“SinoMed 系统内检索”和“手工填写‘代检代查’申请单”2 种方式提交原文申请。

文献检索模块支持快速检索、高级检索、主题检索和分类检索四种检索方式。还支持在检索结果中进行二次检索。进行检索前，用户应先选择要检索的数据库，可选择跨库检索（全部数据库）或从中文文献、西文文献、博硕论文、科普文献中任选一数据库。以下介绍文献检索模块的四种检索方式。

（1）快速检索

SinoMed 主页即快速检索界面（图 4-1），默认为选择全部数据库，提供一站式检索，也可选择任一数据库检索，其检索原理是在所有字段里执行智能检索。智能检索可实现检索词及其同义词（含主题词）的扩展检索。在检索框里可输入一个、多个检索词或检索式

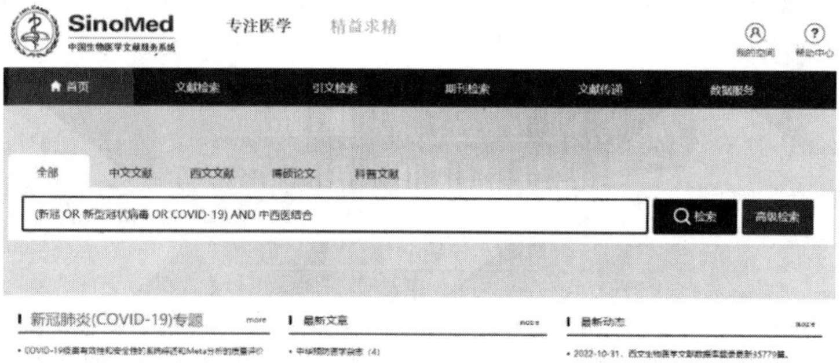

图 4-1　SinoMed 快速检索界面

进行检索。输入多个检索词时，词间用空格分隔，默认为“AND”组配关系。

（2）高级检索

进入高级检索界面，应先选择要检索的数据库，可选择跨库检索或任一数据库。高级检索支持多检索入口、多检索词之间逻辑组配，构建复杂检索式进行检索。

检索设置：①选择检索字段，检索字段有常用字段、全部字段、标题、摘要、作者、作者单位、文献来源等可供选择，其中常用字段包含中文标题、关键词、主题词、摘要；②选择“智能”可实现检索词及其同义词（含主题词）的扩展检索；③对文献出版年代进行限定。

使用“构建表达式”后的输入框构建检索式时，可在输入框里输入一个、多个检索词或检索式，选择“优先”算符及逻辑算符，借助输入框增减按钮（+－图标）构建检索式，此时检索式实时显示在上部总检索框中。

（3）主题检索

主题检索基于主题概念检索文献，有利于提高查全率和查准率。通过选择合适的副主题词、设置是否加权检索、是否扩展检索，可使检索结果更符合用户需求。在检索框里输入检索词后，系统将在《医学主题词表（MeSH）》中文译本及《中国中医药学主题词表》中查找对应的中文主题词。通过“主题导航”也可浏览主题词树查找主题词。

【检索案例 1】 利用 CBM 主题检索方式查找“风湿性心脏病的手术治疗”相关文献。

检索步骤：

① 选择中国生物医学文献数据库，进入主题检索页面。

② 在检索框里输入“风湿性心脏病”后单击“查找”。

③ 浏览查找结果，在下方主题词列表中单击打开“风湿性心脏病”链接。

④ 选择副主题词“外科学”，逻辑关系为“AND”，点击“发送到检索框”，最后提交检索得到检索结果（图 4-2）。

图 4-2　CBM 主题检索

（4）分类检索

分类检索是从学科专业角度查找文献，能提高文献查全率。可用类名查找或分类导航定位具体类目，通过选择是否扩展、是否复分，使检索结果更符合用户需求。

【检索案例 2】 利用 CBM 分类检索方式查找“肺肿瘤的药物疗法”相关文献。

检索步骤：

① 选择中国生物医学文献数据库，进入分类检索页面。

② 在分类检索页面右侧的分类树中逐级查找：肿瘤学-呼吸系统瘤-肺肿瘤；或在检索框里直接输入“肺肿瘤”后点击“查找”。

③ 在查找结果里点击“肺肿瘤”分类名，进入分类检索式构建页面。

④ 选中二级分类主题“药物疗法、化学疗法”，逻辑关系“AND”，点击“发送到检索框”，即构建了分类检索式，点“检索”获得检索结果（图 4-3）。

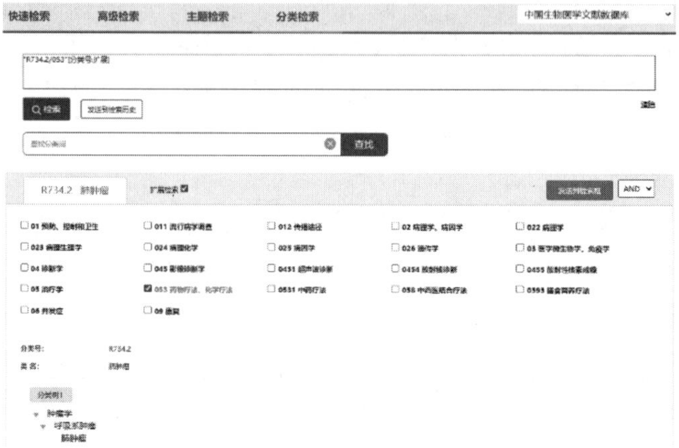

图 4-3　CBM 分类检索

4.1.5　检索结果处理

（1）检索结果显示与排序

检索结果（图 4-4）显示命中的记录条数，专业检索式，每条记录的题名、作者、作者单位、出处、年卷期等信息。检索结果可按年代、作者、期刊、相关度进行排序。

图 4-4　检索结果

（2）检索结果筛选（聚类）

检索结果页面左侧为筛选（聚类）区域，系统可对检索结果按主题、学科、时间、期刊、作者、机构、基金、地区、文献类型、期刊类型等类别进行多维度筛选，用户勾选子类目名，单击“过滤”即可浏览该子类目下的文献信息。

（3）检索结果浏览与保存

点击文献题名可以浏览文献详细摘要信息。能在线阅读协和医学院硕博士学位论文全文，直接链接维普、万方数据、OA 期刊、出版社等文献原文，或通过申请付费方式进行文献传递。可选择需要的检索结果进行保存或下载，输出方式有 SinoMed、NoteExpress、EndNote、RefWorks、NoteFirst、文本格式等。

4.1.6　检索案例

【检索案例】 新冠病毒感染的中西医结合治疗研究。

检索步骤：

① 确定检索词：新冠、新型冠状病毒、COVID-19、中西医结合。

② 构建检索式：（新冠 OR 新型冠状病毒 OR COVID-19）AND 中西医结合。

③ 选择跨库检索，进入高级检索界面，选择“常用字段”“智能”。

④ 在第一行检索框里输入检索式：新冠 OR 新型冠状病毒 OR COVID-19。在第二行检索框里输入：中西医结合，逻辑关系选择 AND。

⑤ 提交检索得到检索结果（图 4-5）。

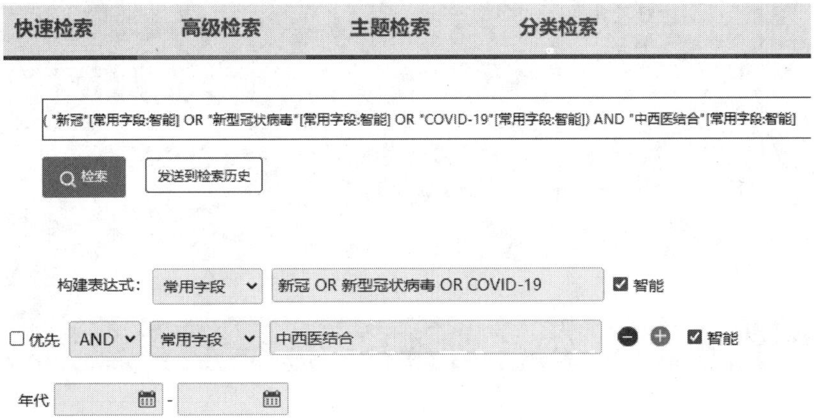

图 4-5　高级检索案例

4.2　中华医学期刊全文数据库

4.2.1　概述

中华医学期刊全文数据库是由中华医学会杂志社开发的以编辑出版中华医学会主办的各类医学期刊为主要任务的医学数字文献出版平台。收录医学期刊 160 余种，包含临床指南类文献、经典和疑难病例文献、危急重症学文献、医学综合类文献、内外妇儿临床文献、基础医学文献、临床药学文献等。平台除了收录期刊论文，还包括指南、病例、图标、专家库以及知识库。

4.2.2 检索技术

（1）布尔逻辑运算：逻辑与算符用 AND 或 &&，逻辑或算符用 OR 或｜｜。

（2）截词检索：通配符为＊、?，＊代表 n 个字符，? 代表 1 个字符。

（3）短语与词组检索：算符″″，用于固定短语或词组的精确匹配检索。

4.2.3 检索方式

中华医学期刊全文数据库提供期刊浏览、快速检索和高级检索三种检索方式。

（1）期刊浏览

点击主页检索框旁的“期刊列表”，进入期刊浏览页面。可按系列分类、学科分类、数据库收录三种分类方式浏览期刊，也可通过刊名检索期刊。

（2）快速检索

快速检索界面如图 4-6 所示，可以选择全库、期刊、指南、病例、图表和专家等类型资源，检索词包括主题、作者、作者单位或关键词等。用户可在检索框里输入 1 个检索词或短语进行检索，快速检索是在所有字段中检索。

图 4-6　快速检索界面

（3）高级检索

高级检索（图 4-7）提供了多个检索框，用户可对检索字段、逻辑关系、文献分类、出版时间、模糊匹配或精准匹配等检索条件进行选择或设置。检索字段包括主题、标题、关键词、第一作者、通讯作者、作者单位、刊名、基金、摘要或者所有字段。完成检索设置后，用户可在检索框里输入检索词进行组配检索，还可使用文献完整的 DOI 编号进行精确检索。在页面右下方会显示检索表达式。

4.2.4 检索结果处理

（1）排序与聚类

检索结果可以按相关性、发表时间、阅读次数、引用次数进行排序，默认为相关性排

图 4-7　高级检索界面

序。还可按学科类型、发表年度、文献类型、数据库收录、期刊类型和研究类型等进行分组聚类。

（2）检索结果输出

平台提供检索结果全文阅读和下载，用户可选择需要的检索结果进行保存或下载，输出方式有 NoteExpress、EndNote、RefWorks、NoteFirst、文本格式等。

4.2.5　检索案例

【检索案例】 检索中华医学会制定的新型冠状病毒肺炎相关的所有指南类文献。

检索步骤：

① 在高级检索页面，第一行检索范围选择“标题”字段，在检索框里输入：新型冠状病毒肺炎。

② 第二行选择“所有作者”，在检索框里输入：中华医学会，逻辑关系为 AND。

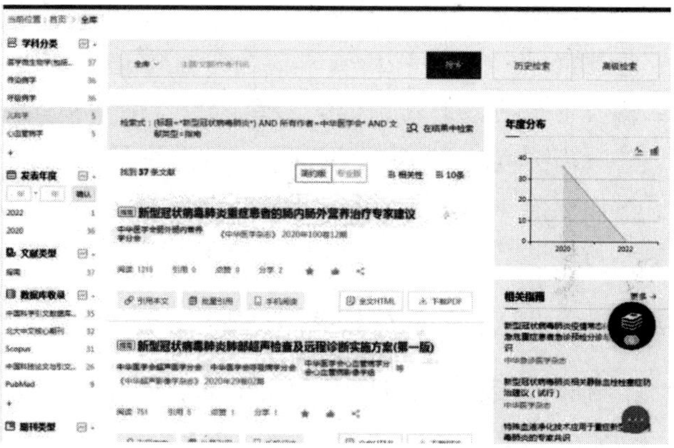

图 4-8　检索结果页面

③ 在“文献分类”中选择“指南”，提交检索得到检索结果（图 4-8）。

4.3　国　研　网

4.3.1　概述

国研网全称为国务院发展研究中心信息网，是国务院发展研究中心主管、国务院发展研究中心信息中心主办、北京国研网信息有限公司承办的专业经济信息网站。国研网以国务院发展研究中心丰富的信息资源和强大的专家阵容为依托，全面整合中国宏观经济、金融研究和行业经济领域的专家资源及研究成果，并与海内外众多著名的经济研究机构和经济资讯提供商紧密合作，是中国著名的大型经济类专业网站。网址：http://www.drcnet.com.cn/。

国研网已建成了内容丰富、检索便捷、功能齐全的大型经济信息数据库集群：《国研报告》《宏观经济》《金融中国》《行业经济》《世界经济与金融评论》《国研财经》《区域经济》《企业胜经》《高校管理决策参考》《基础教育》《对外贸易》等，同时针对金融机构、高校用户、企业用户和政府用户的需求特点开发了四个专业版产品。“国研网教育版”是国研网针对高校用户设计的专版，旨在以“专业性、权威性、前瞻性、指导性和包容性”为原则，全面汇集、整合国内外经济、金融和教育领域的前沿信息和研究成果，为全国各高等院校的管理者、师生和研究机构提供高端的决策和研究参考信息。

4.3.2 检索技术与检索方式

（1）检索技术

逻辑运算：在两个检索词之间使用空格、“＋”或“&”表示逻辑“与”的关系。

例如：查询关于新能源发展的文章，则输入检索式“新能源 发展”或“新能源＋发展”或“新能源 & 发展”。

（2）检索方式

国研网提供了分类浏览、基本检索、高级检索三种检索方式。

① 分类浏览：点击大类名称可以浏览二级类目或点击相关文章题名浏览详细信息。

② 基本检索：选择检索字段，可选字段有标题、关键词、来源或全文字段；在检索框里输入 1 个或以上检索词、检索式，点击“检索”按钮进行检索。

③ 高级检索：选择检索字段，可选字段有标题、关键词、来源或全文字段；点击＋—可增加或减少一行检索框；在检索框里输入 1 个或多个检索词或检索式；选择逻辑运算关系“与”“或”“非”，进行组配检索。

4.3.3 专题资源库及检索案例

“国研网教育版”包括专题文献库、研究报告库、统计数据库、专家库四个数据库。

（1）专题文献库

专题文献库是国研网与国内外知名研究机构、财经媒体、专家学者合作取得的信息资源，进行数字化管理和开发而形成的内容丰富、检索便捷、功能齐全的大型经济信息数据库，致力于从经济、金融、行业、教育等方面多角度、全方位地提供有价值的参考信息。

该库包括国研视点、宏观经济、金融中国、行业经济、区域经济、企业胜经、世经评论、教育参考、国情民生、领导讲话、宏观调控、创新发展、体制改革、财政税收、国际贸易、跨国投资、法治中国、乡村振兴、资源环境、智慧城市、新型城镇化、市场与物价、社会保障、人口与发展、国内政府管理创新、国外政府管理借鉴、关注十四五、一带一路、长江经济带、京津冀协同发展、经济形势分析报告、发展规划报告、政府工作报告、政府统计公报等 34 个子库。

【检索案例 1】 检索“新能源汽车发展”相关经济信息。

检索步骤：

在专题文献库基本检索框右边点击“高级检索”进入高级检索界面，点击＋号增加检索框，在三行检索框里分别输入“新能源”“车”“发展”，检索字段选择“标题”，逻辑运算关系选择“与”，提交检索，得到检索结果（图 4-9），点击文献题名浏览全文。

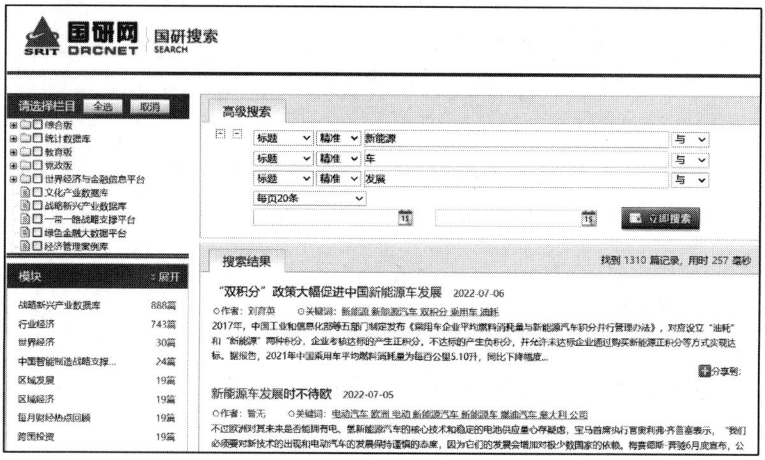

图 4-9　专题文献库高级检索

（2）研究报告库

研究报告平台致力于通过持续跟踪与分析国内外宏观经济、金融和重点行业基本运行态势、发展趋势，准确解读相关政策趋势和影响，及时研究各领域热点与重点问题，为客户提供经济、金融、行业研究和战略决策需要的高端信息产品。

平台除发布国研网自主研发的系列跟踪研究报告产品——周评、月报、季报、年报、热点报告以外，还提供围绕互联网金融、智慧城市、大数据、金融科技等经济社会热点问题开发的专题研究报告内容介绍，以及国研网个性化定制报告服务领域及成功案例介绍，是用户全面了解国研网研究领域、获取国研网独家研究报告的窗口。

【检索案例 2】 检索“新能源发展”的相关信息。

检索步骤：

进入国研网研究报告平台，选择高级检索，检索字段选择标题，在检索框里输入：新能源 发展，提交检索，得到检索结果（图 4-10）。

图 4-10　研究报告库高级检索

（3）统计数据库

国研网统计数据库（简称“国研数据”）是国研网在全面整合我国各级统计职能部门所提供的各种有关中国经济运行数据的基础上，历经数年研究开发、优化整合后推出的大型数据库集群，对国民经济的发展以及运行态势进行了立体、连续、深度展示，是中国经济量化信息最为权威、全面、科学的统计数据库之一，是投资、决策和学术研究的有力助手。

国研网统计数据库包括宏观经济数据库、金融统计数据库、重点行业数据库、对外贸易数据库、区域经济数据库、产品产量数据库、工业统计数据库、国有资产管理数据库、财政税收数据库、人口与就业数据库、居民收支与价格数据库、教育统计数据库、世界经济数据库等数据库集群。

（4）专家库

专家库收录国务院发展研究中心的多名专家信息，可以选择从专家姓名、所在部门、领域进行检索。

4.4 CCER中国经济金融数据库

4.4.1 概述

CCER中国经济金融数据库由北京大学中国经济研究中心和色诺芬信息服务公司联合开发，收录内容涵盖了中国资本市场、货币市场、宏观经济及行业经济的所有研究领域资料，还提供灵活的数据定制服务。网址：http://new.ccerdata.cn/。

4.4.2 信息资源类型

信息资源包括标准数据库、特供数据库、“一带一路”专题库三大类型。

（1）标准数据库（图4-11）：包含16个版块的内容：A股、新三板、基金、债券、港股、沪港通、深港通、宏观、货币、行业、期货、海外上市、央企高管、银行理财与保险、权证以及新冠疫情专题数据。

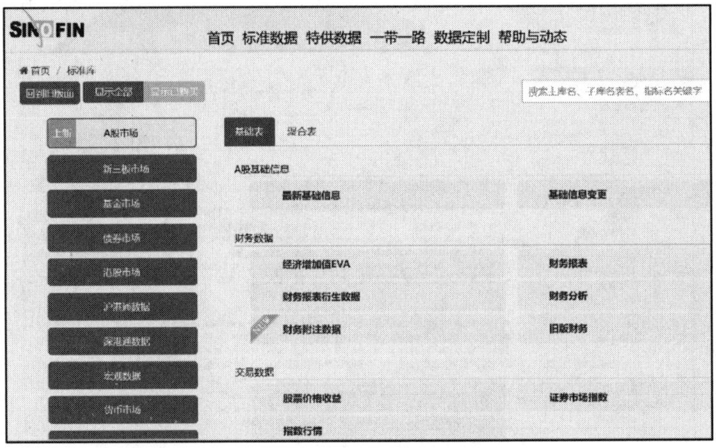

图4-11　CCER标准数据库

（2）特供数据库：包括中国工业企业数据库、海关进出口数据库、县级财政数据库、专利数据库、环境数据库和旅游数据库。

（3）“一带一路”专题库：由“一带一路”沿线国家概况、数据服务、新闻资讯与政策环境组成，其中数据服务提供了 12 个方面的数据内容：宏观统计、贸易往来、对内/外投资、“一带一路”指数、经济发展、民生统计、财政统计、支柱产业、文化交流、亚投行、合作项目、国际竞争力数据等。

4.4.3　产品搜索

网站页面顶部导航栏中的标准数据库的全局搜索控件，可以搜索包含关键词的所有标准数据库中的指标、基础表、聚合表及产品库，在所得结果中点击相应文章题名链接即可跳转到目标位置。

搜索所有产品库下基础表、聚合表中的包含关键词的指标，点击搜索结果中的指标链接或基础表链接会直接跳转至基础表页面，点击所在的聚合表链接也会跳转至聚合表页面。

4.5　中国经济信息网

4.5.1　概述

中国经济信息网（简称中经网）是由国家信息中心组建的，提供经济信息为主要业务的专业性信息服务网站。它继承了国家信息中心多年来丰富的信息资源和信息分析经验，利用自主开发的专网平台和互联网平台，为政府部门、金融机构、高等院校、企业集团、研究机构及海内外投资者提供宏观经济、行业经济、区域经济、法律法规等方面的动态信息、统计数据和研究报告，帮助其准确了解经济发展动向、市场变化趋势、政策导向和投资环境，为其经济管理和投资决策提供强有力的信息支持。网址：http://www.cei.cn/。

4.5.2　信息资源类型

中经网设置了综合频道、宏观频道、金融频道、行业频道、区域频道、国际频道六大频道，信息内容涵盖宏观经济、金融、行业经济、地区经济、国际经济等方面的新闻、统计数据、市场预测、专家观点、政策法规、企业产品、行情、商业机会等。

4.5.3　检索技术与检索方式

4.5.3.1　检索技术

支持布尔逻辑检索：逻辑与算符用“;”。例如：新能源；汽车。逻辑或算符用“,”。例如：集成电路，芯片，IC。

4.5.3.2　检索方式

（1）信息浏览

在中经网中，浏览信息的方法有直接浏览和分类浏览两种，直接浏览是指通过文章的标题链接直接浏览全文的方法。分类浏览是指依据信息所属的类别逐步缩小查看范围，最后找到所需文章的方法。

（2）基本检索

在基本检索框里输入关键词或检索式，按“搜索”按钮提交检索获得检索结果。

（3）高级检索

点击高级检索链接，进入高级检索界面（图 4-12）后，可设置以下参数：①栏目选择：选择不同的频道，可选择所有频道或一个频道进行检索。②选择文章发表的时间，如只输入开始时间，将搜索大于输入时间的文章；如只输入截止时间，将搜索小于截止时间的文章。③排序：根据相关度或时间先后排列文章。

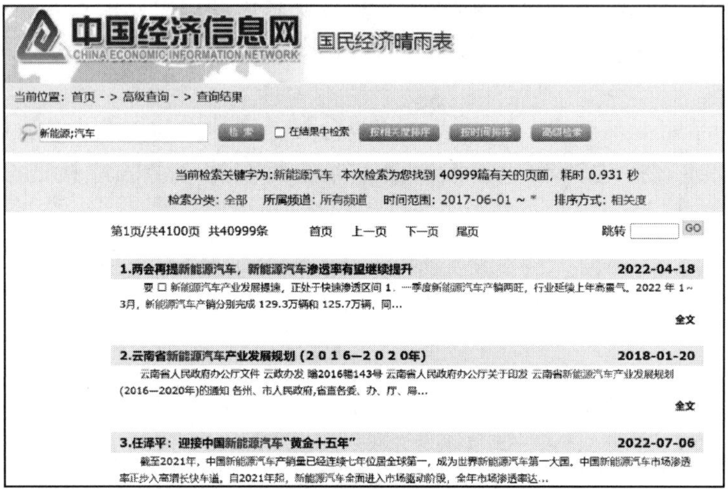

图 4-12　高级检索

（4）在结果中搜索

在检索结果页中，选中“在结果中查询”的复选框，再输入关键词进行检索，就会在已有的检索结果中进行二次检索。

4.6　北大法宝

4.6.1　概述

北大法宝是由北京大学法制信息中心与北大英华科技有限公司于 1985 年联合推出的智能型法律信息一站式检索平台。平台包括法律法规、司法案例、法学期刊、律所实务、专题参考、检察文书、法宝视频、法宝学堂等模块，全面涵盖各种类型的法律信息。网址为 http://www.pkulaw.cn/。

4.6.2　检索方式

北大法宝检索平台提供三种检索方式：快速检索、高级检索、二次检索。

（1）快速检索

用户可根据自己的需求选择不同的模块后进行快速检索。快速检索方式支持使用布尔逻辑算符：逻辑“与”（*），逻辑“或”（+），逻辑“非”（—）。进入法律法规模块的快速检索界面（图 4-13），用户可在检索框里输入 1 个检索词、多个检索词或检索式进行检索，多个检索词之间空格默认为逻辑与的关系。在检索框下方有以下几种匹配方式可供选择：

① 精确：即精确检索，是平台默认的方式，平台将视检索词为短语或词组执行严格匹配运算。例如进入司法案例模块，在标题中检索“郭明”，选择精确检索，则每条检索结果的标题中必然包括“郭明”。

② 模糊：即模糊检索，平台将对检索词进行分词处理，忽略词之间的位置关系进行简单的逻辑运算。例如进入司法案例模块，在标题中检索“郭明”，选择模糊检索，则每条检索结果的标题中必然包括“郭”和“明”，但不一定是“郭明”。

③ 同篇：在检索框里同时输入两个或两个以上检索词，则要求上述检索词必须在同一篇文献中同时出现才被检中。

④ 同条：在法律法规模块，在检索框里同时输入两个或两个以上检索词，则要求上述检索词必须在同一条法律条文中同时出现才被检中。

⑤ 同段：在检索框里同时输入两个或两个以上检索词，则要求上述检索词必须在同一段中同时出现才被检中。

⑥ 同句：在检索框里同时输入两个或两个以上检索词，则要求上述检索词必须在同一句中同时出现才被检中。

同篇、同条、同段、同句四种匹配方式必须在“全文”“精确”的条件下进行。

图 4-13　法律法规模块快速检索界面

（2）高级检索

高级检索是为了缩小检索范围，提高查准率，适用于用户对所查找的内容了解更多线索的情况。点击“高级检索”进入高级检索界面，检索字段因不同模块而略有不同，用户可根据检索字段提示将所掌握的线索检索词或检索式输入对应文本框中，然后点击“检索”得到检索结果。图 4-14 为法学期刊模块的高级检索界面，在标题中检索家暴离婚相关文献。

（3）二次检索

如果一次检索条件过于宽泛，用户可在检索框中输入新的检索词，点击“结果中检索”，即可在前一次检索的结果中再次检索，以提高查准率。例如：要检索《民法典》中

图 4-14　法学期刊模块高级检索界面

有关遗嘱的信息，可在检索“民法典”后，在检索结果页面上方的检索框中输入“遗嘱”后点击“结果中检索”获得二次检索结果。

4.6.3　法宝特色功能

（1）法宝联想

法宝联想（图 4-15）为北大法宝 2003 年首创，不仅能直接印证引用的法律法规和司法解释及其条款，还可链接与本法规相关的所有法律法规、司法解释、案例、条文释义、法学期刊等，方便用户查询、理解、研究和利用法条。

图 4-15　法宝联想、本法变迁和法宝引证码

（2）本法变迁

当查询的某一法律法规或具体法条已被修订时，“本法变迁”中将提醒变动情况，并提供修订后的最新法律法规或相应法条。通过对我国法律、法规的历次修改及相关法条异动情况的梳理，方便用户了解立法发展史，便于研究法律发展方向。图 4-15 显示了《中华人民共和国民事诉讼法（2021 修正）》的变迁。

（3）法宝引证码

法宝引证码主要用于法律文献的引证注释和查询检索服务，现已在法律法规、司法案例、法学期刊、法学在线、英文译本等模块中应用，在法宝网站的地址栏或者引证码检索框中输入引证码，即可查询到具体文件。图 4-15 显示了《中华人民共和国民事诉讼法（2021 修正）》的法宝引证码：CLI. 1. 5113165。

（4）法宝之窗

在勾选显示法宝之窗后浏览法规和案例时，如把光标停留在引用的法条处，法宝之窗中会即刻显示该法条具体内容和相关资料，方便用户印证和研习法条。如图 4-16，在《中华人民共和国民事诉讼法》中引用了宪法，将光标停留在“宪法”上，法宝之窗会弹

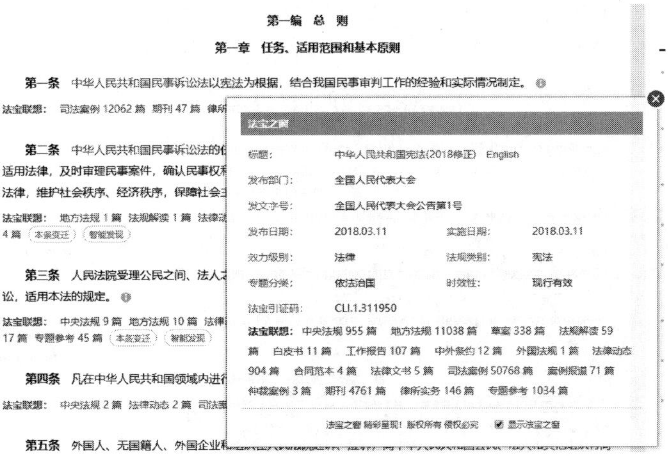

图 4-16　法宝之窗

出宪法相关内容和法宝联想。

4.6.4　检索案例

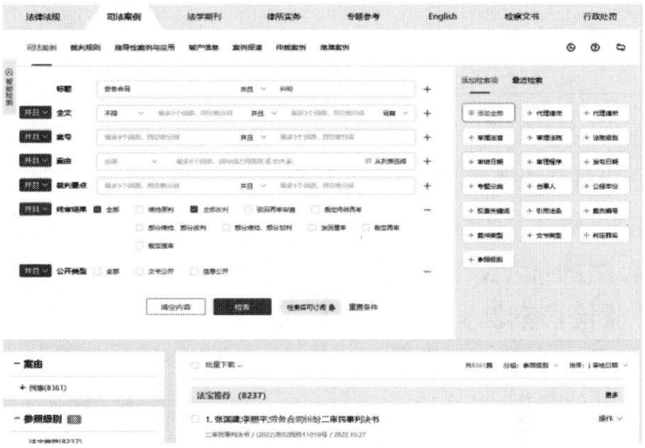

图 4-17　检索案例

【检索案例】 检索有关劳务合同纠纷终审全部改判的司法案例。

检索步骤：

选择司法案例模块，进入高级检索界面，在标题字段的两个检索框分别输入劳务合同和纠纷，在右侧“添加检索项”下点击“终审结果”添加检索字段，然后在该字段选择“全部改判”，点击检索得到检索结果（图 4-17）。

4.7　北大法意网

4.7.1　概述

北大法意网由北京法意科技有限公司研制，是集资源查询、模板参考、工具应用于一体的在线法律资源信息服务平台。平台主要包括法律法规数据库群、司法案例数据库群、合同范本、法律文书、法学论著、法学辞典、法律资讯等模块，全面涵盖各种类型的法律信息。网址为 http://www.lawyee.net/。

4.7.2　检索方式

北大法意网提供快速检索、高级检索和智能检索三种检索方式。

（1）快速检索

北大法意网主页即为快速检索界面（图 4-18）。快速检索提供法律法规、司法案例、合同范本、法学论著和法律文书等信息资源，检索时用户可根据自己的需要点击下拉框选择其中一种资源，然后在检索框中输入检索词即可进行快速检索。例如：检索刑事诉讼法，可以先选择法律法规，然后输入“刑事诉讼法”进行检索。

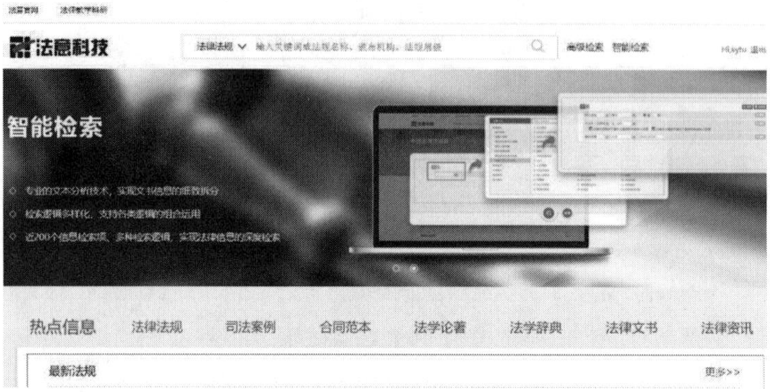

图 4-18　快速检索

（2）高级检索

高级检索（图 4-19）提供法律法规和司法案例检索，检索时用户先选择其中一种资源。平台提供了多行字段输入框或下拉框，各字段之间逻辑关系默认为逻辑与。以司法案例为例，用户可在案号、标题、判决时间、审理法官、代理律师、代理律所等字段后的检索框里输入检索词，在审理法律、案由、文书类型、审理等级、权威出处等下拉列表中选择合适的选项，然后点击检索得到检索结果。

【检索案例】 检索有关家庭暴力方面的两高指导性案例。

检索步骤：

先选择司法案例，然后在标题检索框里输入“家庭暴力”，再在权威出处字段选择“两高指导性案例”，最后点击检索即得到检索结果。

图 4-19　高级检索

（3）智能检索

点击智能检索弹出案件智能检索窗口。首先点击下拉框，可选择刑事案件、民事案件、行政案件、赔偿案件或执行案件，然后组合输入案件信息、人员信息、审判信息、案情信息、诉请答辩信息等多个案件信息项。多个信息项之间提供逻辑与、逻辑或组配，信息项和检索词之间提供多种检索逻辑（等于、不等于、包含、不包含等）组配，可充分实现法律信息的深度检索。最后点击检索按钮得到检索结果。

4.7.3　检索案例

【检索案例】 查询“未成年人（已满 14 周岁不满 16 周岁）防卫过当”相关案例。

检索步骤：

① 在主页点击“智能检索”进入智能检索界面，点击下拉框展开变量体系，在刑事案件下找到“刑事个罪公共信息”，选择“防卫过当”，取值勾选“是”。

② 继续在“刑事个罪公共信息”中找到“未成年人犯罪明细”，根据所需勾选明细。

③ 设置条件间逻辑关系为且（图 4-20），点击检索，得到检索结果。

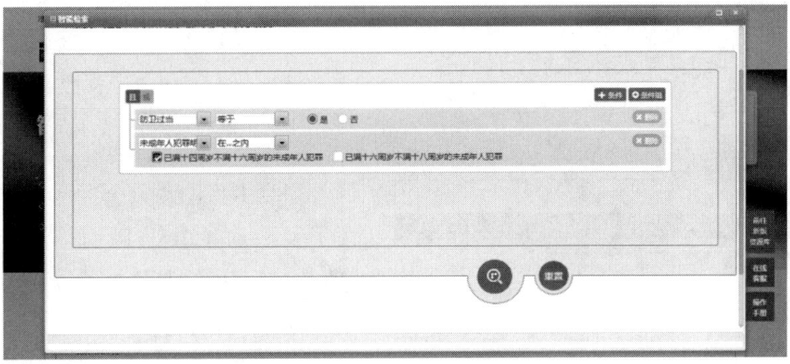

图 4-20　智能检索案例

4.8　泛研全球科研项目数据库

4.8.1　概述

泛研网是科研项目大数据领域的开拓者，致力于为科学工作者、学习者打造基于科研项目为核心的综合情报门户平台，提供情报数据库、情报分析系统、科研工具及领先的科研资讯等服务。目前拥有“全球科研项目数据库”“全球科研项目指南库”“科技奖项竞赛数据库”“科技专家人才数据库”“全球科研信息资讯数据库”“科研工具集系统”六大情报服务矩阵的数十种子库及工具系统。其中，科研项目库涵盖了全学科领域，收录了全球二十多个科技发达国家和地区的 1000 多万受资助科研项目信息以及 3000 多万条科研产出成果的链接指向，最早可追溯到 20 世纪 50 年代，具有多个主流语种，数据实时动态更新，是收录范围最广、数据规模最大的科研项目数据库，支持重要基金定制化检索。

4.8.2　检索方式

（1）基本检索

选择检索项“科研项目”，直接在检索框里输入检索词，提交检索，系统将在任意字段检索，字段包括项目来源、项目主持人、项目名称、关键词、学科、项目标书摘要（中英文）等。

（2）高级检索

可选择不同的检索字段、检索语言、立项年度范围、成果关联检索模式、资金金额范围、项目限定日期进行组合检索。检索字段包括项目主题、项目名称、基金名称类别、项目编号、主持人、承担机构、关键词、项目级别、学科名称等。

（3）专业检索

检索技术：系统支持布尔逻辑符：AND、OR、NOT。精确度控制：精确包含用半角双引号，如"检索词"；精确匹配用半角括号加半角双引号，如（"检索词"）。可选择不同的检索语言、立项年度范围、成果关联检索模式、资金金额范围、项目限定日期，并采用检索字段标识与检索词进行组合检索。

4.8.3 检索案例

【检索案例】 医疗大数据系统的研究。

检索步骤：

① 确定检索词：医药，医疗，医学，大数据，系统，平台，软件。

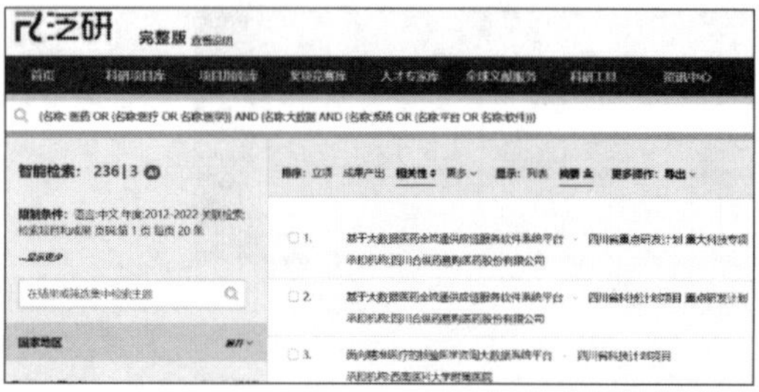

图 4-21 专业检索结果

② 构建检索式：（PT＝医药 OR PT＝医疗 OR PT＝医学）AND PT＝大数据 AND（PT＝系统 OR PT＝平台 OR PT＝软件）

③ 提交检索，获得检索结果（图 4-21），点击项目名称浏览检索结果，或选择相关记录导出。

4.9 中国共产党思想理论资源数据库

4.9.1 概述

中国共产党思想理论资源数据库由人民出版社开发建成，被称为“用科学技术传播中国化马克思主义的重大创新工程”。该数据库完整系统地收录了党的思想理论主要著作文献，包括 15000 多种图书、7000 多万个知识点。覆盖我国出版的所有马列经典著作，党和国家主要领导人所有著作，公开发表的所有中央文件文献，国家所有法律法规，党的思想理论领域所有知识点，还有代表性收录了大量研究性著作、党史和国际共运史著作、重要人物资料，以及革命战争年代出版的部分重要图书等。

该数据库主要包括图书库和知识库（图 4-22）。图书库以经典著作、重要文件文献、法律法规、学术名著为核心内容。知识库包含党和国家重要文献专题知识库、马克思主义专题知识库和经典著作引文比对三大特色工具，为用户提供党的思想理论领域内权威知识服务。历史知识库和哲学知识库为扩展库。

4.9.2 检索方式

数据库提供三种检索方式：分类浏览、基本检索、高级检索。

（1）分类浏览

数据库分为习近平新时代中国特色社会主义思想库、马克思主义著作库、党和国家主

图 4-22　数据库主页

要领导人著作库、党和国家重要文献库、经典著作选编和重要论述摘编库、党的思想理论研究成果库、中国特色社会主义建设库、法律法规库、中共党史库、党的建设库、革命时期出版图书库、国际共运资料库、历史知识库、哲学知识库 14 大类。点击类目名称前的“+”可逐级展开下级类目，点击类目名称可打开该类文献图标与题录信息，点击“在线阅读”可浏览全文。

（2）基本检索

图书库基本检索：在检索框里输入检索词，可选择“按语句检索”“按章节检索”或“按图书检索”，分别在图书全文、章节目录、图书名称及作者等字段里检索。

知识库基本检索：在检索框里输入检索词，选择相似度，可选择“检索语句”或“检索段落”分别在文献的语句或段落里进行检索。

（3）高级检索

高级检索方式（图 4-23）提供图书名称关键词、作者、ISBN 号、译者、出版日期等多字段组配检索。

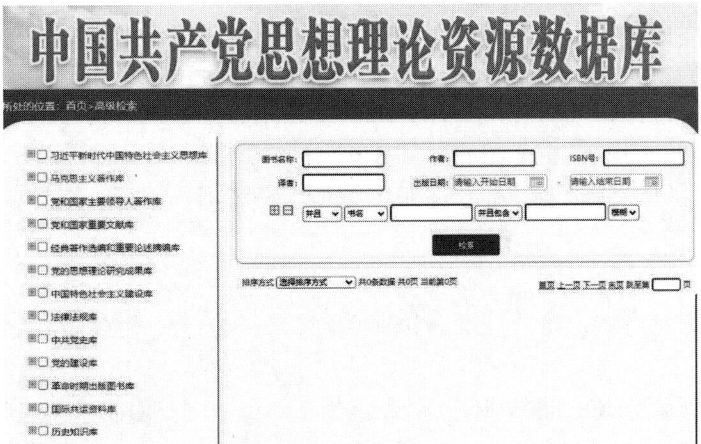

图 4-23　高级检索界面

4.10 多媒体数据库

4.10.1 博学易知考试数据库

（1）概述

博学易知考试数据库（http://js.twbxyz.net/html/homeKs/）（图 4-24）提供考级、考证、考研、考公务员等考试相关电子教参书、电子试卷等资源，包含考试相关教参书和 300 多科近千种等级和职业资格类电子试卷 180000 多套，便于在线浏览、收藏、学习。涵盖计算机、法律、学历、金融、医学、语言、公务员、建筑工程、职业资格九大类的考试资源，学生可自主选择试卷在线答题，在线自测，全面辅助全学科各类学生通过相应的各种考试。

图 4-24　博学易知考试数据库

（2）资源内容及服务

语言考试：英语三级、英语四级、专业英语、公共英语、商务英语、英语翻译、职称英语等考试。

计算机考试：计算机等级考试、计算机水平考试、计算机认证考试等。

法律考试：司法考试、企业法律顾问考试等。

金融考试：会计、注册会计师、注册税务师、经济师、银行、期货、证券、保险类考试等。

学历考试：自学、专升本、考研等考试。

医学考试：三基考试、执业医师、执业药师、执业护士、卫生资格、中医综合、西医综合等考试。

资格考试：教师资格、商务师、导游、物流、人力资源师、营销师等职业资格类考试。

建筑工程：建造师、安全工程师、造价师、监理工程师、城市规划师、咨询工程师、八大员等考试。

公务员考试：国家公务员、地方公务员、事业单位招录、警察招考、银行系统招聘、政法干警招录等考试。

移动端服务：博学易知不仅提供 PC 版使用方式，同时提供微信 H5 页面版等使用方式，用户可使用手机访问平台资源。

4.10.2　博学易知考研数据库

博学易知考研数据库（http://js.twbxyz.net/html/homeKy/）（图 4-25）囊括研究生入学考试考前指导、名校宝典、名师讲堂、考研公共课、考研专业课、小语种考研、英语四六级、考研特训营八大类考研视频资源。提供从考研考前辅导，名校考研专业解析，考研公共课、联考课、专业课学习，行业顶尖名师辅导，考研复试全过程考研课程。考研数据库以视频课程为主，与线下考研辅导培训机构课程保持一致，采取直接录制无切割方式，保持原有课程体系，可以系统化进行学习。

该平台不仅提供 PC 版使用模式，同时提供安卓版移动 App 和苹果版移动 App，便于用户运用手机访问平台资源，还提供了博学易知微信公告号，发布各类考试、学习、就业、指导类资讯信息。

图 4-25　博学易知考研数据库

4.10.3　超星名师讲坛

超星名师讲坛（https://ssvideo.superlib.com/）（图 4-26）是北京超星数图信息技术有限公司设计、拍摄与制作的高教精品教学视频数据库，收录国内外众多知名学者多年的学术精华，是一个与知名专家学者零距离接触，开辟获取知识的捷径，也是一个专家面对面讲授、学术一对一传递的知识宝库。它凝结了众多知名学者教授的研究精髓，数百位授课老师均是来自中国社科院、北京大学、清华大学、复旦大学、华东师范大学等国内外的知名学者和教授，他们大都是相关领域的学术权威和研究专家，代表着该领域的研究方向。

讲坛内容囊括了文化、教育、科学技术、文学、艺术、历史、考古、法律、哲学、语言（包括英语和其他语言）等十余个学科。

讲坛邀请了众多知名学者走进“超星名师讲坛”，传递更多门类、更多领域的知识。推出大师风采、名校课程、治学方法、文学讲坛、世界宗教讲坛、世界历史讲坛、考古研究讲坛、中国古代史讲坛、中国近代史讲坛等多系列名师讲坛，满足读者的不同需求。

图 4-26　超星名师讲坛

4.10.4　网上报告厅

（1）概述

网上报告厅（https://wb.bjadks.com/home）是北京爱迪科森教育科技股份有限公司推出的视频资源库产品，其形式新颖、内容丰富、功能强大，受到广大读者的青睐。网上报告厅包含了党政系列、法律视点、教育培训、经管系列、就业择业、理工系列、农林系列、体育系列、外语学习、文史系列、心理健康、医学系列、营销系列、综合素质等14大学术报告系列以及对话、军事系列、旅游地理、探索发现4大学术鉴赏系列。全平台资源覆盖12个学科体系，92个学科类目，506个专业，形成了一个海量的知识资源学习平台。

（2）检索方式

① 分类浏览

有两种方式：一是点击大类名称可选择该类目的下属类目，也可直接点击视频浏览；二是点击“名校名师”，然后选择学科类别，或直接点击主讲人姓氏拼音字母进行选择。

② 基本检索（图 4-27）

在检索框里输入检索词，即可检索到相关视频资源，点击即可观看视频。

4.10.5　新东方学习平台

4.10.5.1　新东方多媒体学习库

新东方多媒体学习库（图 4-28）是由新东方在线推出的“一站式”综合学习平台。该数据库凝聚了新东方教育科技集团多年的教学精华，依托新东方教育集团优质的师资资

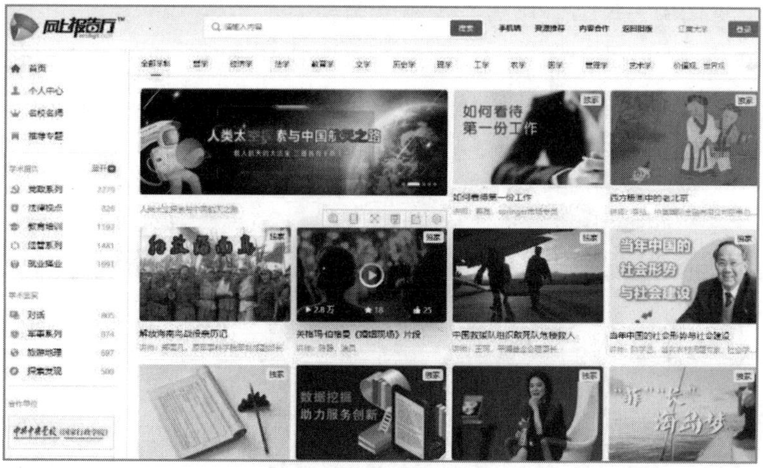

图 4-27　网上报告厅

源和丰富的教学经验，对新东方传统教学的课程内容进行了有机整合。数据库包含课程中心、考试中心、资讯中心、专项模块（互动口语平台）中心、直播课五大板块。其中课程中心涵盖了国内考试（四六级、考研、考博、专四、专八、PETS、成人英语、专硕等）、出国留学（托福、雅思、GRE、GMAT）、小语种（日语、韩语、法语、德语、西班牙语、意大利语、俄语等）、应用外语（商务英语、口译、基础英语、新概念 2～4 册）、职业认证、求职指导、实用技能等内容。

新东方多媒体学习库主要课程如下：大学生求职指导、大学生实用技能、大学英语四级、大学英语六级、考研英语、考研政治、考研数学、新概念英语、英语语法、英语词汇、英语口语、商务英语、日语、韩语、德语、法语、西班牙语、TOEFL 课程、GRE 课程、GMAT 课程、IELTS 课程、出国文书写作、程序设计、平面设计、三维设计、网络管理、网页设计、英文法律法规等。

图 4-28　新东方多媒体学习库

4.10.5.2　新东方四六级学习实训系统

四六级学习实训系统（图 4-29）是新东方推出的极具针对性的大学英语四六级学习、备考平台。平台严格参照教育部正式的四六级网考模式，紧扣四六级机考大纲，深入剖析网考各个题型，集辅导、练习、模考、大量学习资料于一体。

该系统通过FLASH课件辅导方式加强学习指导，采用多媒体技术强化听说训练，通过模拟考试与在线练习巩固学习效果，帮助广大考生了解四六级网考、适应四六级网考、实现高效备考，是广大四六级考生备战机考的首选在线课堂。

图4-29　四六级学习实训系统

4.11　搜索引擎与百度（Baidu）

4.11.1　搜索引擎概述

搜索引擎（search engine）是万维网环境中的信息检索系统，是指根据一定的策略，运用特定的计算机程序从互联网上搜集信息，在对信息进行组织和处理后，为用户提供检索服务，将检索到的信息展示给用户的系统。

搜索引擎工作原理可简单概括为：蜘蛛爬取无数页面，然后分析页面内容和链接方式，再把这些数据存入索引库。当用户搜索时，搜索引擎就从索引库中调出一系列搜索结果，然后根据网页相似度和权重进行排序，即：抓取-收录-排名。搜索引擎一般由搜索器、索引器、检索器和用户接口四个部分组成。搜索器的功能是在互联网中漫游，发现和搜集信息；索引器的功能是理解搜索器所搜索到的信息，从中抽取出索引项，用于表示文档以及生成文档库的索引表；检索器的功能是根据用户的查询在索引库中快速检索文档，进行相关度评价，对将要输出的结果排序，并能按用户的查询需求合理反馈信息；用户接口的作用是接纳用户查询、显示查询结果、提供个性化查询项。

4.11.2　搜索引擎的类型

搜索引擎的类型包括全文搜索引擎、目录搜索引擎、元搜索引擎、垂直搜索引擎、集合式搜索引擎、门户搜索引擎与免费链接列表（Free For All Links，简称FFA）等。百度和谷歌等是搜索引擎的代表。

（1）全文搜索引擎是目前广泛应用的主流搜索引擎，国内代表有百度（Baidu），国外代表有Google。全文搜索引擎从互联网提取各个网站的信息（以网页文字为主），建立起数据库，并能检索与用户查询条件相匹配的记录，按一定的排序方式返回结果。根据搜索结果来源的不同，全文搜索引擎可分为两类，一类拥有自己的检索程序（Indexer），俗称“蜘蛛”（Spider）程序或“机器人”（Robot）程序，能自建网页数据库，搜索结果直接从自身的数据库中调用，上面提到的百度和 Google 就属于此类；另一类则是租用其他搜索引擎的数据库，并按自定的格式排列搜索结果，如 Lycos 搜索引擎。

（2）目录搜索引擎只是按目录分类的网站链接列表而已。用户完全可以按照分类目录找到所需要的信息，不依靠关键词进行查询。

（3）元搜索引擎，接受用户查询请求后，同时在多个搜索引擎上搜索，并将结果返回给用户。

（4）垂直搜索引擎，专注于特定的搜索领域和搜索需求（例如：机票搜索、旅游搜索、生活搜索、小说搜索、视频搜索等等），在其特定的搜索领域有更好的用户体验。

（5）集成式搜索引擎，该引擎类似元搜索引擎，但区别在于不是同时调用多个引擎进行搜索，而是由用户从提供的 4 个引擎当中选择，因此叫它“集合式”搜索引擎更确切些。

（6）门户搜索引擎，如 AOL Search、MSN Search 等虽然提供搜索服务，但自身既没有分类目录也没有网页数据库，其搜索结果完全来自其他引擎。

（7）免费链接列表，这类网站一般只简单地滚动排列链接条目，少部分有简单的分类目录。如：http://www.hao123.com/。

4.11.3　百度及其搜索技术

百度（Baidu）于 2000 年 1 月创立于北京，是全球最大的中文搜索引擎，致力于让网民便捷地获取所需网络信息。百度拥有超千亿的中文网页数据库，可以瞬间查询到相关的搜索结果。“百度”二字源于中国宋朝词人辛弃疾的《青玉案·元夕》词句“众里寻他千百度”，象征着百度对中文信息检索技术的执着追求。

百度搜索引擎支持以下检索技术：

布尔逻辑运算：检索词之间使用“空格”表示逻辑“与”（AND），使用“|”表示逻辑“或”（OR），使用“-”表示逻辑“非”（NOT）。

精确匹配：在搜索的词组或短语两边加英文半角双引号""，可以进行精确搜索。

专业文档搜索技术：很多有价值的资料，在互联网上并非是普通的网页，而是以 Word、PowerPoint、PDF 等格式存在。百度支持对 Office 文档（包括 Word、Excel、Powerpoint）、Adobe PDF 文档、RTF 文档进行全文搜索。要搜索这类文档，可在检索词的前面或后面加一个文档类型限定标识“filetype:”。“Filetype:”之后可以跟以下文件格式：DOC、XLS、PPT、PDF、RTF、ALL，其中 ALL 表示搜索所有文件类型。注意：检索词与“filetype:”之间必须有一个空格。

【检索案例】 查找有关“新能源汽车”的 doc 格式资料。

检索步骤：

首先构建检索式：新能源汽车 filetype：doc 或者 filetype：doc 新能源汽车，然后在基本检索框里输入检索式，再点击“百度一下”按钮即可获得检索结果。或进入百度高级搜索界面，选择 Word 格式，输入“新能源汽车”进行搜索。

4.11.4 百度搜索方式

（1）简单搜索

百度搜索提供网页、视频、音乐、地图、新闻、图片、百度学术等搜索，这些功能可以由用户单击搜索框下面的按钮选择。在搜索框中输入检索词，并点击“百度一下”按钮就会自动找出相关的信息，并把最相关的网站或资料排在前列。

（2）高级搜索

百度搜索引擎提供高级搜索方式（图 4-30），网址为 http://www.baidu.com/gaoji/advanced.html。

检索字段含义：

“包含以下全部的关键词”：可输入 1 个或 1 个以上检索词，多个检索词之间用空格隔开，检索词之间是逻辑与的关系。

“包含以下的完整关键词”：输入一个词组或短语，进行精确检索。

“包含以下任意一个关键词”：可输入 1 个或 1 个以上检索词，多个检索词之间用空格隔开，检索词之间是逻辑或的关系。

“不包括以下关键词”：表示逻辑非的关系。

检索限定：用户可选择搜索结果显示的条数，限定要搜索的网页时间，选择搜索网页语言，所要搜索网页的格式：pdf、doc、xls、ppt、rtf、所有格式，限定查询关键词的位置，限定要搜索的网站等。

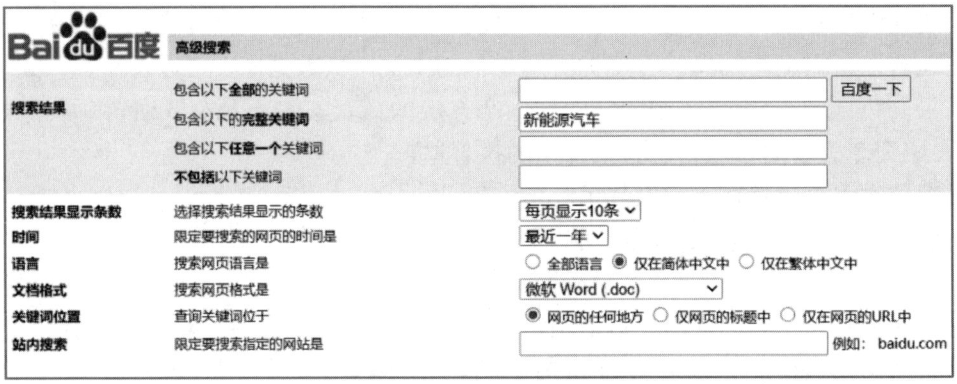

图 4-30 百度高级搜索

4.11.5 百度学术

百度学术于 2014 年 6 月上线，是百度旗下的免费学术资源搜索平台，提供海量中英文文献学术资源，涵盖各类学术期刊、学位、会议论文等，致力于将资源检索技术和大数据挖掘分析能力贡献于学术研究，优化学术资源生态，引导学术价值创新，旨在为国内外学者提供最好的科研体验。

百度学术提供了基本检索和高级检索两种检索方式。检索结果提供了聚类功能，可按时间、领域、文献来源、获取方式、文献类型、作者、期刊、机构等进行聚类。例如：检索有关“新能源汽车”的信息。检索步骤：进入高级检索界面，在检索框里输入“新能源汽车”，选择在文章标题中进行检索，检索结果如图 4-31 所示。

图 4-31　百度学术搜索

习　　题

1. 在以下课题中选择 1 项课题，使用中国生物医学文献系统的跨库高级检索方式，检索该课题的相关文献信息，要求构建检索式并上机检索。

（1）蛋白质测序在遗传学研究中的应用。

（2）骨髓移植治疗白血病。

（3）酪酸梭菌对胰-肠健康的作用。

2. 在以下课题中选择 1 项课题，使用中国生物医学数据库（CBM）的主题检索方式检索相关文献信息，要求先找到主题词和副主题词，进行组合检索。

（1）乳腺癌中西医结合治疗新进展。

（2）脑卒中机械溶栓治疗研究。

（3）中医药治疗新冠病毒肺炎研究。

3. 简述国研网的信息资源构成及主要检索方式。

4. 简述 CCER 中国经济金融数据库的信息资源构成。

5. 简述中国经济信息网的信息资源构成及主要检索方式。

6. 北大法宝有哪几种检索方式?

7. 利用北大法意网检索《中华人民共和国婚姻法》，了解其中家庭暴力离婚纠纷的相关法律条款。

8. 利用泛研网检索近 5 年来你所学专业学科的国家自然科学或国家社会科学基金项目。

9. 简述中国共产党思想理论资源数据库的资源内容和主要检索方式。

10. 博学易知考试数据库的资源内容主要有哪些?

11. 超星名师讲坛的资源内容主要有哪些?

12. 网上报告厅的资源内容主要有哪些?

13. 新东方多媒体学习库的资源内容主要有哪些?

14. 自选一专业术语，使用百度搜索技术进行精确搜索和专业文档搜索。

第 5 章　国外综合性文献数据库

5.1　Web of Science

5.1.1　概述

1955 年美国 Eugene Garfield 博士在 Science 上发表了一篇文章，首先提出了将引文索引应用于科研检索，随后他创建了美国科技信息研究所（ISI），并在 1963 年出版了《科学引文索引》（Science Citation Index，SCI），之后又出版了《社会科学引文索引》（Social Sciences Citation Index，SSCI）、《艺术人文引文索引》（Arts & Humanities Citation Index，A&HCI），出版形式包括印刷版、磁带版、光盘版、联机版。1997 年，结合新兴的互联网技术，三大引文索引有了网络版，并集成于 WOS（Web of Science）平台。WOS 平台除了 Web of Science 核心合集外，还包括中国科学引文数据库（1989—）、FSTA®-食品科学数据库（1969—）、KCI-Korean Journal Database（1980—）、MEDLINE®（1950—）和 SciELO Citation Index（2002—）等数据库。

5.1.2　WOS 核心合集构成

目前 Web of Science 核心合集主要包括以下数据库：

（1）Science Citation Index-Expanded（SCIE，科学引文索引），收录自然科学、工程技术和临床医学等领域 178 个学科 9500 多种期刊，回溯到 1900 年。

（2）Social Sciences Citation Index（SSCI，社会科学引文索引），收录 58 个社会科学学科 3500 多种期刊，回溯到 1956 年。

（3）Arts & Humanities Citation Index（A&HCI，艺术人文引文索引），收录 28 个人文艺术领域学科的 1800 多种期刊，回溯到 1975 年。

（4）Emerging Sources Citation Index（ESCI，新兴资源引文索引），主要定位新兴交叉学科、拥有活力和潜力，且在学术界已经产生一定影响力的期刊，其目的在于补充 SCIE、SSCI 和 A&HCI 三大引文数据库，扩大 WOS 核心合集的收录范围。收录 254 个学科 7700 多种期刊，其中包含 OA 期刊 2700 多种，回溯到 2005 年。

（5）Conference Proceedings Citation Index-Science（CPCI-S，科技会议录索引）＋Social Science & Humanities（CPCI-SSH，社会科学和人文会议录索引），收录会议论文，涉及 250 多个学科，200000 多个会议录，回溯到 1990 年。

（6）Book Citation Index-Science＋Social Science & Humanities，收录 101800 多种学术专著，同时每年增加 10000 多种新书。

（7）Index Chemicus，收录了 1993 年以来新的化学物质事实性的数据。

（8）Current Chemical Reactions，收集了 1840 年以来新的化学反应的事实性数据。

基于一套严格的入选程序以及客观的计量方法，WOS 收录了各学科领域中最具权威性和影响力的学术资源。同时，WOS 还收录了每一篇论文中所引用的参考文献，建立了世界上影响力最大、最权威的引文索引数据库。通过独特的引文检索，用户可以查询、了解研究内容和研究方向的演变，而不受限于关键词的变迁。

5.1.3　检索技术

（1）布尔逻辑运算：算符为 AND、OR、NOT，分别表示逻辑“与”、逻辑“或”、逻辑“非”。多个检索词之间空格默认逻辑关系为逻辑与。如输入：aspartame AND cancer，可检索到既含有 aspartame 同时又含有 cancer 的文献，等效于 aspartame cancer。如输入：aspartame OR saccharine OR sweetener，可检索到至少含有其中一个关键词的文献。如输入 aids NOT hearing，可检索到含有 aids 但不包含 hearing 的文献。

（2）截词检索：截词算符包括“*”“$”和“?”。“*”代替零个或多个字符，如输入：gene*，可检索到 gene、genetics、generation 等。“$”代替零或一个字符，如输入：colo$r，可检索到 color、colour。“?”只代替一个字符，如输入 en? oblast，可检索到 entoblast、endoblast。

（3）短语或词组检索：算符为" "，用于检索固定短语或确定的单词。如"Chinese Academy of Sciences"，系统会将 Chinese Academy of Sciences 作为一个整体进行精确匹配。

（4）位置检索：包括 NEAR 和 SAME。①Near/X：X 为具体的数字，如 pollution NEAR/3 control，意味着两个检索词不但要出现，而且两者之间最多允许插入 3 个单词，但先后顺序没有要求；/后数字省略，如 pollution NEAR control，则意味着两者之间最多允许插入 15 个单词。②SAME：确保检索词位于同一个字段中，前后顺序不限。如在地址字段检索 Jiangnan SAME Univ SAME China，则要求 Jiangnan、Univ、China 三个词必须同时出现在同一个地址中，而不是分别出现在几个地址中。

5.1.4　检索方式

在 WOS 的数据库列表中，选择“Web of Science 核心合集”，然后可选择其所包含的一个、多个或全部数据库进行检索。常用的检索方式有文献检索、被引参考文献检索与化学结构检索三种。

5.1.4.1　文献检索

文献检索方式常用来检索某个专业领域相关论文的收录情况，或者检索某个作者、单位的文献收录情况。该检索方式包括基本检索和高级检索两个界面，两个检索界面的检索字段均包括主题、标题、作者、出版物标题、出版年、所属机构、摘要、入藏号、地址、作者标识符等。

（1）基本检索

基本检索界面如图 5-1 所示。当把鼠标放在某一字段的时候字段右侧会出现该字段的相关说明和示例，以方便用户使用。检索前可先进行设置，如选定检索字段，单击“添加日期范围”确定文献出版时间。在检索框里可输入 1 个、多个检索词或检索式进行检索。单击“添加行”可增加一行检索框，可在多行检索框里输入检索词或检索式，并确定逻辑

图 5-1　文献检索的基本检索界面

关系后进行组配检索。

（2）高级检索

高级检索要求构建专业的检索式方能进行检索。检索语法为：字段代码＝（检索内容）。字段代码及含义主要包括：TS＝主题、TI＝标题、AB＝文摘、AU＝作者、AD＝地址、SO＝出版物来源、PY＝出版年，等等。检索前可先进行设置，选定检索字段，单击“添加日期范围”确定文献出版时间等。可在检索框里直接输入检索式，或利用高级检索式生成器构建高级检索式进行检索，还可利用之前使用过的检索式组配检索式。例如：利用高级检索式生成器，选择检索字段“标题”，在其后输入框里输入检索式：food AND (safety OR secur＊)，单击“添加到检索式”，则在下方检索框中生成检索式：TI＝(food AND (safety OR secur＊))，即可提交检索（图 5-2）。

图 5-2　文献检索的高级检索界面

5.1.4.2　被引参考文献检索

被引参考文献检索界面如图 5-3 所示，提供文献的引用情况检索，检索字段包括被引作者、被引著作、被引 DOI、被引年份、被引卷、被引期、被引页、被引标题，常用来检索某特定作者、文献的被引用情况。

5.1.4.3　化学结构检索

化学结构检索界面如图 5-4 所示，用户可以在绘图区画出所需检索的化学结构进行检索，也可以在下方检索框内填写检索词或检索式，选择有关化合物数据或化学反应数据的相应字段进行检索。

图 5-3　被引参考文献检索界面

5.1.5　检索结果处理与分析

图 5-4　化学结构检索界面

SCI、SSCI、A&HCI 收录的学术论文在一定程度上代表了全球科学研究的前沿和顶级水平，WOS 平台强大的分析功能使得其科学计量工具的功能更加凸显。目前，国内学术界经常利用其进行各种分析评价工作，包括期刊评价、机构评价、人才评价等，也有很多科研工作者借助其分析功能来探究学科发展历程，跟踪国际学术前沿，寻找研究热点。

5.1.5.1　检索结果显示与排序

检索结果显示命中的记录条数，专业检索式，每条记录的题名、摘要、出版物来源、年卷期、作者等信息。检索结果排序方式，包括相关性、最近添加、日期、被引频次、使用次数、第一作者、出版物标题等排序方式。例如将检索结果按照日期降序进行排序，可以首先看到最新文献；将检索结果按照被引频次（降序）进行排序，可以首先看到被引频次最高的文献。

5.1.5.2　检索结果精炼（聚类）

在检索结果页面的左侧为检索结果精炼（聚类）区域，系统自动按作者、出版年、文献类型、Web of Science 类别等大类对检索结果进行聚类，用户选择大类下的二级类目即可浏览该小类的文献信息。如在标题字段检索“Lactobacillus rhamnosus GG OR LGG”后，在检索结果左侧精炼（聚类）区域勾选“综述论文”，单击下方的“精炼”，即可浏览综述论文（图 5-5）。

5.1.5.3　检索结果分析与引文报告

WOS 提供了“分析检索结果”和“引文报告”两种功能。

（1）分析检索结果

单击“分析检索结果”，可选择从以下角度进行分析：作者、出版年、文献类型、

图 5-5　检索结果精炼

Web of Science 类别、所属机构、出版物标题、出版商、基金资助机构、授权号、开放获取、社论声明、编者、团体作者、研究方向、国家/地区、语种、会议名称、丛书名称、Web of Science 索引。

对作者进行分析，不仅可以得到高产作者，快速了解本研究领域中重要的学术专家和学术榜样，还可以从中选择某位专家以跟踪其研究成果。对作者所属机构进行分析，可以全面了解研究成果的机构分布，获知最有实力的研究机构，并跟踪其研究成果。对文献出版年进行分析，可以了解某一主题各年度发文量，掌握该主题研究成果随时间变化趋势，进一步分析出所查课题的未来研究热度走向。对国家/地区进行分析，可以获知该研究领域最重要的国家/地区。对来源出版物进行分析，可以获知发文最多的出版物，快速掌握该领域的文献分布状况；可以根据自己的需要选择某一重要出版物阅读其刊载的文献；确定核心出版物，为投稿经验较少的科研人员选择合适的期刊进行投稿提供参考（图 5-6）。

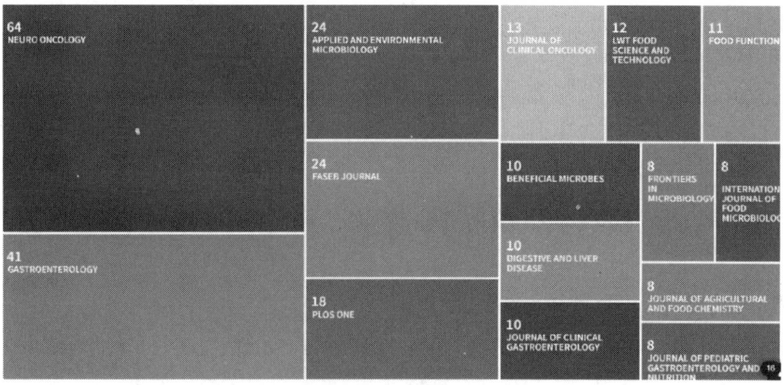

图 5-6　来源出版物可视化分析图

（2）引文报告

单击“引文报告”，可以了解该文献集合的施引文献、被引频次、h-index 等，也可以浏览“按年份的被引频次和出版物分布”图（图 5-7）和出版物各年度被引频次表（图 5-8），还可以直接导出完整报告，对文献的各年度被引情况等进行详细分析。

5.1.5.4　检索结果浏览与保存

单击文献题名可以浏览文摘信息或通过全文链接获取全文。系统提供检索结果导出功能，用户可选择需要的文献批量导出检索结果，导出格式包括 EndNote Online、EndNote Desktop、纯文本文件、RIS、Excel、InCites 等。

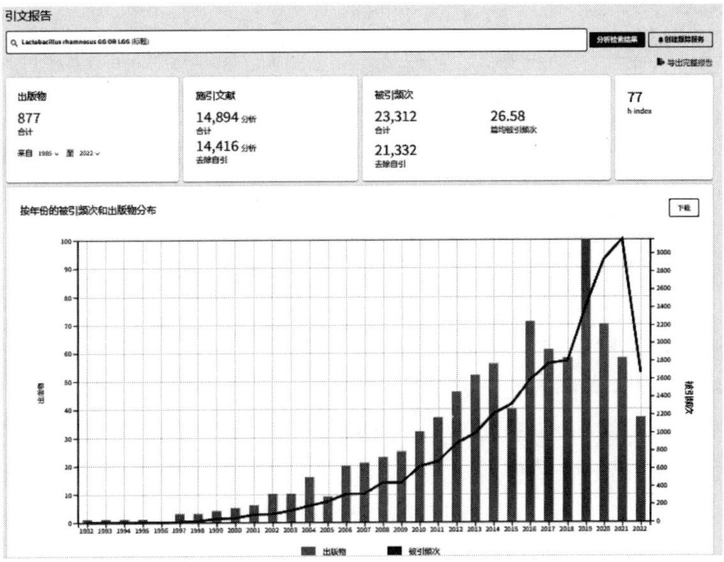

图 5-7　按年份的被引频次和出版物分布图

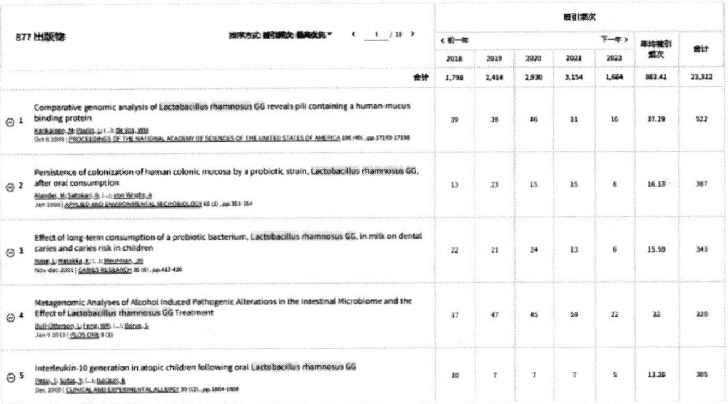

877 出版物

	2018	2019	2020	2021	2022	篇均被引频次	合计
合计	1,798	2,414	2,930	3,154	1,664	863.41	23,322
1 Comparative genomic analysis of Lactobacillus rhamnosus GG reveals pili containing a human-mucus binding protein — PROCEEDINGS OF THE NATIONAL ACADEMY OF SCIENCES OF THE UNITED STATES OF AMERICA	39	38	46	31	16	37.29	522
2 Persistence of colonization of human colonic mucosa by a probiotic strain, Lactobacillus rhamnosus GG, after oral consumption — APPLIED AND ENVIRONMENTAL MICROBIOLOGY	13	23	15	15	8	16.13	387
3 Effect of long-term consumption of a probiotic bacterium, Lactobacillus rhamnosus GG, in milk on dental caries and caries risk in children — CARIES RESEARCH	22	21	24	13	6	15.59	343
4 Metagenomic Analyses of Alcohol Induced Pathogenic Alterations in the Intestinal Microbiome and the Effect of Lactobacillus rhamnosus GG Treatment — PLOS ONE	37	47	45	59	22	32	320
5 Interleukin-10 generation in atopic children following oral Lactobacillus rhamnosus GG — CLINICAL AND EXPERIMENTAL ALLERGY	30	7	7	7	5	13.26	305

图 5-8　出版物各年度被引频次表

5.1.6　检索案例

【检索案例 1】 检索 SCIE 收录的鼠李糖乳杆菌的相关论文。

检索步骤：

① 分析课题，确定检索词：Lactobacillus rhamnosus GG，LGG。

② 构建检索式：Lactobacillus rhamnosus GG OR LGG

③ 选择数据库：Web of Science 核心合集的科学引文索引 SCIE。

④ 方法一：选择标题字段，在检索框里输入检索式 Lactobacillus rhamnosus GG OR LGG（图 5-9）。方法二：第一行、第二行均选择标题字段，在第一行检索框里输入 Lactobacillus rhamnosus GG，在第二行检索框里输入 LGG，逻辑关系选择 OR。

⑤ 单击检索，得到检索结果。

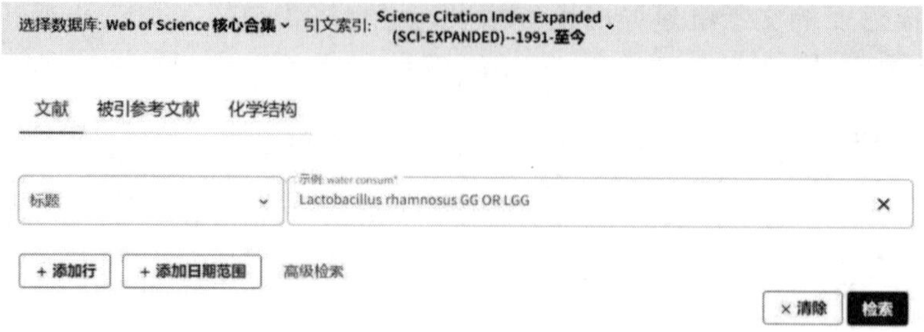

图 5-9　基本检索案例

【检索案例 2】 检索江南大学发表的益生菌研究方面的 SCIE 论文。

检索步骤：

① 分析课题，确定检索词：probiotic（益生菌），Jiangnan University（江南大学）

② 构建检索式：TS=（probiotic$）AND OG=（Jiangnan Univ*）

③ 选择数据库：Web of Science 核心合集的科学引文索引 SCIE。

④ 方法一：进入高级检索界面，在检索框里直接输入检索式：TS=（probiotic$）AND OG=（Jiangnan Univ*）；或利用高级检索式生成器生成高级检索式：先选择主题字段，输入 probiotic$，单击“添加到检索式”，然后选择所属机构，输入 Jiangnan Univ*，逻辑关系默认是 AND，再单击“添加到检索式”生成检索式（图 5-10）。方法二：进入基本检索界面，第一行选择主题字段，在检索框里输入 probiotic$，第二行选择所属机构字段，在检索框里输入 Jiangnan Univ*。

⑤ 单击检索按钮提交检索，得到检索结果。

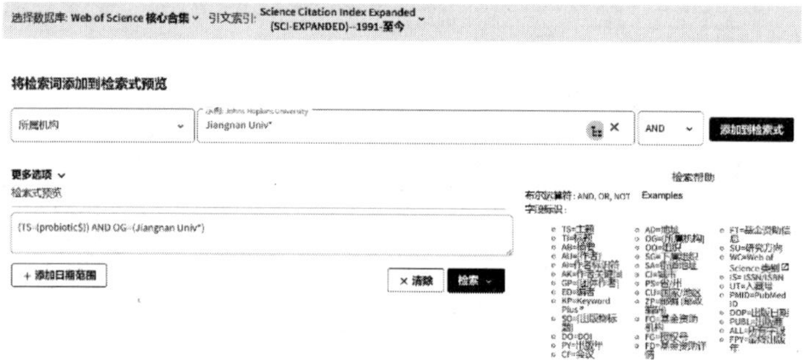

图 5-10　高级检索案例

5.2　Engineering Index（EI）

5.2.1　概述

《工程索引》（The Engineering Index，简称 EI）是工程技术领域大型文摘性检索工具，创刊于 1884 年，由美国工程信息公司编辑出版，出版形式包括印刷型、缩微型、机读型、光盘型、网络版。EI 的网络版即 EI Compendex 数据库，于 1999 年被爱思唯尔（Elsevier）公司收购。EI Compendex 侧重收录应用科学和工程技术领域的文摘索引信息，涵盖核技术、生物工程、交通运输、化学和工艺工程、照明和光学技术、农业工程和食品技术、计算机和数据处理、应用物理、电子和通信、控制工程、土木工程、机械工程、材料工程、石油、宇航、汽车工程等 190 多种专业工程学科。数据来源于 5000 多种工程类期刊、会议论文集、技术报告、技术专著和学位论文等，目前包含 2800 多万条记录，每年新增约 25 万条记录，可在网上检索 1970 年至今的文献。

5.2.2　检索技术

（1）布尔逻辑运算：算符为 AND、OR、NOT，分别表示逻辑“与”、逻辑“或”、逻辑“非”。多个检索词之间空格默认逻辑关系为逻辑与。

（2）截词检索：算符为“ * ”和“?”。“ * ”代替任意多个字符，可为右截词，如 comput * 可检出 computer、computers、computerize、computerization 等；可为中间截词，如输入 sul * ate 可检出 sulphate、sulfate 等。“?”代替一个字符，如输入 wom?n 可检出 woman、women。

（3）词根符：词根符“ $ ”用来检索同词根单词，如输入 $ management，可检索出 managers、management 等同词根单词。

（4）短语或词组检索：使用括号 {} 或双引号“　”，系统将对括号或引号内的词组进行精确匹配。如：“International Space Station”、{solar energy}。检索停用词、标点符号和特殊字符，可将其放在括号或引号中进行检索。

（5）限定字段符：算符为 WN，可实现将检索词限定在某一特定字段中检索，如：{stem cell transplantation} WN TI，含义是在标题字段检索 stem cell transplantation。

（6）位置检索：位置算符为 NEAR、ONEAR。如：输入 solar NEAR/3 energy，可检出包含 solar 和 energy 且两个单词之间间隔不超过 3 个单词的文献。solar ONEAR/3 energy 可检出 solar 在前、energy 在后，且两个单词之间间隔不超过 3 个单词的文献。NEAR、ONEAR 后面不加数字默认为间隔不超过 4 个单词，如 solar NEAR energy 相当于 solar NEAR/4 energy。

5.2.3　检索方式

EI Compendex 数据库提供了快速检索（Quick Search）、专业检索（Expert Search）、叙词检索（Thesaurus Search）三种检索方式。

（1）快速检索

快速检索界面如图 5-11 所示，默认为一行检索框，单击“Add search field”可增加一行检索框，用户可根据自己的需要，选择检索字段，输入检索词、短语或检索式，选择检索限定条件，然后进行检索。

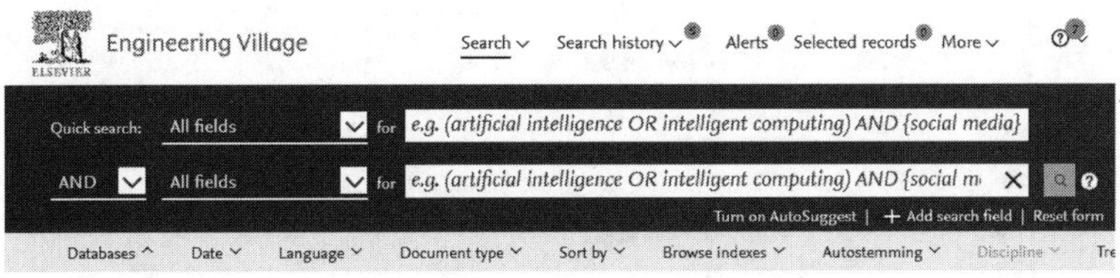

图 5-11　快速检索界面

（2）专业检索

专业检索界面如图 5-12 所示，专业检索方式要求构建专业的检索式方能进行检索。检索语法为：（检索内容）WN 字段代码。单击页面上的“Search codes”可获得字段代码。如输入检索式：((paper near making) OR (paper near pulp)) WN KY AND (waste water) WN TI，表示在关键词字段检索（paper near making）OR（paper near pulp），并且在题名字段检索（waste water）。

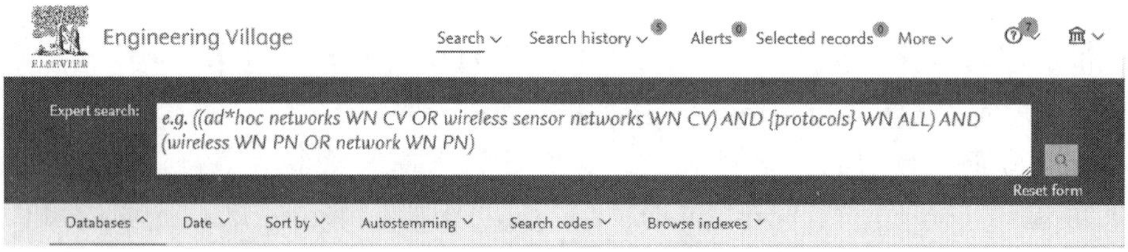

图 5-12　专业检索界面

（3）叙词检索

叙词检索界面如图 5-13 所示，用户可直接输入叙词进行检索，系统提供了词表检索、精确检索、浏览等方式供用户选择，用户检索后可在检索结果中勾选所需叙词，多个叙词可用 AND 和 OR 进行组配，然后检索获得相关文献。

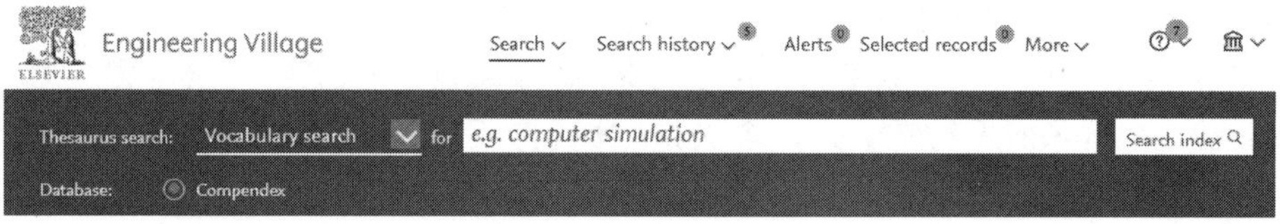

图 5-13　叙词检索界面

5.2.4　检索结果处理

（1）检索结果显示

检索结果（图 5-14）显示了命中的记录条数以及完整的检索式，每条记录包含题名、

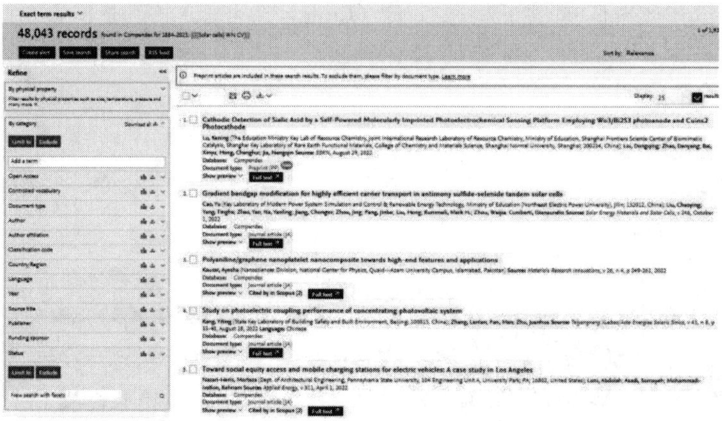

图 5-14　检索结果界面

卷期页码和作者等信息以及全文链接，单击题名可浏览文摘等详细信息。

（2）检索结果排序

检索结果排序方式包括按相关度、日期、作者、来源、出版者排序，用户可根据自己的需要选择检索结果的排序方式。

（3）检索结果精炼和统计

检索结果页面的左侧为检索结果精炼区，提供包括开放获取、叙词、文献类型、作者、作者单位、国家、语言、年份、来源出版物等不同的精炼方式，同时包含相应的统计数据。用户一方面可以根据需要进行检索结果的精炼，以选择更符合自己需要的文献，另一方面也可以从数量上了解文献的分布状况。

5.2.5　检索案例

【检索案例】 高效液相色谱法检测葡萄酒。

检索步骤：

① 分析课题概念组面，选择检索词：high performance liquid chromatography，HPLC，wine。

② 构建检索式：(high performance liquid chromatography OR HPLC) AND wine

③ 如图 5-15 所示，在 EI 数据库的快速检索界面，在第一行检索框里输入 high performance liquid chromatography OR HPLC，在第二行检索框里输入 wine，选择检索字段“Title”，选择逻辑关系 AND。

④ 单击检索按钮提交检索，得到检索结果。

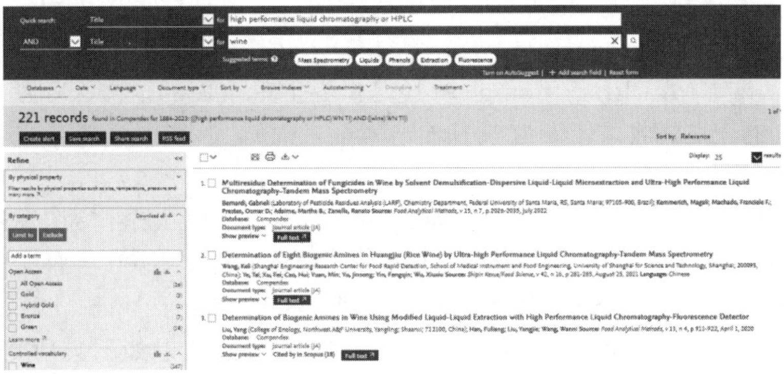

图 5-15　检索案例

5.3　EBSCOhost

5.3.1　概述

EBSCO 公司是一个具有 60 多年历史的大型文献服务专业公司，提供期刊、文献定购及出版等服务，总部在美国，分部遍及全球 19 个国家。EBSCO 公司开发了 100 多个电子文献数据库，涉及自然科学、社会科学、人文和艺术等多个学科领域。EBSCOhost 是

EBSCO 电子文献数据库的一站式检索平台。

5.3.2 EBSCO 的主要数据库

（1）ASU

Academic Search Ultimate（ASU）：综合学科参考文献大全，收录 17933 种期刊的索引及摘要，提供 12000 余种全文期刊（其中 10551 种为同行评审，9125 种为持续收录全文期刊）；此外，ASU 还收录有 982 种非刊类全文文献如全文书籍专著以及百余种会议论文、百科和专题报告全文等。ASU 涉及学术研究领域包括生物科学、工程技术、纺织工程、计算机科学、信息科技、通讯传播、医学、健康卫生医疗、军事、社会科学、心理学、教育、法律、语言学、人文、公共管理、历史学、文化、哲学、艺术、视觉传达、表演、哲学、各国文学等，同时收录数千种来自亚洲、大洋洲、欧洲及拉丁美洲等当地语言的全文期刊，涉及 80 多个国家。收录年限为 1887 年至今。

（2）FSS

Food Science Source（FSS）：食品科学数据库，是一个可以满足食品工业各个级别信息数据需求的综合性全文数据库。包括如下内容：农业产业化、餐饮科学、食品贮运与包装、食品加工、食品服务、食品运输等。FSS 收录逾 1200 种出版物，其中 1157 种为全文出版物，其中 886 种全文期刊、61 种全文参考书，还包括论文、会议录、行业/市场分析报告、政府文献等实用信息。收录年限为 1938 年至今。

（3）MEDLINE Complete

MEDLINE Complete：生物医学全文数据库，提供了有关医学、护理、牙科、兽医、医疗保健制度和临床科学及其他方面的权威医学信息。数据库采用了包含树、树层次结构、副标题及展开功能的 MeSH（医学主题词表）索引方法，可检索 5200 多种流行生物医学期刊中的引文。MEDLINE Complete 还是世界上最全面的全文医疗期刊来源，提供约 2180 种期刊的全文。收录年限为 1916 年至今。

（4）BSU

Business Source Ultimate（BSU）：商管财经类参考文献大全，为 EBSCO 最完整的商管财经全文数据库，收录 6780 多种期刊索引及摘要，提供 5300 多种全文期刊（其中 3200 多种为持续收录全文期刊）；有 658 种全文期刊同时收录于 Web of Science，有 1330 多种持续收录的全文期刊同时收录于 Scopus。另外 BSU 还收录如下非刊类全文资源：近千种书籍专著，超过 2 万份企业公司档案，1200 多份国家经济报告，8700 多份行业报告，14800 多份案例研究，2500 多份市场研究报告，5200 多份 SWOT 分析等。同时 BSU 数据库收录专题论文、参考工具资料、书摘、会议论文、投资研究报告等。收录年限为 1886 年至今。

（5）ERC

Education Research Complete（ERC）：教育学全文数据库，为结合 EBSCO 及 H. W. Wilson 相关教育资源的在线数据库，全文出版品包含教育学期刊、英语出版的期刊、专论书籍、年鉴等资源，共计约 1300 种全文期刊（其中专家评审全文期刊有约 970 种）、530 本全文书籍及各相关文献记录连书评达 400 万笔，部分期刊全文追溯至 1930 年。

（6）HIC

Humanities International Complete（HIC）：全球人文全文数据库，由 Whitston Publishing 制作，收录逾 2200 种人文学科期刊，其中 1100 多种为全文期刊，约 570 种专家评审的全文期刊没有时滞，包括逾 200 万笔纪录，并完全覆盖 American Humanities Index 及 H. W. Wilson 的 Humanities Abstracts，回溯至 1929 年。

5.3.3　检索技术

（1）布尔逻辑运算：算符为 AND、OR、NOT，分别表示逻辑与、逻辑或、逻辑非。多个检索词之间空格，系统默认逻辑关系为逻辑与。

（2）截词检索：算符“＊”“?”和“＃”。“＊”代替任意多个字符，如 comput＊可以检索到 computer、computers、computing、computed 等以 comput 开头的一系列词；“?”代替一个字符，如 organi?ation 可以检索到 organisation、organization；＃代替零或一个字符，如 behavio＃r 可以检索到 behavior 或 behaviour。

（3）短语或词组检索：算符″″，用于检索固定短语或词组。如“global warming”可以检索到固定格式的词组，位置顺序保持不变。

（4）位置检索：算符 N 和 W，用于两个检索词的中间，W 表示两个检索词相邻，但顺序不能改变；N 表示两个检索词相邻，顺序可以颠倒。N、W 都可以加数字来表示两个检索词之间相隔的词的数量。如 education N3 China 意味着 education 和 China 两词的前后位置可以颠倒，两词中间可以插入 0～3 个词；而 education W2 China 意味着这两个词的前后位置不可改变，但两词中间可以插入 0～2 个词。

5.3.4　检索方式

EBSCOhost 提供基本检索和高级检索两种检索方式。

（1）基本检索

进入基本检索界面（图 5-16），首先选择数据库，可选 1 个或 1 个以上数据库。单击检索选项可选择检索模式和限制结果。检索模式中，“布尔运算/词组”为检索词运用布尔运算符或词组检索；“查找全部检索词语”默认检索词之间的逻辑关系是 AND；“查找任何检索词语”默认检索词之间的逻辑关系是 OR；“智能文本检索”为输入尽可能多的文

图 5-16　基本检索界面

本词或词组、句子、文章段落等检索。右侧有“应用相关词语”“同时在文章全文范围内搜索”等复选框。

用户可根据需要在“限制结果”栏目对检索结果进行限制，包括：全文、有参考、学术（同行评审）期刊、出版日期、出版物、出版物类型、ISSN、页数勾选“图像快速查看”及“图像快速查看类型”等。

在检索框里输入1个或1个以上检索词或检索式进行检索。采用“基本检索”方式进行多次检索后，可进入“搜索历史记录”，再对之前的检索进行逻辑组配。

（2）高级检索

进入高级检索界面（图5-17），检索字段包括所有文本、作者、标题、主题词语、文献来源、摘要、ISSN、ISBN等。可单击“+”“−”按钮来增加或减少一行检索框，多行检索框可实现多字段组合检索。与基本检索一样，高级检索也提供“检索选项”设置。

用户首先选择数据库，可选1个或1个以上数据库，然后在检索框里输入1个或1个以上检索词或检索式，再在右侧选择一个检索字段，根据需要选择布尔逻辑算符及在页面下方设置检索选项，即可提交检索。用户还可以通过“搜索历史记录”对之前的检索进行逻辑组配。

图5-17　高级检索界面

5.3.5　检索结果处理

（1）检索结果显示与排序

检索结果（图5-18）显示命中的记录条数，完整的检索式，可选择显示标准、标题、简介或详细信息4种格式，详细格式显示记录的题名、摘要、出版物来源、年卷期、作者、机构等，4种格式都提供HTML与PDF格式全文链接。检索结果可按相关度和出版日期两种方式排序。

（2）检索结果精炼

检索结果页面左侧为精炼区域，系统自动按来源类型、主题、出版物名称、出版者、数据库等类别对检索结果进行精炼（聚类），用户选择子类目名即可浏览该类目下的文献信息。

（3）检索结果浏览与保存

单击文献题名可浏览或下载全文。在检索结果中选择需要的文献“添加至文件夹”

后，可打印、Email 或导出文摘题录信息，导出格式包括 RIS、EndNote Web、XML、BibTeX、MARC21、RefWorks、EasyBib、CSV、NoodleTools 等格式。

图 5-18　检索结果

5.3.6　检索案例

【检索案例】 食品可追溯回归模型的研究。

检索步骤：

① 分析课题概念组面，确定检索词：food，trace，model。

② 构建检索式：food AND trac * AND model *

③ 进入 EBSCOhost 平台，单击进入高级检索界面。

④ 选择全部数据库，选择标题字段，在检索框里输入检索式。

⑤ 提交检索，获得检索结果（图 5-18）。

5.4　Elsevier ScienceDirect（SD）

5.4.1　概述

ScienceDirect（SD）数据库是荷兰爱思唯尔（Elsevier）集团生产的科学文献全文数据库，收录 3800 多种同行评审期刊和 37000 余种图书，包括全球影响力极高的 Cell《细胞杂志》、The Lancet《柳叶刀杂志》等。网址为：http://www.sciencedirect.com/。

ScienceDirect 期刊覆盖的学科包括化学工程、化学、计算机科学、地球与行星学、工程、能源、材料科学、数学、物理学与天文学、农业与生物学、生物化学、遗传学和分子生物学、环境科学、免疫学和微生物学、神经系统科学、医学与口腔学、护理与健康、药理学、毒理学和药物学、兽医科学、艺术与人文科学、商业、管理和财会、决策科学、经济学、计量经济学和金融、心理学、社会科学，以及交叉研究领域。

5.4.2　检索技术

（1）布尔逻辑检索：用算符 AND、OR、NOT 分别表示逻辑与、逻辑或、逻辑非。

多个检索词之间空格，系统默认逻辑关系为逻辑与。

（2）短语或词组检索：符号" "，例如输入："cloud computing"，系统将把引号中的检索词 cloud computing 作为词组进行精确匹配。

5.4.3 检索方式

ScienceDirect 数据库提供了浏览、快速检索、高级检索和二次检索四种检索方式。

（1）浏览

单击首页的 Journals and Books，可以看到数据库中的所有期刊或图书。用户可在左侧精炼区域勾选二级类目进行精炼检索。例如：浏览计算机科学领域的期刊，只需在左侧精炼区域的 Domain 中选择 Computer Science，Publication type 中勾选 Journals，即可获得按刊名字顺排序的计算机科学全部期刊，这时还可在检索框里输入检索词进行二次检索（图 5-19）。从期刊名称可以逐级浏览该刊的题录与全文内容页面。

图 5-19　浏览

（2）快速检索

ScienceDirect 主页快速检索界面（图 5-20）提供一行六个检索框，六个检索框分别对应着六个检索项：Keywords（关键词）、Authorname（作者姓名）、Journals/book title（书刊名）、Volume（卷）、Issue（期）、Page（页），用户可在检索框里输入检索词进行检索。在第一个关键词检索框里，可输入 1 个、1 个以上关键词或由关键词组成的检索式，例如：输入检索式（intelligent OR intelligence）AND artificial，提交检索得到检索结果。

图 5-20　快速检索界面

（3）高级检索

高级检索界面（图 5-21）提供了多行检索字段与检索框，单击"Show all fields"可获得更多检索字段与检索框，每一个检索框分别对应着一个检索字段，可实现多字段限定检索与组合检索。用户可在一个或多个检索框里输入检索词或检索式进行检索。例如：在题名字段（Title）下的检索框里输入检索式（intelligent OR intelligence）AND artificial，提交检索得到检索结果。

（4）二次检索

用户若对前次检索结果不满意，可以在检索结果页面“Find articles with these terms”下面的检索框中再次输入检索词或检索式，进行二次检索，以得到更满意的检索结果。

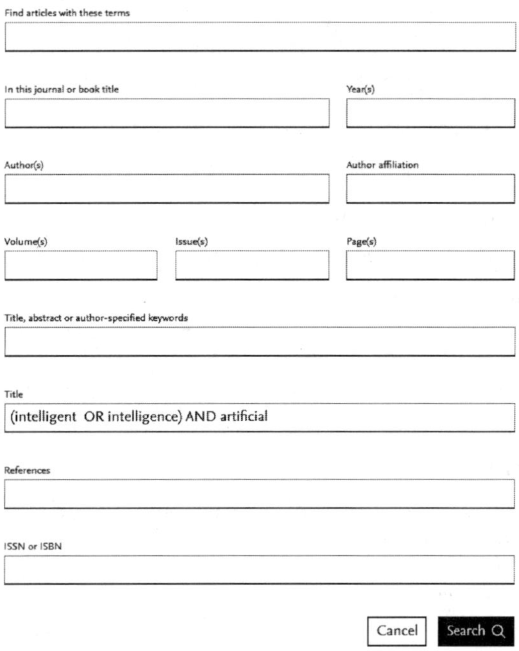

图 5-21　高级检索界面

5.4.4　检索结果处理

（1）检索结果显示与排序

检索结果（图 5-22）显示命中的记录条数，完整的检索式，每条记录的题名、摘要、出版物来源、年卷期、作者等信息，还提供 PDF 格式全文链接。检索结果可按相关度和出版日期两种方式排序。

（2）检索结果精炼

检索结果页面左侧为精炼区域，系统自动按出版年度、论文类型、出版物名称、主题、开放存取等类别对检索结果进行精炼（聚类），用户选择子类目名即可浏览该类目下的文献信息。

（3）检索结果浏览与保存

在检索结果中选择需要的文献后，单击 download 可批量下载 PDF 格式的文献全文，单击 Export 后可选择多种格式批量导出题录，导出格式包括 RefWorks、RIS、BibTeX、文本格式等。

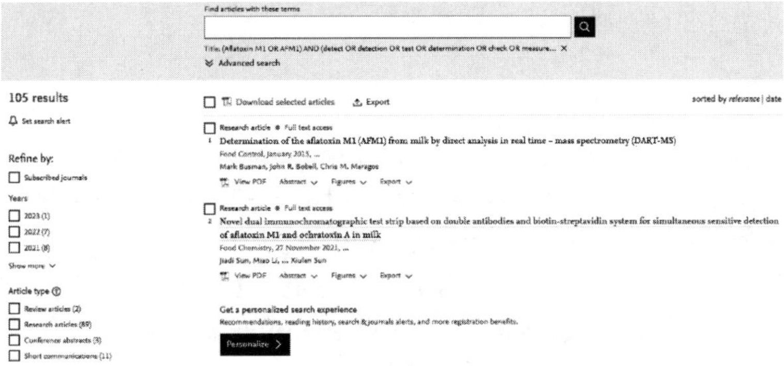

图 5-22　检索结果

5.4.5 检索案例

【检索案例】 黄曲霉毒素 M1 的检测方法研究。

检索步骤：

① 分析课题，确定检索词：Aflatoxin M1，AFM1，detection，test，determination，check，measurement。

② 构建检索式：(Aflatoxin M1 OR AFM1) AND (detection OR test OR determination OR check OR measurement)。

③ 单击 ScienceDirect 主页右上方的“Advanced Search”进入高级检索界面，单击“Show all fields”，选择“Title”字段，在检索框中输入检索式：(Aflatoxin M1 OR AFM1) AND (detect OR detection OR test OR determination OR check OR measurement)。

④ 单击“Search”进行检索，得到检索结果（图 5-22）。用户可根据需要阅读或导出文摘，浏览或下载全文。

5.5 Wiley Online Library

5.5.1 概述

John Wiley & Sons Inc.（约翰威立国际出版公司）1807 年创建于美国，经过多年的发展，已经成为全球学术出版、高等教育出版和专业及大众图书出版领域知名的出版商。Wiley 数据库目前使用 Wiley Online Library 平台，网址为 http://onlinelibrary.wiley.com/。

Wiley 数据库收录 1600 多种学术期刊，22000 多种电子图书，250 多种在线参考工具书（著作），580 多种在线参考书，19 种生物学、生命科学和生物医学的实验室指南（Current Protocols），17 种化学、光谱和循证医学数据库（Cochrane Library）。Wiley 期刊覆盖学科包括化学、高分子与材料科学、物理学、数学与统计学、工程学、农业与水产养殖、食品科学、建筑与规划、计算机科学与信息技术、地球与空间、环境科学、生命科学、医药科学、护理学、兽医学、法律与刑事学、心理学、经济学、语言学、新闻传播学、历史学、政治学、社会学、艺术类等。

5.5.2 检索技术

（1）布尔逻辑检索：算符 AND、+、& 均代表逻辑与，OR 代表逻辑或，NOT、-代表逻辑非。注意使用“-”代表逻辑“非”时，“-”与需要排除的单词之间不能有空格。多个检索词之间空格，默认逻辑关系为逻辑与。

（2）截词检索：算符 *、?，* 代替任意多个字符，如 educat * 可以检索到 educate、educator、education、educating、educative 等以 educat 开头的单词；? 代替一个字符，如 wom?n，意味着 women 或者 woman 均可被检索到。

（3）短语或词组检索：算符" "，用于检索固定短语或词组。

5.5.3　检索方式

Wiley Online Library 提供了浏览、快速检索、高级检索和二次检索四种检索方式。

（1）浏览

浏览界面提供两种浏览方法。方法一：按学科浏览，单击学科大类名后选择子类目，进而浏览子类目所覆盖的相关文献。全部文献分为 17 个学科：农业-水产养殖与食品科学、建筑与规划、艺术与应用、商业-经济-金融与会计、化学、计算机科学与信息技术、地球-空间与环境科学、人文科学、法律与刑事学、生命科学、数学与统计学、医药科学、物理与工程、心理学、社会与行为科学、兽医学等（图 5-23）。方法二：在主页所列出的三种文献类型（期刊、参考工具书、图书）中选择一种，然后选择学科主题或按照出版物名称字顺浏览。例如浏览期刊可先单击“1600＋Journals”，然后选择学科主题或按照刊名字顺浏览期刊。

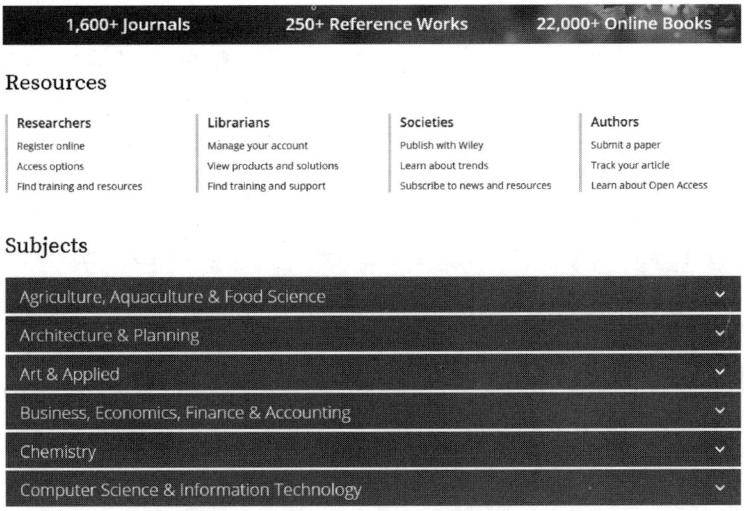

图 5-23　按学科浏览文献

（2）快速检索

快速检索界面如图 5-24 所示，用户可在检索框中输入 1 个、1 个以上检索词或检索式进行检索。例如：直接在检索框中输入检索式（Aflatoxin M1 OR AFM1）AND（detect＊ OR test＊ OR determin＊ OR check＊ OR measur＊）进行检索。

（3）高级检索

高级检索方式提供多字段组合检索，系统缺省提供了三行检索框，单击加号可增加一行检索框，各行之间默认逻辑关系为逻辑与。检索字段包括所有字段、论文题名、作者、关键词、文摘、作者单位、基金等。检索时可先选择检索字段，对文献出版日期进行限定，然后在一个或多个检索框里输入 1 个、1 个以上检索词或检索式进行检索（图 5-25）。

例如：在第一个检索框中输入“Aflatoxin M1 OR AFM1”，在第二个检索框中输入“detect＊ OR test＊ OR determin＊ OR check＊ OR measur＊”，检索字段都选择题名字段（Title），提交检索得到检索结果。

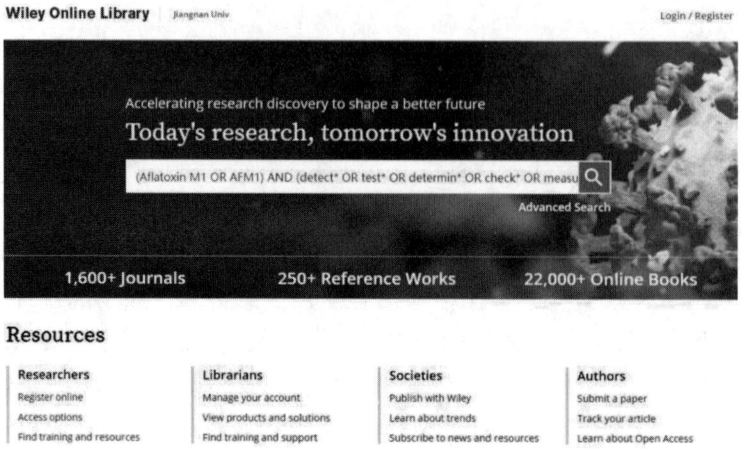

图 5-24　快速检索界面

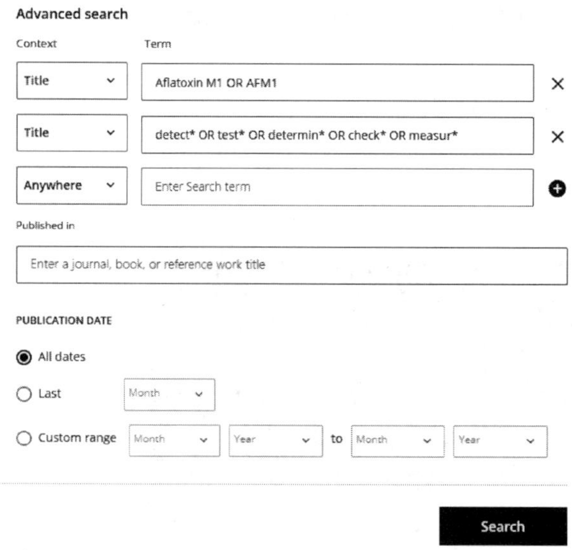

图 5-25　高级检索界面

（4）二次检索

用户若对前次检索结果不满意，可在检索结果页面单击“Refine Search”，在检索框里输入限定词进行二次检索。

5.5.4　检索结果处理

（1）检索结果显示与排序

检索结果显示命中的记录条数，完整的检索式，每条记录的题名、摘要、出版物来源、年卷期、作者等信息。检索结果可按相关度和出版日期两种方式排序。

（2）检索结果精炼

检索结果页面左侧为精炼区域，系统自动按文献类型、出版日期、主题、开放存取等类别对检索结果进行精炼（聚类），用户选择子类目名即可浏览该类目下的文献信息。

（3）检索结果浏览与保存

单击文献题名可以浏览或下载全文。单击“Download PDF”可选择需要的文献批量下载全文。单击“Export Citations”可选择需要的文献批量导出文摘信息，导出格式包括文本格式、RIS、EndNote、BibTex、RefWorks 等（图 5-26）。

5.5.5　检索案例

【检索案例】 具有氨基酸分子识别功能的电致发光传感器的研究。

检索步骤：

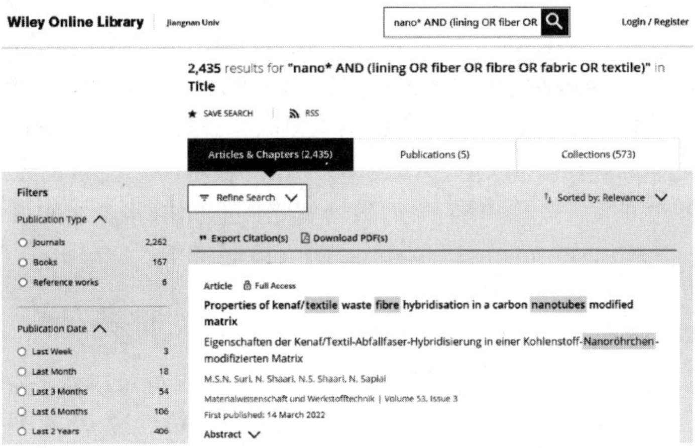

图 5-26　检索结果

① 分析课题，确定检索词：electchemiluminescence，ECL，electrogenerated chemiluminescence，molecular recognition，molecular imprint，sensor，amino acid。

② 构建检索式：（electchemiluminescence OR ECL OR electrogenerat * chemiluminescence）AND（molecular recogni * OR molecular imprint *）AND sensor * AND amino acid * 。

③ 进入高级检索界面，检索字段选择“Abstract”，检索日期范围选“All dates”。在检索框里输入检索式，提交检索得到检索结果。

5.6　SpringerLink

5.6.1　概述

施普林格（Springer-Verlag）是世界著名的科技期刊与图书出版公司，1842 年在德国柏林创立，SpringerLink 是其整合电子和印刷出版物的信息服务平台，始创于 1996 年，提供学术期刊及电子图书等文献在线服务，网址：https://link.springer.com/。

SpringerLink 资源类型包括期刊、丛书、图书、参考工具书、实验室记录等。目前 SpringerLink 中已包含 2000 余种全文学术期刊，涵盖行为科学、生物医学和生命科学、商学和经济学、化学和材料科学、计算机科学、地球和环境科学、工程学、人文社科和法律、数学和统计学、医学、物理学和天文学等学科领域。Springer Nature 电子图书包含包括回溯图书在内的 270000 种图书，包括专著、手册、图集、参考工具书、丛书和会议论文集等。

5.6.2　检索技术

（1）布尔逻辑检索：用算符 AND（或 &）、OR（或 ｜）、NOT 分别表示逻辑与、逻辑或、逻辑非。多个检索词之间空格，系统默认逻辑关系为逻辑与。

（2）截词算符：包括 * 与?。 * 代替任意多个字符，? 代替一个字符。

（3）短语或词组检索：算符" "，用于检索固定短语或词组。

（4）位置算符：包括 NEAR 与 ONEAR。①NEAR/X：X 为具体的数字，如 pollution NEAR/3 control，表示两个检索词之间最多允许插入 3 个单词，但先后顺序没有要求。/后数字省略，如 pollution NEAR control，则意味着两者之间最多允许插入 10 个单词。②ONEAR/X：如 pollution ONEAR/3 control，表示两个检索词先后顺序不能颠倒，而且两者之间最多允许插入 3 个单词，/后数字省略则意味着两者之间最多允许插入 10 个单词。

图 5-27　浏览和快速检索界面

5.6.3　检索方式

SpringerLink 提供了浏览、快速检索、高级检索和二次检索共 4 种检索方式。

（1）浏览

SpringerLink 主页（图 5-27）上方的"Books A-Z""Journals A-Z"分别表示按字顺浏览书籍、期刊；"Browse by discipline"表示按照主题学科浏览文献；主页左侧下方"Browse resources"表示选择不同文献类型进行浏览。

（2）快速检索

快速检索方式（图 5-27）提供一行检索框，可在检索框中输入 1 个、1 个以上检索词或检索式，系统将在任意字段进行检索。例如，可在检索框里输入 wheat OR maize 检索包含 wheat 或者 maize 的文献。

（3）高级检索

高级检索方式不支持布尔逻辑算符、位置算符、短语检索，在该检索界面（图 5-28），系统提供了多个检索框，分别执行不同的运算或对应不同字段。例如："with all of the words"执行逻辑与运算，"with the exact phrase"执行精确匹配检索，"with at least one of the words"执行逻辑或运算，"where the title contains"限定在标题字段检索，如可输入 artificial intelligen＊进行检索，"where the author/editor is"限定在作者字段检索。

图 5-28　高级检索界面

（4）二次检索

用户对前次检索结果不满意，可在检索结果页面的检索框中再次输入检索词或检索式，进行二次检索，以得到更满意的检索结果。

5.6.4　检索结果处理

（1）检索结果显示与排序

检索结果（图 5-29）显示命中的记录条数，每条记录的题名、摘要、出版物来源、年卷期、作者等信息，还提供 PDF 格式全文链接。检索结果可按相关度和出版日期两种方式排序。

（2）检索结果精炼

检索结果页面左侧为精炼区域，系统自动按文献类型、学科、二级学科、语种等类别对检索结果进行精炼（聚类），用户选择子类目名即可浏览该类目下的文献信息。

（3）检索结果浏览与保存

单击文献题名可以浏览或下载全文。单击“Download Search Results（CSV）”按钮可批量下载 Excel 格式的文摘信息。

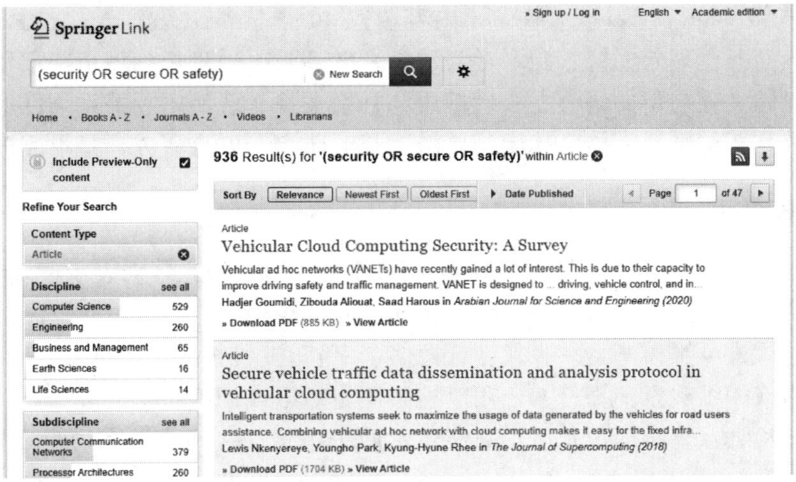

图 5-29　检索结果

5.6.5　检索案例

【检索案例】 检索云计算安全问题的期刊论文。

检索步骤：

① 确定检索词：cloud computing，security，secure，safety。

② 构建检索式：cloud comput ＊ AND（security OR secure OR safety）

③ 进入高级检索界面，在“where the title contains”下检索框里输入“cloud comput＊”；在“with at least one of the words”下检索框里输入“security secure safety”，单击“Search”提交检索。

④ 得到检索结果，在检索结果左侧精炼区域，“Content Type”下选择“Article”，得到期刊论文 936 条（图 5-29），用户可根据需要单击“Download PDF”下载全文，也可“View Article”在线阅读全文。

5.7 Taylor & Francis

5.7.1 概述

Taylor & Francis 出版集团 1798 年创建于英国伦敦，目前已成为世界上最大的学术出版集团之一，出版人文科学、社会科学、行为科学、科学技术与医学等领域的高品质学术期刊、图书、电子书、教材和参考书，每年出版 2000 多种期刊和 5000 多种新书。Taylor & Francis 数据库网址：https://www.tandfonline.com/。

Taylor & Francis 科技期刊数据库提供超过 520 种经专家评审的高质量科学与技术类期刊，其中超过 85%的期刊被 Web of Science 收录，内容覆盖 6 个学科：生物环境与农业科学、化学、工程、计算机技术、数学与统计学、物理学，最早回溯至 1997 年。Taylor & Francis 人文社会科学期刊数据库提供超过 1460 种经专家评审的高质量期刊，其中近 70%的期刊被 Web of Science 收录，内容覆盖 14 个学科：人类学考古学与文化遗产、艺术与人文、商务管理与经济、犯罪学与法学、教育学、地理规划城市与环境、图书馆与信息科学、媒体文化与传播研究、心理健康与社会关怀、政治国际关系与区域研究、心理学、社会学及其相关学科、体育休闲与旅游、战略防御与安全研究，最早回溯至 1997 年。

5.7.2 检索技术

（1）布尔逻辑检索：用算符 AND（+或 &）、OR、NOT 分别表示逻辑与、逻辑或、逻辑非。多个检索词之间空格，系统默认逻辑关系为逻辑与。

（2）截词检索：算符 *、?。*代替任意多个字符，? 代替一个字符。

（3）短语或词组检索：算符" "，用于检索固定短语或词组。

（4）位置检索：算符～，其后跟数字表示两个检索词之间的最大词距，如输入："debt forgiveness"～10，意味着 debt 和 forgiveness 之间最多允许插入 10 个单词，且前后顺序固定。

（5）模糊检索：算符～，如果单词可能存在多种拼写方式，可使用～进行模糊匹配检索。如输入：dostoyevsky～，可检索到 dostoevsky、dostoievski、dostoievskii 等单词。

5.7.3 检索方式

Taylor & Francis 提供浏览、快速检索、高级检索、引文检索等多种检索方式。

（1）浏览

进入 Taylor & Francis 数据库主页（图 5-30），主页下方为用户提供了按“主题”浏览期刊和文章，或者按字顺来浏览期刊。如选择主题“Food Science & Technology”，即可浏览该主题期刊 37 种，论文 8 万多篇。单击页面底部“Journals A-Z”，可按照刊名字顺浏览期刊。

（2）快速检索

数据库主页即快速检索界面（图 5-30），该界面提供一行检索框，可在检索框中输入 1 个、1 个以上检索词或检索式，系统将在任意字段进行检索。

图 5-30　数据库主页

（3）高级检索

单击“Advanced Search”进入高级检索界面（图 5-31）。检索字段包括所有字段、题名、作者、关键词、文摘、作者单位、基金等。该界面默认只有一行检索框，单击加号可增加一行检索框，多行检索框之间默认逻辑关系为逻辑与，还可根据需要对出版日期进行限定。

在检索框里输入 1 个、1 个以上检索词或检索式，选择一个字段即可进行检索；也可在多行检索框里输入检索词或检索式进行多字段组合检索。

（4）引文检索

在高级检索方式下方是引文检索（图 5-31），如读者对文献的某一参考文献感兴趣，且该期刊被 Taylor & Francis 数据库收录，用户可选择该期刊并输入年、卷、期和起始页，来检索这篇参考文献。

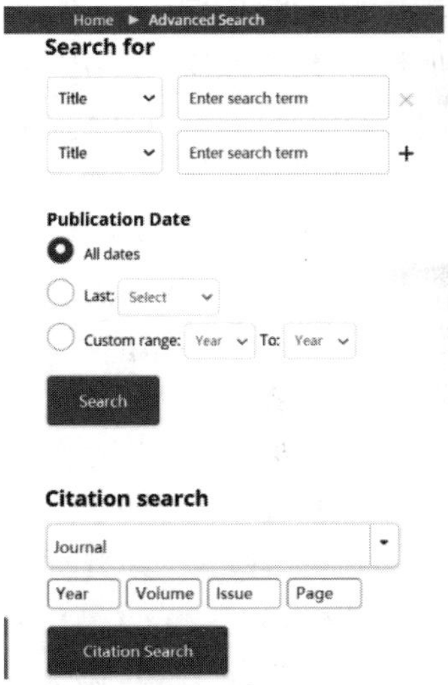

图 5-31　高级检索和引文检索

5.7.4　检索结果处理

（1）检索结果显示与排序

检索结果（图 5-32）显示命中的记录条数，专业检索式，每条记录的题名、摘要、出版物来源、年卷期、作者等信息。检索结果可按相关度、时间顺序或逆序、被引频次、阅读频次进行排序。

（2）检索结果精炼（聚类）

检索结果页面左侧为精炼区域，系统自动按文献类型、主题、期刊、出版日期、存取类型等类别对检索结果进行精炼（聚类），用户选择子类目名即可浏览该类目下的文献信息。

（3）检索结果浏览与保存

单击文献题名可以浏览或下载全文。选择需要的文献，单击“Download PDF”可批量下载全文；单击“Download Citations”可批量导出文摘信息，导出格式包括 RIS、BibTex、RefWorks 等。

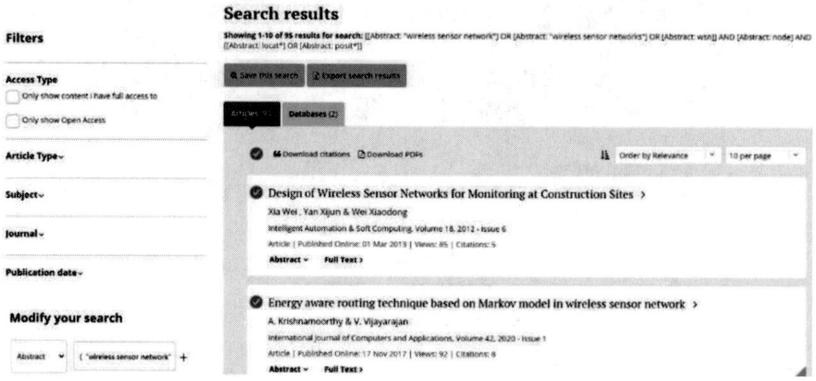

图 5-32　检索结果

5.7.5　检索案例

【检索案例】 检索有关无线传感网节点定位的文献。

检索步骤：

① 确定检索词：wireless sensor network，WSN，node，location，position。

② 构建检索式：("wireless sensor network" OR "wireless sensor networks" OR WSN) AND node AND (locat * OR posit *)

③ 选择高级检索方式，可根据检索需要分别选择题名、关键词、文摘字段，在检索框里输入检索式。

④ 单击检索按钮提交检索，得到检索结果（图 5-32）。

习　　题

1. 利用 Web of Science 平台，检索与课题“无线传感网节点定位技术”相关的 SCIE 论文，并利用检索结果分析功能对相关作者、作者单位、研究方向、国家/地区等方面进行统计分析。

2. 利用 EI，检索与课题“纺织品阻燃技术”相关的论文，并从作者、作者单位、主题、国家等角度对检索结果进行统计分析。

3. 利用 EBSCOhost 平台，检索与课题“线上教学效果评价”相关的论文。

4. 利用 ScienceDirect 数据库，检索与课题“益生菌 LGG 在乳制品中的应用”相关的论文。

5. 利用 Wiley Online Library，检索与课题“发酵法生产四甲基吡嗪”相关的论文。

6. 利用 SpringerLink 数据库，检索与课题“气相色谱法测定酒的甲醇含量”相关的论文。

7. 利用 Taylor & Francis 数据库，检索与课题“光镊在蛋白质研究中的应用”相关的论文。

第 6 章　国外专题数据库与网络资源

6.1　CAS SciFinder^n

6.1.1　概述

CAS SciFinder^n 是美国化学会（American Chemical Society，ACS）旗下分支机构美国化学文摘社（CAS）出品的权威科学研究工具，是化学及相关学科智能研究平台，提供全球最全面、最可靠的化学及相关学科研究信息和分析工具。CAS SciFinder^n 每日收录汇总、标引、管理着世界上的专利、科技期刊等内容，并通过 CAS SciFinder^n 平台提供的先进检索技术高效揭示、发现重要的技术信息，确保研究人员及时同步全球最重要的研究进展。

CAS SciFinder^n 文献资源覆盖全球 180 多个国家或地区、50 多种语言的出版物，包括源自 5 万多种科技期刊（含目前仍在出版的近万种期刊）文献、64 家专利授权机构的专利文献、会议论文、技术报告、图书、学位论文、评论、会议摘要、e-only 期刊、网络预印本等。CAS SciFinder^n 内容涵盖了化学及相关领域，包括化学、生物、医药、材料、食品、工程、农学、物理等学科。

6.1.2　信息资源构成

CAS SciFinder^n 主要涵盖以下内容合集：

（1）物质

CAS REGISTRYSM（物质数据合集）：是化学名称、结构和 CAS 登记号的权威来源，收录自 19 世纪初以来被披露的超过 2.03 亿个有机和无机物质，包括合金、配位化合物、矿物质、混合物、高分子和盐；近 7000 万条蛋白质、DNA 和核苷酸序列；超过 80 亿条实验和预测理化性质数据、谱图等。

（2）文献与专利

CAS Reference & CAS Patent（文献与专利数据合集）：收录化学及相关学科的文献记录 5750 余万条，最早可追溯到 19 世纪初，自 1907 年开始持续收录来自 180 多个国家或地区、50 多种语言的出版物，包括源自 5 万多种科技期刊（包括目前仍在出版的近万种期刊）文献、全球 64 家专利授权机构的专利文献、会议论文、技术报告、图书、学位论文、评论、会议摘要、e-only 期刊、网络预印本等。

（3）反应

CAS REACTIONS（化学反应数据合集）：提供从期刊、专利、论文等文献中获取的合成信息，收录自 1840 年以来超过 1.5 亿条各类型反应，如金属有机、天然产物全合成、生物转化反应等，涵盖反应条件、产率、催化剂、试剂、溶剂、详细实验操作步骤等信息。

（4）马库什结构

CAS MARKUSH（马库什结构专利信息数据合集）：收录130余万个可检索的马库什结构，数据可回溯至1961年，源于超过54万件专利。专利中披露的关键化学信息往往隐藏在复杂的马库什（通式）结构中，一个马库什结构可定义数百至数百万个物质。

（5）商用化学品

CAS Commercial Resources（化学品商业信息数据合集）：主要用于查询全球化学品供应商及其产品目录信息，包括供应商联系方式、产品规格、价格、纯度、库存、出货周期等，记录内容还包括目录名称、定购号、物质名称、物质CAS登记号、结构式等。

（6）化学监管法规

CAS Chemical Compliance Index（化学品合规信息数据合集）：提供全球主要市场生产、进口、出口、运输和使用化学产品所需的信息，是查询全球重要市场被管控化学品信息（化学名称、别名、库存状态等）的工具。数据库目前收录超过40余万种备案/管控物质，覆盖范围为1980年至今的150份名录及目录。

（7）MEDLINE

MEDLINE：由美国国家医学图书馆（The National Library of Medicine）编制的题录数据库，收录5600多种刊物，3200多万篇文献，回溯至1946年。内容涵盖生物医学和生命科学，包括临床医学、牙科、教育学、健康服务管理、护理、毒理学、营养学、药学、实验医学、精神病学、医学工程、病理学以及兽医等学科。

6.1.3 检索方式

用户欲使用CAS SciFinder^n，首先必须注册一个账号并设置密码，输入真实姓名和所属机构邮箱。用户名必须是唯一的，且包含5～15个字符，它可以只包含字母或字母组合、数字和/或以下特殊字符：～(破折号)、_（下划线)、.（句点)、@（表示“at”的符号)；密码必须包含7～15个字符，至少包含三种以下字符字母：混合的大小写字母、数字、非字母数字的字符（如@、#、%、&、*）。

根据提示输入相应信息，提交注册申请后系统将自动发送一个链接到用户所填写的邮箱中，进入邮箱激活此链接即可完成注册。用户登录后即可进入CAS SciFinder^{n}主界面(图6-1)。如果注册完成后，确保网址链接正确且在校园IP范围内（不能使用VPN)，仍然不能登录主页，可发送邮件至china@acs-i.org。

CAS SciFinder^{n}提供多种检索方式，包括一框式检索（All)、文献检索（References)、物质检索（Substances)、反应检索（Reactions)、供应商检索（Suppliers）和生物序列检索（Biosquences）等。

6.1.3.1 一框式检索（All）

CAS SciFinder^{n}主界面缺省为一框式检索界面（图6-1)。一框式检索是涵盖文献检索、物质检索、反应检索和供应商检索的跨库检索，支持文本检索、结构检索、文本与结构组合检索。

（1）文本检索：使用关键词、作者、机构、期刊名/卷期号、CAS登记号（CAS RN)、专利号、PubMed ID、AN、CAN以及DOI等文本进行检索，检索词与布尔逻辑相结合，通过系统自动提示词获取相关结果。

（2）结构检索：使用结构式检索，即可获得完全匹配结构、亚结构和相似结构三种类型的结果集。方法是：单击 Draw 按钮打开结构式绘制窗口，用 CAS Draw 或 ChemDoodle 绘制结构式进行检索。

（3）文本与结构组合检索：同时输入文本和结构进行检索，获取文献结果集。

一框式检索结果页面会分别显示物质、反应、文献和供应商检索的检中条数，还会显示每种检索中相关度最高的两条结果。

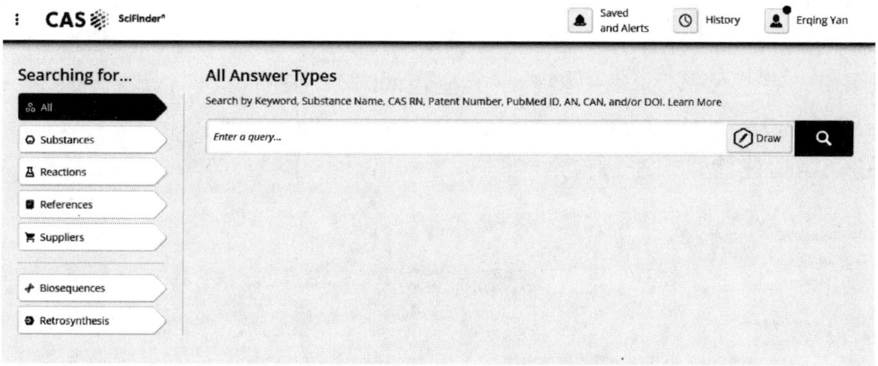

图 6-1　一框式检索界面

6.1.3.2　文献检索（References）

（1）检索技术

① 布尔逻辑运算：算符为 AND、OR、NOT，分别表示逻辑与、逻辑或、逻辑非。

② 短语或词组检索：算符″″，用于固定短语或词组的精确检索。

③ 截词检索：截词符 * 代表 0 或多个字符；截词符？代表 0 或 1 个字符。截词符可位于词中间或词尾，但不可用于词首。使用截词检索时，1 个检索词中最好只用 1 个截词符，否则系统会忽略截词符；1 个检索式中不可超过 5 个截词符，否则检索会出错。

（2）检索方法

单击［References］进入文献检索界面（图 6-2）。文献检索界面缺省提供了 2 行检索

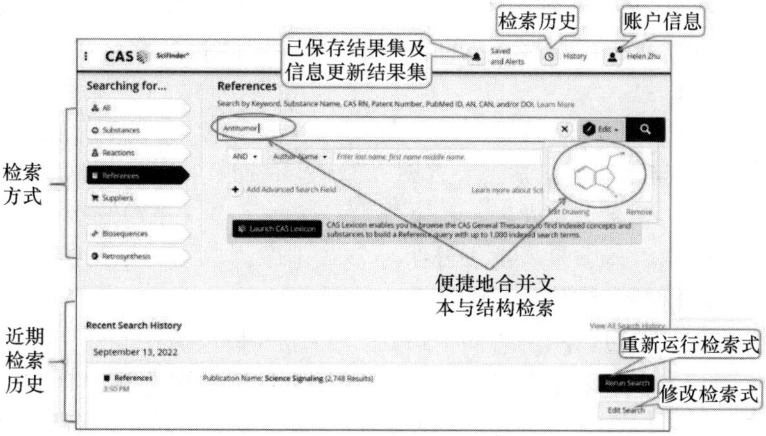

图 6-2　文献检索界面

框，单击+号可增加1行高级检索框。第1行检索框无字段选择，缺省为任意字段，第2行及以下增加的检索框前有“高级检索字段”以及逻辑组配关系 AND/OR/NOT 可选择。高级检索字段包括作者、出版物名称、机构、标题、摘要/关键词、主题、物质、出版年、文献识别号、专利号、出版社等。

文献检索方式支持文本检索、结构检索、高级检索，这三种检索方法可单独使用，也可组合使用。高级检索可实现多项自定义组合检索。

使用高级检索选择主题字段（concept）检索时，可在检索框里输入检索词或检索式，也可以利用 CAS Lexicon 检索并浏览 CAS 标引的主题词和物质。CAS Lexicon 是 CAS 创建的叙词表，用以建立数据间的关联（目前数据及其关联已超过 30 亿），形成独特的 CAS 知识图谱。在 CAS 叙词表中检索一个主题词时，可在首选词（Preferred Term）、上位词（Broader Terms）、下位词（Narrower Terms）和相关词（Related Terms）中勾选适合的主题词，构建检索式进行检索（图 6-3）。

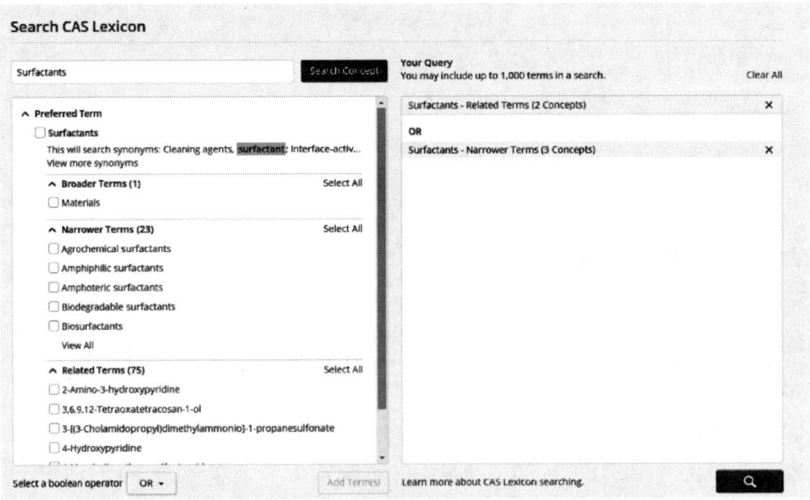

图 6-3　CAS 叙词表（CAS Lexicon）

检索作者时，可用作者名或 ORCID iD（开放研究者与贡献者身份识别码）检索。作者名要按照“姓，名”的格式输入，姓要求完整，名可以简写为首字母，如 Chen，Wei 或 Chen，W；检索出版物时，需在检索框里输入完整出版物名称；检索机构时直接输入机构名称或公司名称即可。

（3）检索结果处理

① 检索结果显示与排序：检索结果（图 6-4）显示命中的记录条数，专业检索式，每条记录的题名、作者、刊名、年卷期、论文类型、语种、全文来源链接等信息。检索结果可按相关度、被引频次、入藏号、出版日期等方式排序；检索结果的显示方式有无文摘、有部分摘要和有全部摘要，默认为部分摘要。

在检索结果界面，还可以利用“知识图谱”（Knowledge Graph）浏览文献中概念的相互关系可视化图谱。在每条检索结果的右下方有“引文地图”（Citation Map）（图 6-5）链接，通过引文地图可以在一个页面获取完整的引用和被引信息，并有多个聚类选项对引文进行筛选。

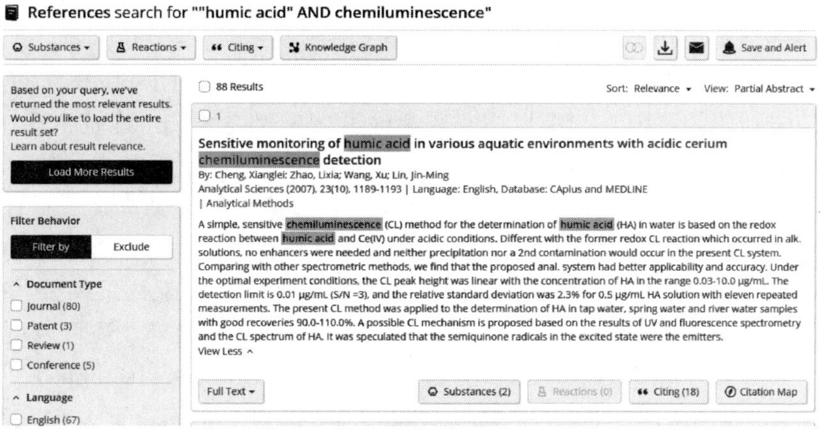

图 6-4　文献检索结果界面

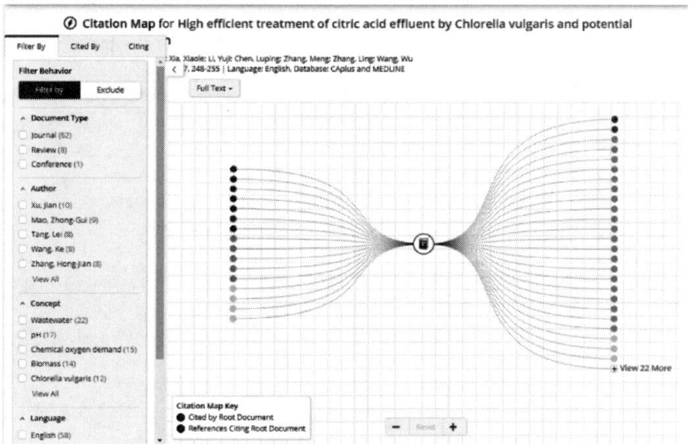

图 6-5　引文地图

在专利文献的下方有 PatentPak 按键，通过 PatentPak 可以直接下载 PDF 格式专利全文，快速定位专利中的物质，通过专利族信息找到同族专利（图 6-6）。CAS PatentPak

图 6-6　专利文献 PatentPak

包含来自全球46个主要专利机构的约1800万件专利全文，包括物质在专利中的位置信息、物质对应的结构、CAS号等。

② 检索结果聚类：在检索结果页面可单击“Substances”“Reactions”按钮对文献中的物质、反应进行聚类（图6-4）。页面左侧为检索结果聚类区域，系统自动按文献类型、物质角色、语言、出版年、主题、CA学科类别、CAS制剂/分析方法、制剂配方、数据库等大类对检索结果进行聚类，用户单击各大类下的小类名即可浏览其下所有文献。还可通过“Search Within Results”对检索结果进行二次检索。

③ 检索结果浏览与保存：单击检索结果中文献篇名进入文献详细摘要信息页面，在该页面除了可以浏览这篇文献的篇名、作者、机构、出处和摘要外，还可以浏览这篇文献涉及的主题（Concepts）、Medline医学主题词（Medline Subject Headings）、物质（Substances）、引文（Citings）。通过“View Sources”或“Full Text”可以链接到全文（图6-7）。

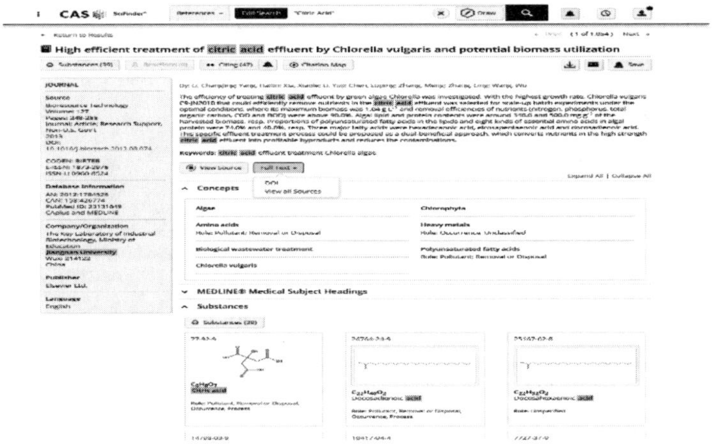

图6-7 单篇文献的详细摘要信息

在检索结果页面可以选择多篇文献题录或摘要信息批量下载或发送E-mail，下载格式可选PDF、Excel、Rich Text（.rtf）、SDFile（.sdf），下载内容可选择概要或详情。

通过“Save and Alert”按键，可以保存所选择的检索结果，并设置定题提醒的频率，添加标签（包括文献、物质、反应结果集）。在主页单击“Saved Results and Alerts”，可查看并更新保存的检索结果，更改提醒频率或取消提醒。

④ 检索历史：在检索页下方可以按检索类型或检索日期查看检索历史，更新检索结果，或编辑检索策略重新检索，还可以对多次保存的检索历史进行逻辑组配，包括合并、取交集和排除。

6.1.3.3 物质检索（Substances）

（1）检索技术

① 物质检索框中可同时输入多个物质识别符（物质名称或CAS RN）；不同的物质使用空格隔开，支持高达2000个字符。

② 短语或词组检索：算符"　"，用于精确检索物质识别符。

③ 截词检索：截词符 * 代表0或多个字符；截词符？代表0或1个字符。截词符可

位于词中间或词尾，但不可用于词首。

（2）检索方法

如果想了解某一化学物质的详细信息，可以进行物质检索。单击［Substances］进入物质检索界面（图 6-8）。物质检索界面缺省提供了两行检索框，单击“＋”可增加 1 行高级检索框。第 1 行检索框无字段选择，缺省为任意字段，第 2 行及以下增加的检索框前有检索字段以及逻辑组配关系 AND/OR/NOT 可选择。

物质检索方式支持文本检索、结构检索、高级检索，这三种检索方法可单独使用，也可组合使用。还可以利用 Search within Results 进行二次检索。

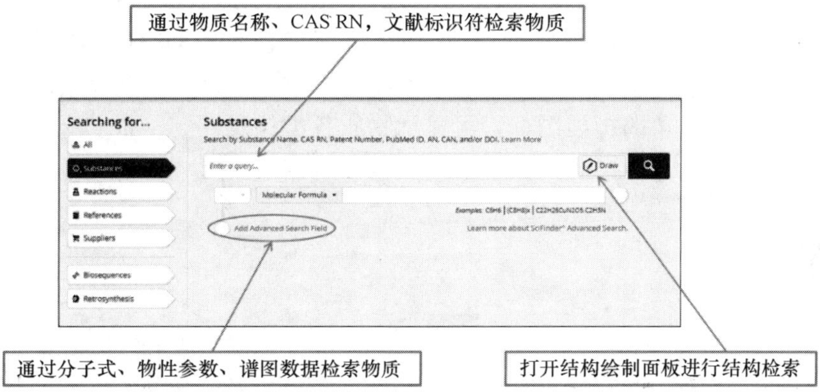

图 6-8　物质检索主界面

① 结构检索：在物质检索界面，单击检索框右边的 Draw 图标，出现化学结构式绘制和编辑窗口（图 6-9）。化学结构的绘图板有 CAS Draw 或 Chem Doodle 两种。在 CAS 结构式绘制界面，可以用铅笔直接画结构，也可以选择元素符号、环结构、价键、碳链、常用基团、可变基团等各种工具绘制结构式。绘制完整结构式后，单击 OK 关闭结构绘制板，在检索框下方便出现该物质的结构式，还可以选择是否检索马库什专利（Search Patent Markush）。

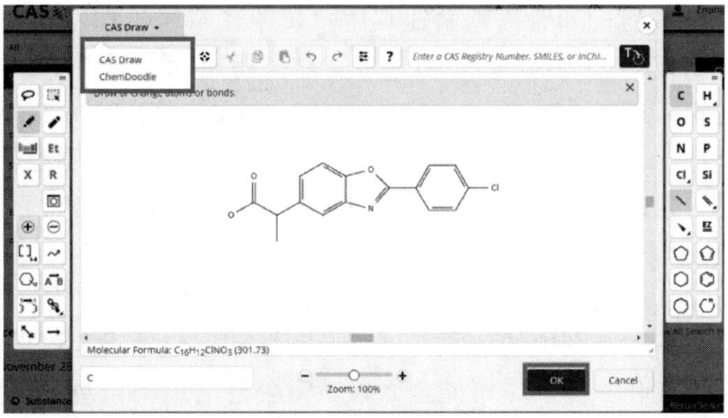

图 6-9　化学结构式绘制和编辑窗口

通过化学结构式进行物质检索时，可以利用结构绘制工具中的 R 基团、可变基团、可变位置取代等合理扩大结构检索范围，利用环锁工具、原子锁工具、EZ 构型限定等适当限定检索结构。

② 高级检索：高级检索可实现多项自定义组合检索。高级检索字段包括：分子式、CAS RN、物质名、文献号、专利号、实验谱图（H、13C、15N、19F、31P NMR）、生物（生物富集因子、半致死量）、化学性质（koc、LogD、LogP、溶解度、分子量、pka、蒸气压）、密度属性（密度、摩尔体积）、电属性（电导、电导率、电阻、电阻率）、Linpski（自由旋转键、H 受体/供体）、磁（磁力矩）、机械属性（拉伸强度）、光散射（旋光性、折射率）、结构（极性表面积）、热学（沸点、蒸发焓、闪点、玻璃转化温度、熔点）等。用物质参数如密度（Density）、分子质量（Molecular Weight）、沸点（Boiling Point）、熔点（Melting Point）等检索时，可按要求将多参数组合检索，定位到某些物质。例如检索 H 谱特征峰化学位移数据：7 to 8，2.2，3 to 4；C 谱特征峰化学位移数据：44.5 to 45；分子质量：500 to 545 之间的物质（图 6-10）。在该检索结果中单击某种化学物质登记号及右上角的扩展图标，可显示物质各类信息。

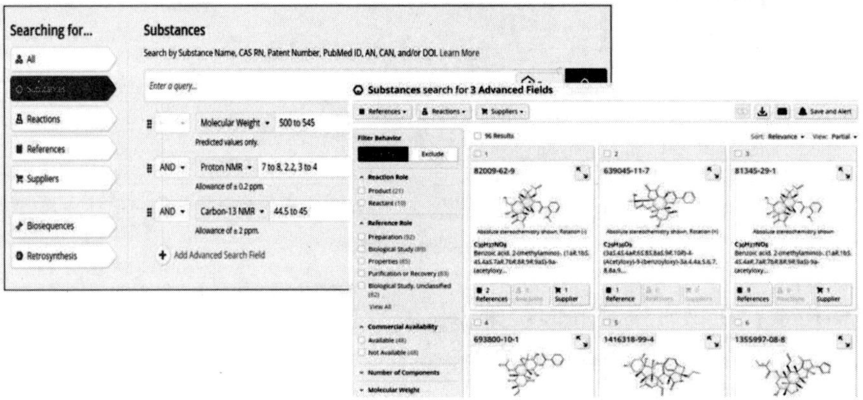

图 6-10　多参数组合检索

③ 分子式检索：在高级检索中选择分子式检索（Molecular Formula）时，分子式输入需要遵守 Hill 排序规则，即不含碳化合物，按元素符号的字母顺序排列；分子式为含碳化合物时，则 C 在最前；如有氢则紧随其后，其他元素符号按字母顺序排在氢的后面。如碳酸甘油酯的分子式为 $C_4H_6O_4$。如果是金属盐类物质，金属离子和阴离子之间用“.”分开，不同组分之间用点（.）分开，如 Na_2SO_4，应输入 H2O4S. 2Na。

检索有机化合物、金属配合物、天然产物，通常用化学结构式检索；检索无机物与合金，通常用分子式检索；高分子化合物通常用分子式与结构式联合检索。

④ 马库什检索：马库什检索必须使用结构式，在物质结构检索的界面，上传结构式后，可以勾选 Search Patent Markush 检索马库什结构专利。通过化学结构检索获取与其匹配的马库什结构及其在专利中的位置，进行专利性和侵权检索，可以检索到使用结构检索不到的预测物质的专利。为了尽可能全面地获得公开的结构信息，需要同时进行物质结构检索和马库什结构检索。

马库什结构的检索结果均为专利，可按结构匹配度精确结构（As Drawn）、亚结构（Substructure）聚类筛选检索结果。在检索结果界面可以查看马库什结构详情、在专利中出现的位置、专利著录信息（包括专利号、专利标题、申请人、发明人、原始专利语种等）、专利全文链接等，还可以通过 PatentPak 获取同族专利及全文、定位专利中重要物质。

（3）检索结果处理

① 检索结果显示与排序：物质检索得到的结果是物质，检索结果（图 6-11）显示命中的物质记录条数，每种物质的 CAS RN、化学结构、分子式及物质名称，下方还有这个物质的文献（References）、反应（Reactions）、供应商（Suppliers）链接。物质检索结果的排序方式有相关度、CAS RN、分子式、文献量、供应商数量，默认为按相关度排序。

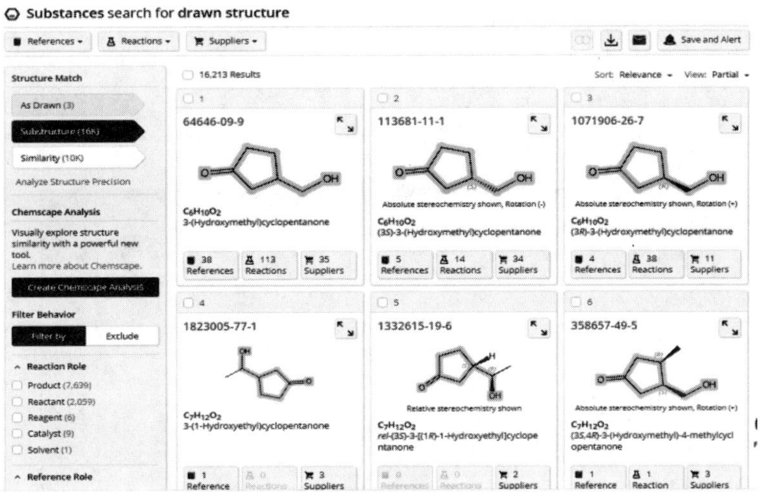

图 6-11　物质检索结果界面

② 检索结果聚类：在检索结果页面的左侧为检索结果聚类区域。可通过结构匹配度（Structure Match）聚类物质检索结果（图 6-11）：［As Drawn］精确结构物质，表示被检索结构中的原子或键被锁定后得到的结果；［Substructure］亚结构，包括 As Drawn 检索结果及被检索结构的修饰结构；［Similarity］相似结构，获得片段或整体结构与被检索结构相似的结果。可按物质角色（Substance Role，利用物质在反应中的角色精准定位相应的物质）、文献角色（Reference Role，物质研究方向）、分子质量（molecular weight）、立体化学（Stereochemistry）、元素（Element）、物质分类（Substance class）、同位素（Isotope）、金属（Metals）、实验物性数据（Experimental Property）、实验谱图（Experimental Spectrum）等对检索结果进行聚类。通过 Structure Precision 聚类筛选互变异构体/内盐。

单击［ChemScape Analysis］可对物质检索结果进行可视化分析。单击［Create ChemScape Analysis］，可打开可视化分析界面，分析结构相似度，了解物质的专利布局。

6.1.3.4　反应检索（Reactions）

（1）检索方法

已知反应、反应物、产物或反应试剂，都可以使用反应检索。反应可以通过已知物质或文献的精确结构反应检索或亚结构反应检索获取，可检索的标识有化学结构式、关键词、物质标识符（如物质名称、登记号）、文献标识符（专利号、收录号、DOI），如图 6-12 所示。进行反应结构检索时，可在物质结构绘制界面选择“A→B”，绘制一个包括反应物和产物的反应结构式，或一个物质结构，选择反应角色，如产物、反应物、试剂、反应物/试剂、任何角色（图 6-13）。

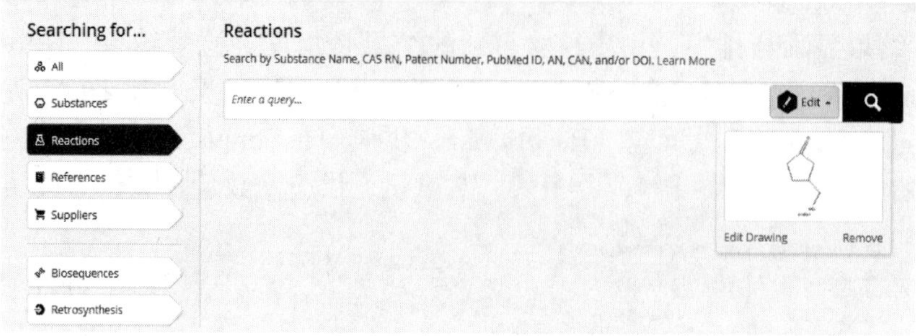

图 6-12　反应检索主界面

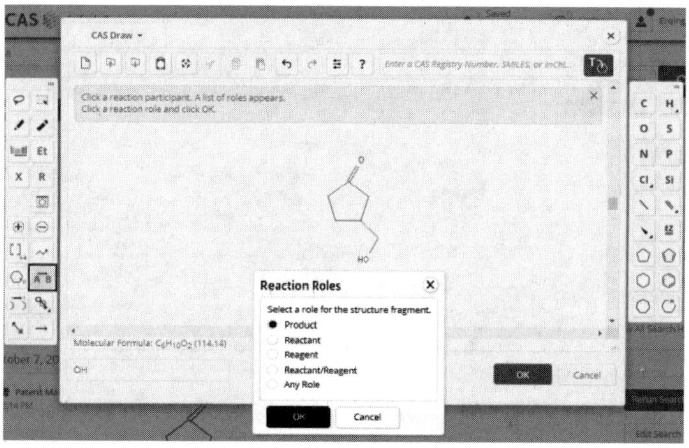

图 6-13　反应结构式绘制及反应角色选择

在反应检索主界面，可将反应式和检索词（物质标识符、文献标识符等）联合检索，在文本输入框输入检索词，同时在结构编辑器中绘制反应式进行检索，可以提高查准率和检索速度。

（2）检索结果处理

反应检索结果（图 6-14）可按反应类型（By Scheme）或文献分类（By Document）显示，按相关度、出版年、产率及反应步数排序（默认为按相关度排序）。来自同一篇文献的反应都收在一条记录中。点“折叠菜单”（Collapse Scheme），可将相同反应类型的反应放在一个菜单中，方便阅读和筛选。

在检索结果页面的左侧为检索结果聚类区域。可选择反应匹配度聚类：精确结构反应（As Drawn）和亚结构反应（Substructure）。还可按以下类别聚类：产率（Yield）、反应步数（Number of Steps）、不参与反应的官能团（Non-Participating functional Groups）、实验步骤（Experimental Protocols）、反应类型（Reaction Type）、立体化学（Stereochemistry）、试剂（Reagent）、催化剂（Catalyst）、溶剂（Solvent）、商业来源、反应条件等。不参与反应的官能团是指出现在反应前后但未发生变化的官能团。文献可按照文献类型、语言、出版年份、出版物名称和 CA 类别进行聚类。

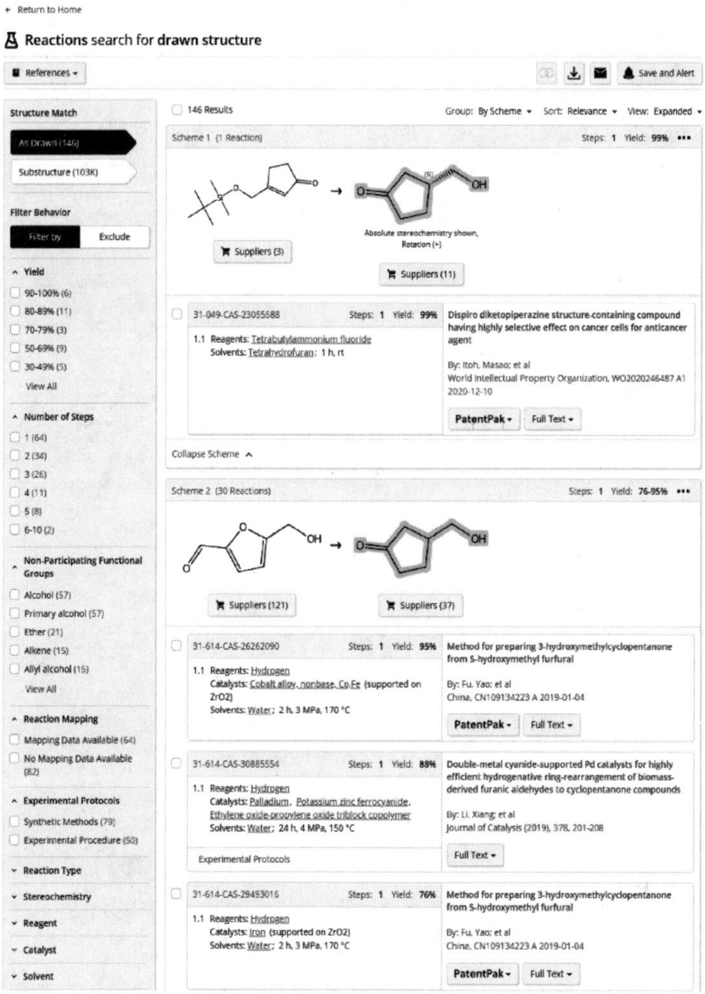

图 6-14　反应检索结果

6.1.3.5　供应商检索（Supplier）

利用物质名称、CAS RN 等获取某一物质的供应商信息，可以进行供应商检索（图 6-15）。检索标识必须是完整的物质名称或 CAS 登记号，部分名称或编号无法检出结

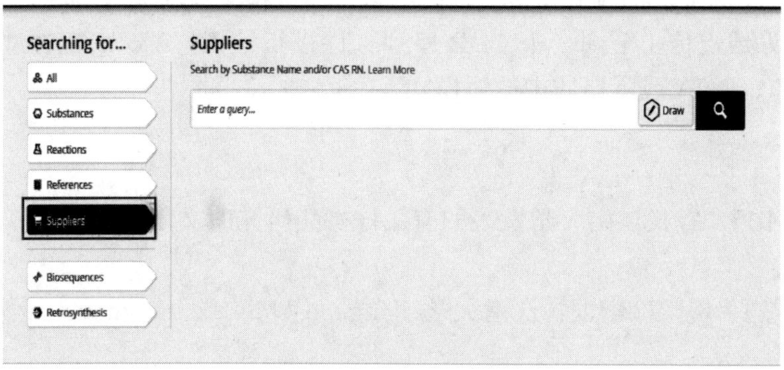

图 6-15　供应商检索界面

果。可以输入多个 CAS RN，中间用空格隔开。

输入完整的物质名称或 CAS RN，得到的检索结果为物质产品供应商信息（图 6-16），包括供应商名称、物质（名称和 CAS 登记号）、产品纯度、购买信息、库存和运输情况。在左侧还可以按供应商、纯度、数量、船运时间、库存状态、订货单、国家/地区等类别对检索结果进行聚类。单击购买信息中的产品信息，可以获得物质产品的基本信息以及相关物质产品信息链接，如物质名称、CAS RN、分子式、结构式、分子量、纯度等。

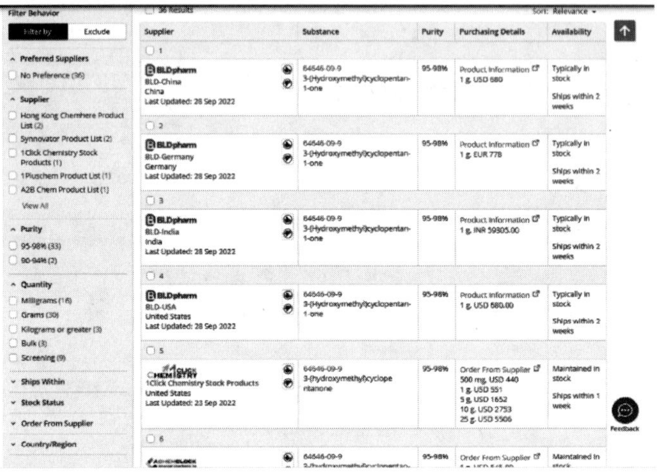

图 6-16　供应商检索结果

6.1.3.6　生物序列检索（Biosequences）

生物序列检索包括 BLAST、CDR 和 Motif 三种检索，都可以选择是否包含 NCBI Sequences，即 NCBI（美国国家生物技术信息中心）数据库中的序列，并选择总序列结果限制为 10 到 20000（默认为 100）。

BLAST（Basic Local Alignment Search Tool）序列相似性检索是使用一组局部对齐算法（BLASTn，MegaBlast，BLASTp，tBLASTn，BLASTx）检索蛋白质或核苷酸序列。可以检索单个或多个蛋白质或核苷酸序列，最多可以检索 100 个序列。选择是否“包含 NCBI 序列”框，选择总序列结果限制为 10～20000（默认为 100）。还可以选择高级生物序列检索，设置参数如序列标识百分比，间隙成本和 BLAST 算法进行检索（图 6-17）。

CDR（Complementarity-Determining Region）可检索抗体和 t 细胞受体序列，可输入、复制、粘贴或上传 1 个到 3 个 CDR 序列文件进行检索；Motif 是通过激活额外的可变量检索 DNA、RNA 或蛋白质中的短模式。

6.1.4　检索案例

【检索案例 1】　查找江南大学发表的有关柠檬酸研究的文献。

检索步骤：

① 分析课题，确定检索词：江南大学 Jiangnan Univ 或 Jiangnan University，柠檬酸 citric acid。

② 构建检索式：Jiangnan Univ＊ and "citric acid"

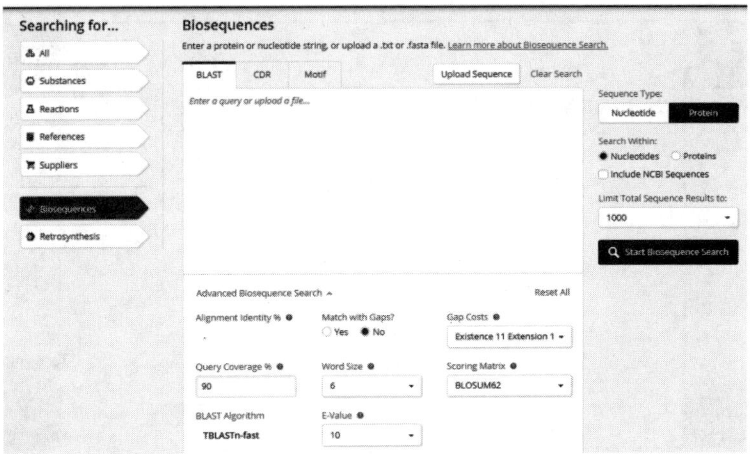

图 6-17　生物序列检索界面

③ 选择检索方式：已知物质名称和一些外表特征的标识，可选择文献检索方式，将一框式检索和高级检索组合起来进行检索。在一框式检索框中输入"citric acid"，在高级检索选择"Organization"字段，输入 Jiangnan Univ＊。

④ 单击检索得到检索结果（图 6-18），单击题名可浏览详细摘要信息。

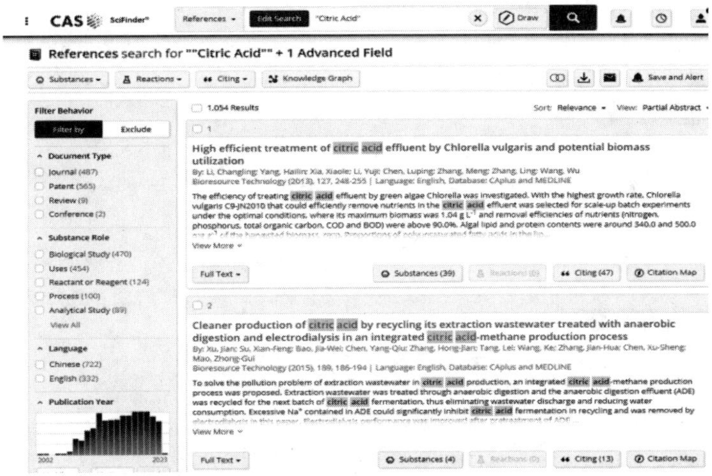

图 6-18　检索结果

【检索案例 2】 检索"碳酸甘油酯催化合成技术"的相关文献。

检索步骤：

① 分析课题：碳酸甘油酯物质名称为：3-(Hydroxymethyl) cyclopentanone，其化学结构式为：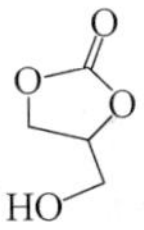

② 选择检索方式：已知物质的化学结构式，可选择物质检索中的"化学结构检索"。

③ 在物质检索界面，单击"Draw"打开 CAS 物质结构绘制板，绘制结构式（图 6-19）。物质检索界面检索框下方即出现化学结构式，点检索即可得到物质检索结果。

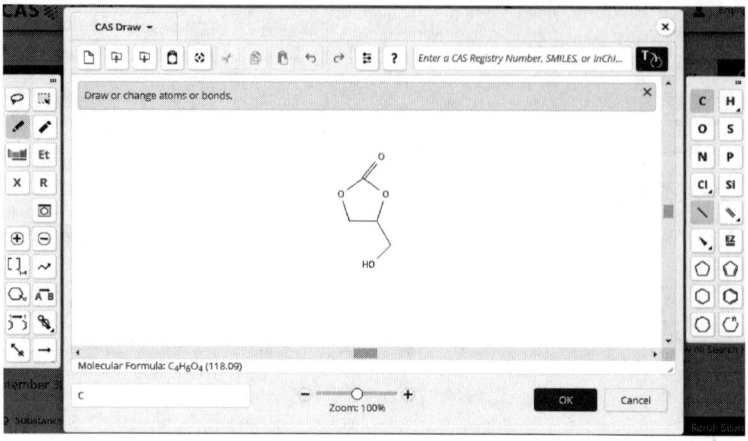

图 6-19　化学结构式绘制界面

④ 在物质检索结果页面，选择“As Drawn”，限定反应角色（Reaction Role）为产物（Product），限定文献角色（Reference Role）为制备（Preparation），得到的检索结果（图 6-20）为 3 种物质，选择结构最匹配的物质 1，点“References”得到该物质制备的相关文献。

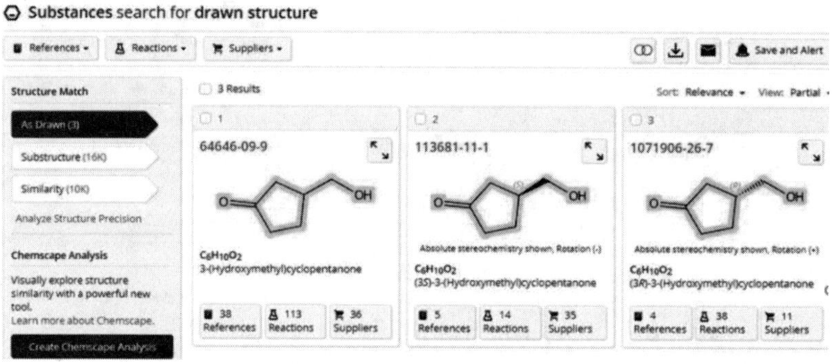

图 6-20　检索得到的 3 种物质

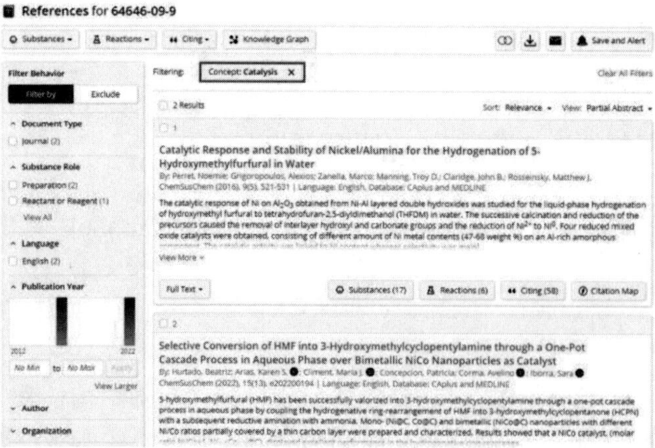

图 6-21　筛选检索得到两篇文献

⑤ 在左侧聚类区单击概念（Concepts）→催化（Catalysis）进行筛选检索，即得到碳酸甘油酯催化制备相关文献两篇（图 6-21）。

【检索案例 3】 检索以 L-乳酸为反应物一步反应制备 2-乙酸基丙酸（2-Acetoxypropanoic acid）的相关反应文献。

① 分析课题：反应物名称：L-乳酸（L-Lactic acid，学名 2-羟基丙酸，L-2-Hydroxy propionic acid)，其化学结构式为：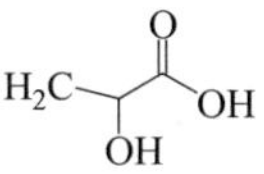；产物名称：2-乙酸基丙酸（2-Acetoxypropanoic acid），化学结构式为：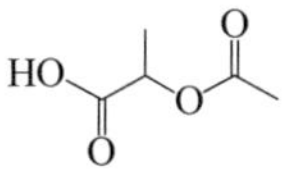。

② 选择检索方式：已知反应物和产物的化学结构式，并且要检索相关反应，因此选择反应检索方式。

③ 检索过程：在反应检索界面，单击“Draw”打开 CAS 结构绘制板，绘制反应结构式，确定反应物和产物（图 6-22）。在反应检索界面的检索框下方即出现反应结构式，点检索即得到检索结果。

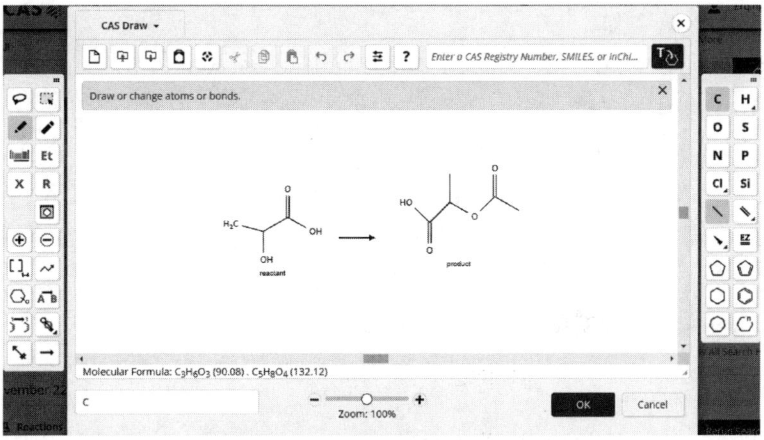

图 6-22　反应结构式绘制界面

④ 检索结果：在检索结果页面选择“As Drawn”（精确结构），通过聚类筛选限定反应步数（Number of steps）为 1，限定产率（Yield）为 90%～100%，得到检索结果（图 6-23），其中产率为 100% 的反应类型 1（Scheme 1），该反应的催化剂为盐酸（Hydrochloric acid），溶剂为水，该文献是中国专利（CN110386878A）。

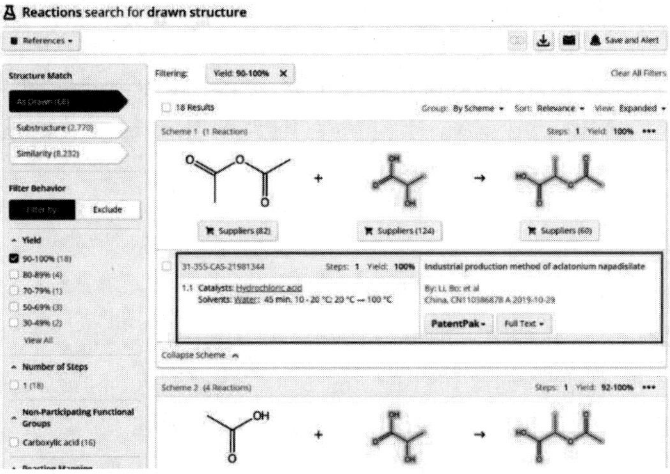

图 6-23　反应检索结果

6.2 Food Science and Technology Abstracts（FSTA）

6.2.1 概述

食品科学数据库（Food Science and Technology Abstracts，FSTA）是由国际食品服务协会（International Food Information Service）出版的食品与健康科学技术文献的重要数据库。该数据库现已收录超过140万条记录，文献最早回溯至1969年，收录食品科学与技术、生物技术、微生物、毒理学、纳米技术、食品安全、转基因技术、公共健康、食品添加剂、营养学、饮料、食品包装等专题的期刊论文、图书、会议论文、学位论文、报告、专利、标准等文献资料。

FSTA数据库基于Web of Science平台提供使用，与Web of Science平台高度集成，可以充分利用独特的引文链接功能；使用特定的专业字段（叙词/FSTA分类）进行检索并结合引文功能，可快速获取高度相关和全面的检索结果；可以与EndNote/Publons/EndNote Click等工具无缝集成；可以通过保存检索式创建定题跟踪服务；可以通过引文跟踪功能关注某篇文章后续进展。借助FSTA数据库可以追踪现有食品科技研究工作的发展轨迹，分析食品与健康科学及其相关领域突破性进展，管理检索历史及文献，边写作边引用，自动生成文后参考文献，提高写作效率。

6.2.2 检索技术

（1）布尔逻辑运算：算符为AND、OR、NOT，分别表示逻辑与、逻辑或、逻辑非。多个检索词之间空格默认逻辑关系为逻辑与。

（2）截词检索：截词算符包括*、$和?。*代替零个或多个字符，$代替零个或一个字符，? 只代替一个字符。

（3）短语或词组检索：算符为" "，用于固定短语或词组等精确匹配检索。

（4）位置检索：包括NEAR和SAME。①Near/X：X为具体的数字，如functional NEAR/3 food，意味着两个检索词不但要出现，而且两者之间最多允许插入3个单词，但先后顺序没有要求；/后数字省略，如functional NEAR food，则意味着两者之间最多允许插入15个单词。②SAME：确保检索词位于同一个字段中，前后顺序不限。如在地址字段检索Jiangnan SAME Univ SAME China，则要求Jiangnan、Univ、China三个词必须同时出现在同一个地址中。

6.2.3 检索方式

FSTA主要有两种检索方式：基本检索、高级检索。

6.2.3.1 基本检索

在Web of Science平台，选择FSTA®-食品科学数据库进入FSTA基本检索界面（图6-24）。检索字段包括主题、标题、作者/发明人、出版物标题、摘要、出版年、叙词、专利权人等。作者/发明人和叙词有检索字段辅助工具（即词表或索引），当选择叙词字段时，可从叙词表中选择规范化主题词，也可使用关键词。基本检索界面缺省提供一行检索框，可以添加一行或多行检索框，两行以上检索框之间逻辑关系可选择 AND、OR、NOT，可以限定文献出版日期。可以在检索框里输入 1 个、1 个以上检索词或检索式进行检索，也可以在两行以上检索框里输入 1 个、1 个以上检索词或检索式进行组合检索。

图 6-24　基本检索界面

【检索案例】 检索 2010 年以来“抗氧化剂在功能食品中的活性研究”的相关文献。

检索步骤：

① 确定检索词：antioxidant、functional food、activity。

② 构建检索式：DE=（ANTIOXIDANT ACTIVITY）AND TS=（"functional food *"）

③ 选择叙词字段，单击检索框右侧的叙词表图标（图 6-24），进入叙词选择界面，在叙词检索框中输入“antioxidant”，单击查找（图 6-25），找到了叙词“antioxidant activity”（抗氧化剂活性），选择并单击“添加到检索式”。

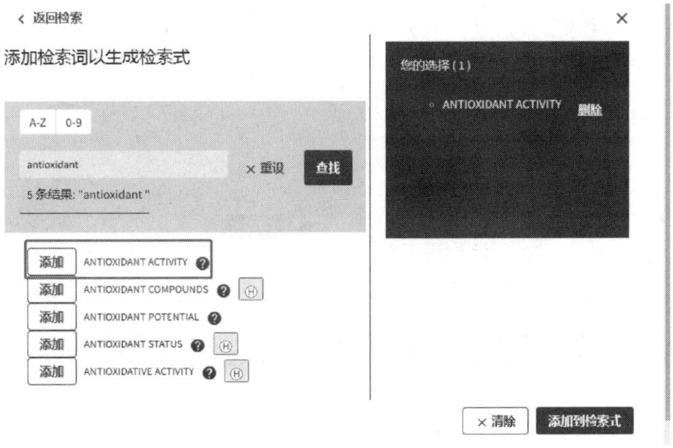

图 6-25　叙词选择界面

④ 输入检索词并设置检索条件：添加一行检索框，检索字段选择“主题”，在检索框里输入"functional food *"；出版时间限定为：2010.01-01～2022.11.28（检索日）（图 6-26）。

⑤ 单击检索按钮提交检索，得到检索结果（图 6-28）。

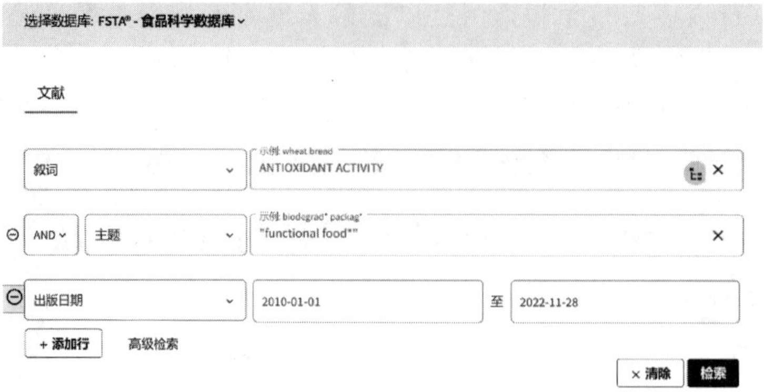

图 6-26　输入检索词并设置检索条件

6.2.3.2　高级检索

高级检索界面包括高级检索式生成器、检索式预览框、添加日期范围、检索帮助（字段标识）、检索历史等区域。高级检索方式要求构建专业的检索式方能进行检索，检索语法为：字段代码＝（检索内容）布尔逻辑算符 字段代码＝（检索内容）。字段代码（标识符号）有 TS＝主题、TI＝标题、AB＝摘要、AU＝作者/发明人、SO＝出版物标题、AD＝地址、DE＝叙词、AN＝专利权人、SU＝研究方向等，其中作者/发明人、团体作者、叙词均有词表或索引等。布尔逻辑算符有 AND、OR、NOT。例如：DE＝（ANTIOXIDANT ACTIVITY）AND TS＝("functional food *")。

在高级检索界面，可以利用高级检索式生成器，选择检索字段，输入检索词，单击“添加到检索式”构建检索式（图 6-27），也可以直接在检索式预览框中输入检索式进行检索。

图 6-27　FSTA 高级检索界面

6.2.4　检索结果处理

（1）检索结果显示与排序

检索结果（图 6-28）显示命中的记录条数，专业检索式，每条记录的题名、摘要、出版物来源、年卷期、作者等信息。检索结果的排序方式，有相关性、日期、被引频次、使用次数、最近添加、第一作者、出版物标题等排序方式。

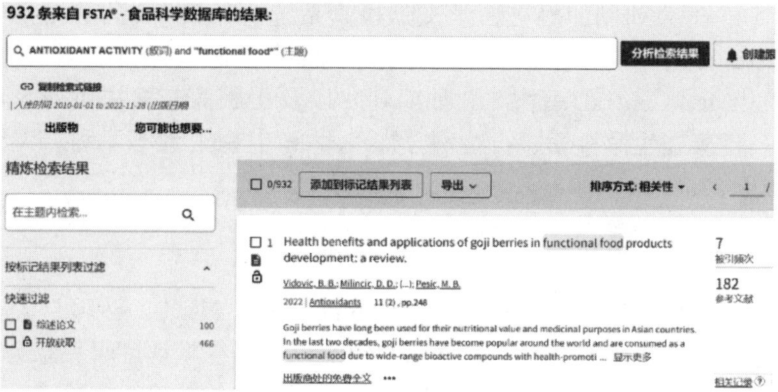

图 6-28　检索结果

（2）检索结果精炼（聚类）与分析

检索结果页面的左侧为检索结果精炼（聚类）区域，系统自动按出版年、文献类型、作者/发明人、出版物标题、专利权人、开放获取、叙词、团体作者、编者、语种、研究方向等大类对检索结果进行聚类，用户选择大类下的二级类目，单击“精炼”，即可浏览该类目所有的文献信息。

单击“分析检索结果”，进入可视化分析界面，系统可按出版年、文献类型、作者/发明人、出版物标题、专利权人、研究方向等大类对检索结果进行可视化分析（图 6-29）。

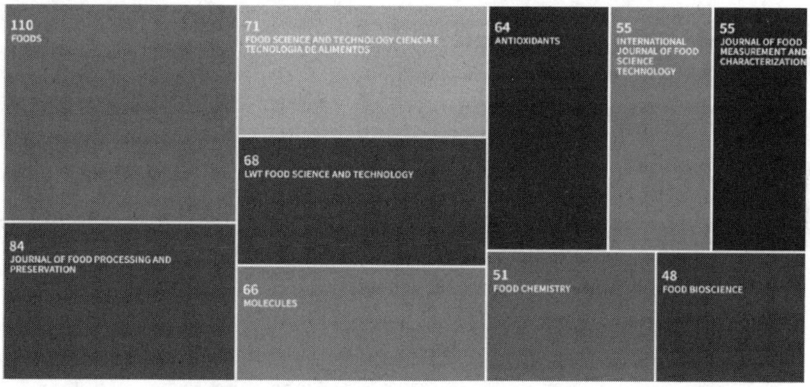

图 6-29　来源出版物可视化分析图

（3）检索结果浏览与保存

单击文献题名可以浏览文摘信息或通过全文链接获取全文。系统提供检索结果导出功能，用户可选择需要的文献批量导出检索结果，导出格式包括 EndNote Online、EndNote Desktop、纯文本、制表符分隔文件、RefWorks 等。

6.3　PubMed

6.3.1　概述

PubMed 是由美国国家医学图书馆（National Library of Medicine，NLM）生物技术

信息中心（NCBI）开发研制的网上医学文献检索系统。PubMed 的数据主要包括来源于 Medline（含 5282 种期刊）、生命科学期刊及在线图书的 3400 万条生物医学引文、PRE-MEDLINE、PubMed Central（含 3315 种期刊）以及出版商直接提供的大量文献，内容覆盖生物医学、健康、生命科学、行为科学、化学和生物工程等学科。网址为 https://pubmed.ncbi.nlm.nih.gov/。

6.3.2 检索技术

（1）布尔逻辑检索：用布尔逻辑运算符 AND、OR、NOT（必须是大写形式）分别表示逻辑与、逻辑或、逻辑非。多个检索词之间空格，系统默认逻辑关系为逻辑与。

（2）短语或词组检索：算符″″，用于固定短语或词组的精确匹配检索。

（3）截词检索：算符为 *，置于词尾，代替任意多个字符。但系统的自动词语匹配功能和 MeSH 自动扩展功能将不再被执行。如输入 sleepwalk *，可检出 sleepwalk、sleep-walking 等词，但检不出 MeSH 主题词 somnambulism。

6.3.3 检索方式

PubMed 有基本检索、高级检索和 MeSH 主题词检索三种方式。

（1）基本检索

PubMed 主页即基本检索界面（图 6-30），在检索框中可以直接输入 1 个、1 个以上检索词或检索式进行检索，这时检索字段为任意字段；也可以按检索语法使用“（检索内容）［检索字段］”进行检索。如检索“新冠肺炎疫苗”的相关文献，要求文献题名中包含词组 covid-19 vaccine，可以在检索框里输入″covid-19 vaccine″［TI］。

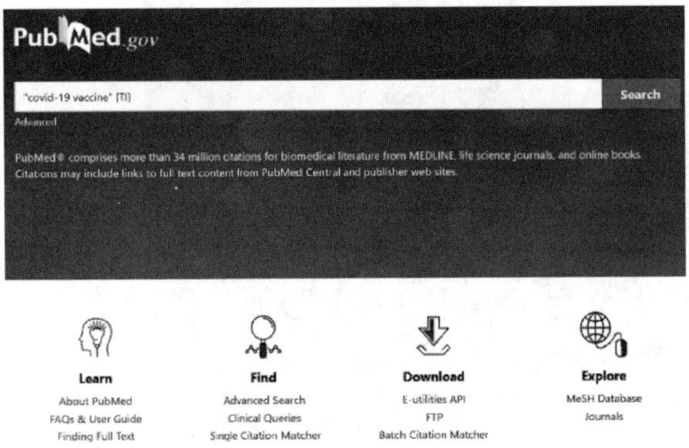

图 6-30　PubMed 主页基本检索界面

（2）高级检索

高级检索界面包括高级检索式生成器、检索框、检索历史等区域。高级检索方式要求构建专业的检索式方能进行检索，检索语法为：（检索内容）［检索字段］布尔逻辑算符（检索内容）［检索字段］。检索字段包括主题、标题、摘要、作者、刊名、机构、日期、叙词、出版商等，布尔逻辑算符有 AND、OR、NOT。检索时，用户可利用高级检索式生成器，选择检索字段，输入检索词或检索式，单击“Add”加入检索式。可多次往复操作直至构建好检索式，也可以直接在检索框中输入检索式进行检索。

【检索案例 1】 检索江南大学有关益生菌研究的相关文献。

检索步骤：

① 确定检索词：Jiangnan university，probiotics，synbiotics。

② 利用高级检索式生成器构建检索式，先选择“Affiliation”字段，输入“Jiangnan univ *”，这时可单击 Add 加入检索式，也可单击“Show index”打开索引，同时按住

“ctrl”键，将“jiangnan univ”和“jiangnan university”选中，单击 Add 加入检索式。

③ 选择“Title/Abstract”字段，输入 probiotics OR synbiotics，单击 Add 加入检索式，检索框中即出现完整的检索式（图 6-31）。在这个页面的下方是“history”（检索历史）功能模块，每次检索构建的检索式会被保存在这里供比较分析或组合检索。

④ 提交检索，得到检索结果。

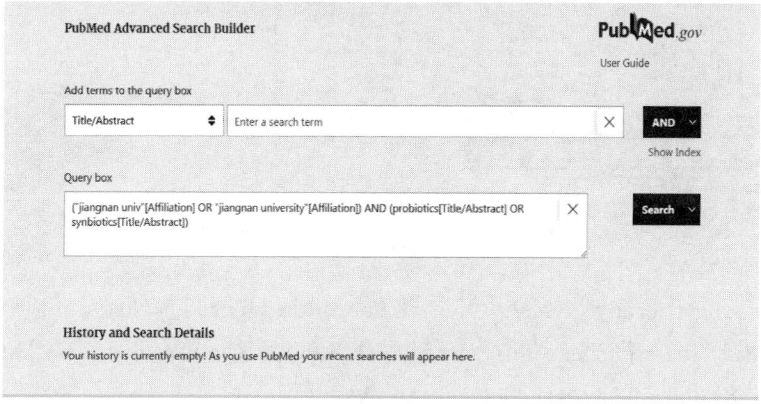

图 6-31　高级检索式生成器构建检索式

（3）MeSH 主题词检索

《医学主题词表》（Medical Subject Headings，MeSH）由美国国家医学图书馆编制，其中主题词均为医学专业规范术语，能够直接准确地表达一个整体概念，使检索更加准确和全面。

进行检索时，在检索框里输入主题词提交检索，会进入该主题词的副主题词（Subheadings）选择界面。副主题词又称限定词（qualifiers），与主题词组配，可对某一主题概念进行限定或复分，使主题词的专指性更高。可选择 1 个或 1 个以上副主题词，多个副主题词之间逻辑关系为逻辑或。在副主题词下方有两个选项可选：是否在主要主题词中检索；是否检索本词的下位词。在本页面下方有 MeSH 提供的学科树形图，可以了解学科的隶属关系，帮助用户拓展检索或更新检索策略。

【检索案例 2】 查询“风湿性心脏病患者治疗效果的分析”的有关文献。

检索步骤：

① 分析课题，确定检索词：Rheumatic Heart Disease（风湿性心脏病）、diet therapy（食疗）、drug therapy（药疗）、radiotherapy（放疗）、therapy（治疗）、surgery（手术）、analysis（分析）。

② 在 PubMed 主页下方单击 MeSH 进入主题词检索界面，在检索框里输入 Rheumatic Heart Disease 提交检索，进入 MeSH 副主题词选择页面。

③ 如图 6-32，首先勾选 5 个相关的副主题词：diet therapy、drug therapy、radiotherapy、therapy、surgery，然后单击 Add to search builder 加入检索式，再去掉以上 5 个勾选。

④ 接着勾选副主题词 analysis，单击 Add to search builder 加入检索式，这样就构建了一个完整的检索式：("Rheumatic Heart Disease/diet therapy"[Mesh] OR"Rheumatic

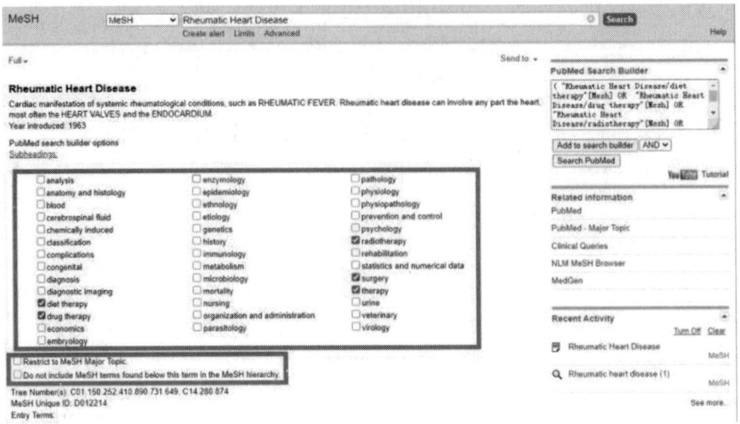

图 6-32　MeSH 主题词检索界面

Heart Disease/drug therapy"[Mesh]OR "Rheumatic Heart Disease/radiotherapy"[Mesh] OR "Rheumatic Heart Disease/surgery"[Mesh]OR "Rheumatic Heart Disease/therapy"[Mesh]) AND "Rheumatic Heart Disease/analysis"[Mesh]

⑤ 提交检索，得到检索结果（图 6-33）。

6.3.4　检索结果处理

（1）检索结果显示与排序

检索结果（图 6-33）显示命中的记录条数，专业检索式，每条记录的题名、作者、出版物来源、年卷期、概要等信息。检索结果显示格式有 Summary、Abstract、PubMed 与 PMID 四种：Summary 格式包括作者、文献题名、原文出处、记录识别码、文章链接、相似文献链接；Abstract 格式比 Summary 格式多一个显示作者地址 Author Information 的字段；PubMed 格式显示所有字段标识符及其内容；PMID 显示 PMID 标识码。

检索结果的排序方式（Sort by）有：最近（Most Recent）、最相关（Best Match）、出版日期（Publication Date）、第一作者（First Author）、期刊名（Journal）。

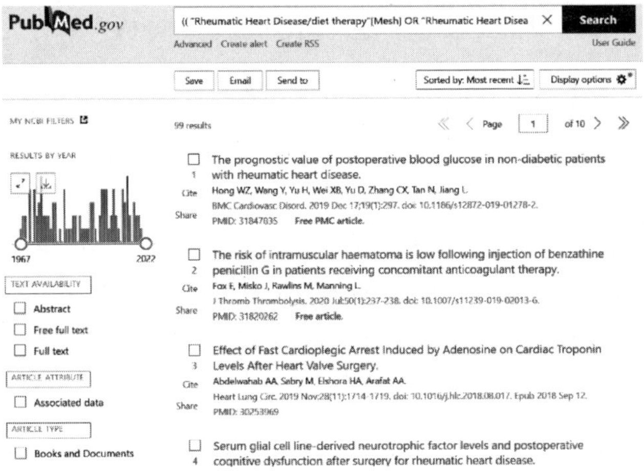

图 6-33　检索结果

（2）检索结果精炼（聚类）

检索结果页面的左侧为检索结果精炼（聚类）区域，系统自动按文本提供（文摘、免费全文或全文链接）、文献类型（临床试验、综述等）、出版日期、期刊分类（核心临床期刊、牙科期刊、MEDLINE、护理期刊等）等大类对检索结果进行聚类，用户选择大类下的小类目，即可浏览该类目所有的文献信息。

（3）检索结果浏览与保存

单击文献题名，不仅可浏览文献的作者、出处和摘要等信息，还可以浏览该文献涉及的 MeSH 主题词、物质、全文链接、引证文献、相似文献等信息。精炼区“文本提供”大类里免费全文、全文链接小类下的文献，都提供全文下载或全文链接。此外，有“Free PMC Article”标识的检索记录，直接单击即可免费阅读和下载全文。

系统提供检索结果导出功能，用户可选择需要的文献信息批量导出，导出格式包括概览、PubMed、PMID、文摘、CSV 等。如果在 PubMed 注册了账号，就可以将检索结果保存到 My Bibliography、Collections、Citation Manager。

6.4　BioMed Central（BMC）

6.4.1　概述

BioMed Central 是世界上早期开放获取出版机构之一，隶属于 Springer 出版集团。它致力于科研成果的广泛传播，出版的所有论文均立即、永久向读者在线免费开放。目前共出版 280 多种经同行评审的开放获取学术期刊，涵盖生命科学和医学各领域，其中近 180 种期刊被 SCI 收录，175 种期刊已获得影响因子。BioMed Central 大多数期刊发表的研究论文都即时在 PubMed Central 存档并进入 PubMed 的书目数据库，方便读者检索与浏览全文。网址为 https://www.biomedcentral.com/。

6.4.2　检索技术

（1）布尔逻辑检索：用布尔逻辑运算符 AND、OR、NOT（必须是大写形式）分别表示逻辑与、逻辑或、逻辑非。多个检索词之间空格，系统默认逻辑关系为逻辑与。

（2）短语或词组检索：算符" "，用于固定短语或词组的精确匹配检索。

（3）截词检索：算符为 *，置于词尾，代替任意多个字符。

6.4.3　检索方式

BioMed Central 提供了两种检索方式：论文检索、期刊导航。

6.4.3.1　论文检索（Search all BMC articles）

登录 BioMed Central 主页（图 6-34），单击页面顶部的 Search，即出现论文检索框。在检索框可输入 1 个、1 个以上检索词或检索式进行检索。用户不能选择检索字段，系统默认在任意字段检索。

6.4.3.2　期刊导航（Explore Journals）

在主页单击“Explore Journals”可进入期刊导航的页面，可按学科主题（Journals

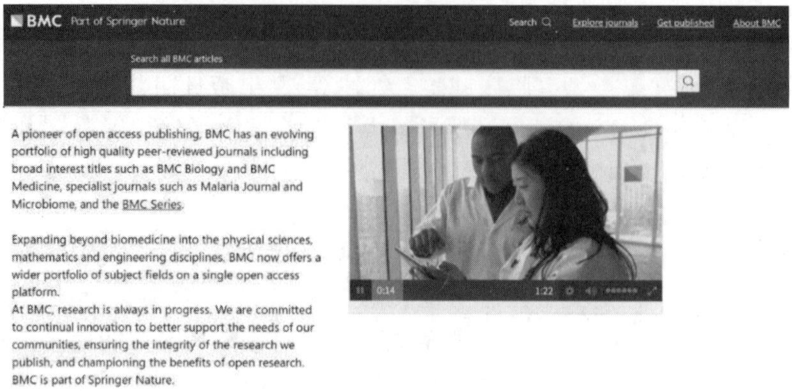

图 6-34　BioMed Central 检索界面

by Subject）或字顺（Journals A-Z）浏览期刊。期刊内容覆盖生物医学、地球科学、环境、材料科学、生物学、社会科学等 27 个学科（图 6-35）。单击下方的“Browse article collections by subject”，还可以找到某一学科主题的论文集，例如单击 Medicine & Public Health，可浏览“医学和公共卫生”相关的论文集。

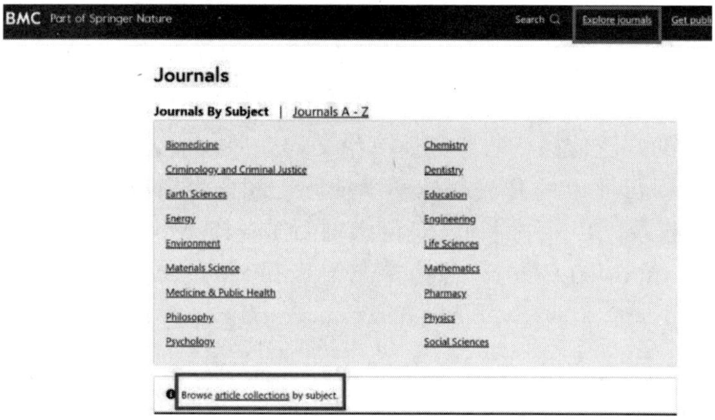

图 6-35　期刊导航（按学科）页面

6.4.4　检索结果处理

（1）检索结果显示与排序

检索结果（图 6-36）显示命中的记录条数，专业检索式，每条记录的题名、作者、刊名、年卷期、论文类型、出版时间、全文下载链接等信息。论文类型有海报陈列（Poster Presentation）、口头陈述（Oral Presentation）、会议摘要（Meeting Abstract）、研究论文（Research Article）、病例报告（Case Report）、研究笔记（Research Note）等。检索结果的排序方式有相关度和日期两种，默认为按相关度排序。

（2）检索结果浏览与保存

单击论文题名，可以浏览论文详细信息，包括摘要、背景、方法、结果、讨论、结论、参考文献等，还可以免费下载 PDF 或 ePub 格式的全文。

6.4.5 检索案例

【检索案例】 检索“风湿性心脏病患者的手术治疗”的相关文献。

检索步骤：

① 确定检索词：风湿性心脏病 rheumatic heart disease，手术 operation、surgery。

② 构建检索式：″rheumatic heart disease″ AND（operat ＊ OR surg ＊）

③ 进入论文检索界面，在检索框里输入检索式″rheumatic heart disease″ AND（operat ＊ OR surg ＊）。

④ 提交检索，得到检索结果（图 6-36）。

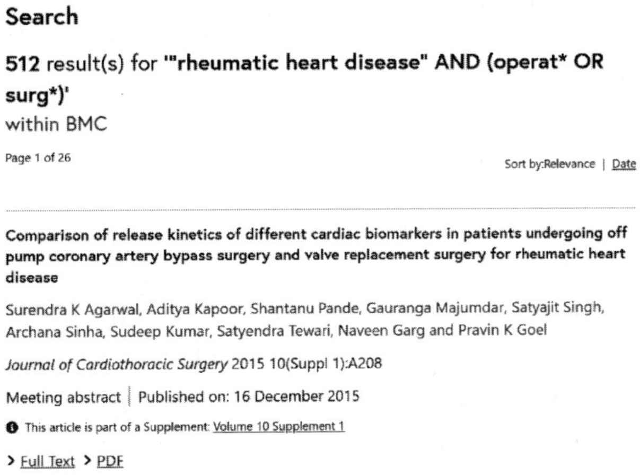

图 6-36 BMC 检索结果页面

6.5 IEEE Electronic Library（IEL）

6.5.1 概述

IEEE（电气电子工程师学会）成立于 1884 年，是一个国际性的电子技术与信息科学工程师学会，拥有超过 160 个国家的 42 万名会员，在电气电子、计算机、半导体、通讯、电力能源、生物医学工程、航天系统工程、消费电子等领域具有技术权威性。IEEE 出版技术期刊 190 多种，每年在全球举办技术会议 1800 多场，制定国际和行业技术标准 1000 多种。

IEEE Electronic Library（IEL）数据库是 IEEE 旗下最完整的在线数据资源，提供全球电气电子、通信和计算机科学等学科领域的文献服务，收录期刊、杂志、会议录和标准约 500 万篇。网址为 https://ieeexplore.ieee.org。

6.5.2 检索技术

（1）布尔逻辑检索：算符为 AND、OR、NOT，分别表示逻辑与、逻辑或、逻辑非。多个检索词之间空格，系统默认逻辑关系为逻辑与。

（2）截词检索：通配符为 ＊、?，使用 ＊ 号代替任意个字符，使用?号代替一个字符。

（3）短语或词组检索：算符″″，用于固定短语或词组的精确匹配检索。

（4）位置算符：位置算符为 NEAR、ONEAR。NEAR/X：X 为具体的数字，如 pollution NEAR/3 control，意味着两个检索词之间最多允许插入 3 个单词，但先后顺序没有要求。ONEAR/X：X 为具体的数字，如 pollution ONEAR/3 control，意味着两个检索词不但要按照顺序出现，而且两者之间最多允许插入 3 个单词。

运算符必须全部为大写字母（AND、OR、NOT、NEAR、ONEAR）。通配符可以在引号内使用，也可以和邻近运算符（NEAR、ONEAR）一起使用。

6.5.3　检索方式

IEL 提供了浏览、一框式检索、高级检索、命令检索、引文检索、二次检索等多种检索方式。

（1）浏览

在 IEL 主页（图 6-37）单击“Browser”，可选择不同文献类型（Books、Conference、Courses、Journals & Magazines、Standards 等）进行浏览。以期刊杂志浏览为例，用户可以根据期刊名称进行浏览，单击刊名首字母即可浏览以该字母开头的所有期刊；也可以根据主题来进行浏览，IEL 将所有期刊分为 16 个主题。如在 Topic 中选择“Aerospace”，即可获得相关的 31 种期刊及其数据库收录该期刊的时间范围，单击刊名链接可浏览该刊详细信息。

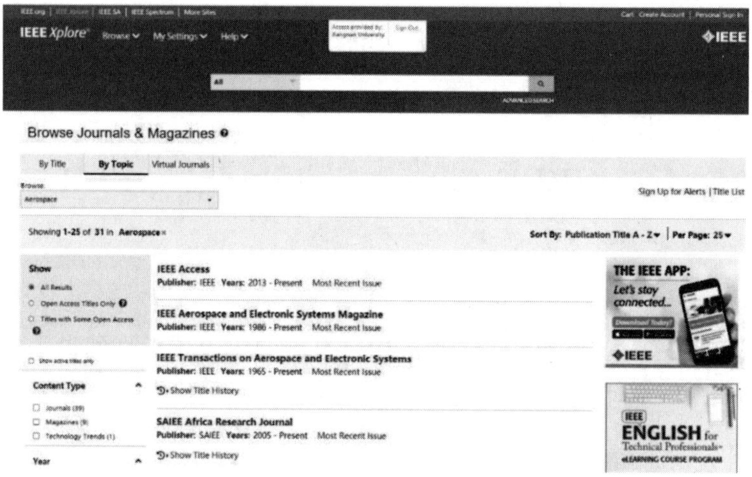

图 6-37　IEL 主页

（2）一框式检索

IEL 主页即一框式检索界面（图 6-38），在检索框里可输入 1 个、1 个以上检索词或

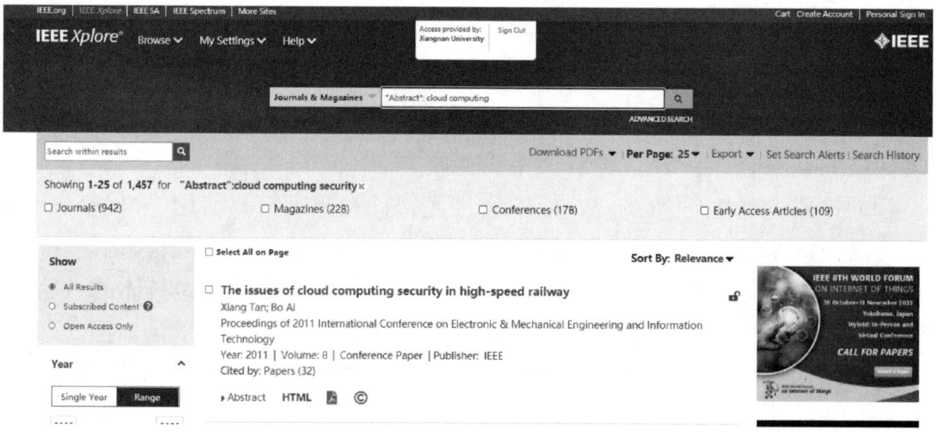

图 6-38　一框式检索界面

检索式，单击“Search”按钮进行检索。检索中可自动匹配同一词汇的英式拼写与美式拼写，同时具有词根自动关联功能，可自动匹配名词的单复数形式以及动词的不同时态。IEL 一框式检索默认的检索范围是元数据，用户也可以根据需要限定检索字段，例:″Abstract″：cloud computing。

（3）高级检索

高级检索界面（图 6-39）提供多行检索框，还可通过＋×增加或减少检索框。检索字段包括元数据、全文和元数据、全文、题名、作者、出版物名称、文摘、作者单位、作者关键词、ISSN、ISBN 等。提供了文献出版时间范围选项。检索时，可在一行检索框中输入 1 个、1 个以上检索词或检索式，选定检索字段后提交检索；也可在多行检索框里输入检索词或检索式，确定布尔逻辑算符，选定检索字段后，进行多字段组合检索。

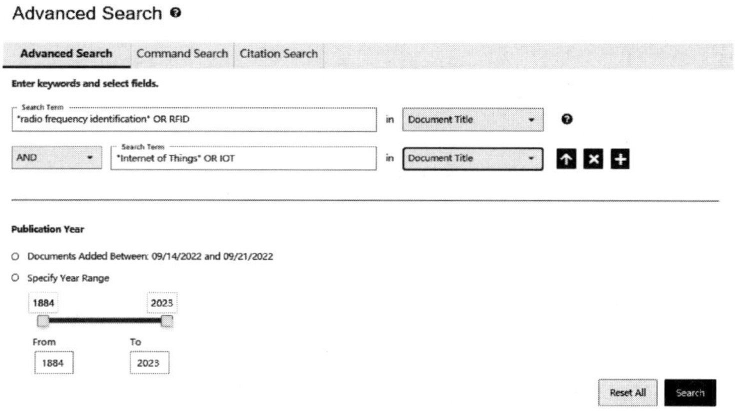

图 6-39　高级检索界面

（4）命令检索

单击“Command Search”进入命令检索界面（图 6-40），命令检索方式要求构建专业的检索式方能进行检索。检索句法为：

″检索字段″:″检索内容″ 算符（AND/OR/NOT/NEAR/ONEAR)″检索字段″:″检索内容″。

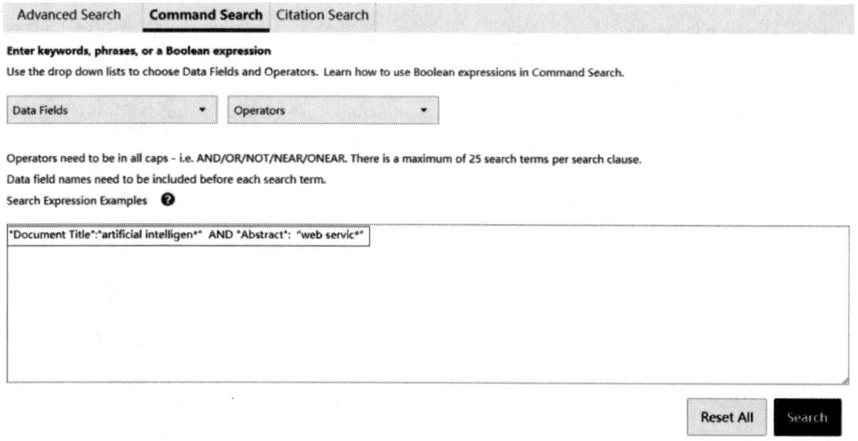

图 6-40　命令检索界面

检索字段在“Data Fields”下拉菜单里选择，算符在“Operators”下拉菜单里选择，检索内容可以是1个检索词、以空格连接的多个检索词、短语。例如："Document Title"："artificial intelligen＊" AND "Abstract"："web servic＊"，表示在题名中检索 artificial intelligen＊，并且在文摘中检索 web servic＊，＊为截词算符。

（5）引文检索

如对文献的某一参考文献感兴趣，且该文被数据库收录，用户可输入该文所在期刊的刊名、年、卷和起始页（图 6-41），来检索这篇文献。

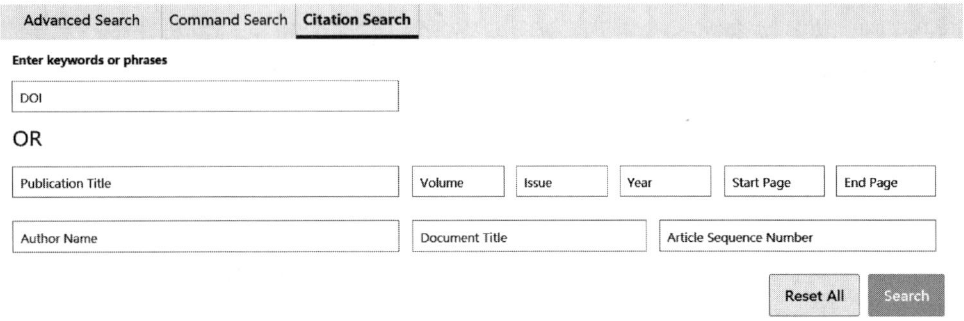

图 6-41　引文检索界面

（6）二次检索

对于一次检索的结果，如果用户不够满意的话，可以在检索结果页面（图 6-42）的 Search within results 的检索框中输入检索词或检索式，单击“search”进行二次检索，以得到更满意的检索结果。

6.5.4　检索结果处理

（1）检索结果显示与排序

检索结果（图 6-42）显示命中的记录条数，专业检索式，每条记录的题名、摘要、出版物来源、年卷期、作者等信息。检索结果可按相关度、时间顺序或逆序、被引频次、下载次数、出版物名称字顺等进行排序。

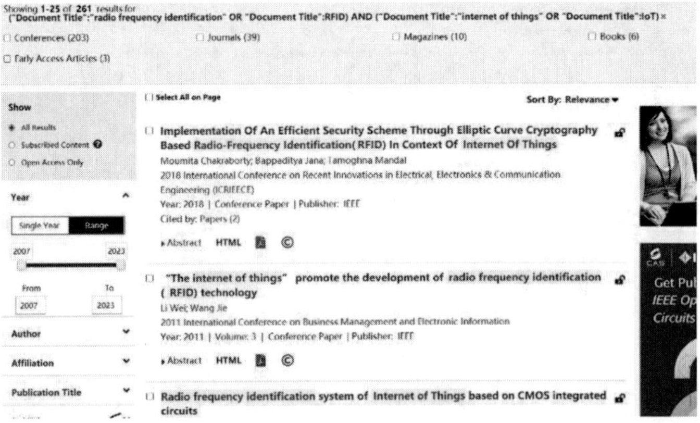

图 6-42　检索结果

（2）检索结果聚类

系统自动按文献类型、出版年、作者、机构、主题、出版物名称等类别对检索结果进行聚类，用户勾选子类目名，单击［Apply］即可浏览该类目下的文献信息。

（3）检索结果浏览与保存

单击文献题名可以浏览或下载全文。选择需要的文献，单击“Download PDFs”可批量下载全文，单击“Export”可批量导出 CSV 格式的文摘信息。

6.5.5　检索案例

【检索案例】 无线射频识别技术在物联网方面的应用。

检索步骤：

① 分析课题，确定检索词：radio frequency identification，RFID，internet of things，IoT。

② 构建检索式：（″radio frequency identification″ OR RFID）and（″internet of things″ OR IoT）。

③ 登录 IEL 主页，单击“Advanced Search”进入高级检索界面，如图 6-39 所示，在第一行的检索框中输入：″radio frequency identification″ OR RFID，在第二行检索框输入：″internet of things″ OR IoT，检索字段均选择“Document Title”，逻辑关系选 AND。

④ 单击“Search”提交检索，得到检索结果（图 6-42）。

6.6　Emerald

6.6.1　概述

Emerald 出版社由英国 University of Bradford 的 50 名学者创立于 1967 年，是世界知名的管理学、工程学、图书馆学期刊出版社。Emerald 数据库平台包括管理学全文期刊库、工程学全文期刊库等产品，收录 310 余种学术期刊、4000 余种图书、2000 余个案例。网址为 https://www.emerald.com/insight/。

6.6.2　检索技术

（1）布尔逻辑检索：用算符 AND、OR、一分别表示逻辑与、逻辑或、逻辑非。多个检索词之间空格，系统默认逻辑关系为逻辑与。

（2）截词运算：算符 *，代替任意个字符。

6.6.3　检索方式

Emerald 平台提供浏览、快速检索、高级检索等检索方式。

（1）浏览

在主页上方单击“Browse our content”后，用户可选择浏览图书与期刊（Books and journals）、案例集（Case studies）、专家简报（Expert Briefings）、开放存取（Open Access）。图书与期刊可按字顺或主题浏览。如浏览经济学的期刊，先单击“Books and journals”后，然后在主题（Subject）下拉框里选择经济学（Economics），出版类型选择期刊（Journals）即可。

（2）快速检索

Emerald主页即快速检索界面（图6-43），用户可在快速检索框中输入一个、一个以上检索词或检索式提交检索，检索字段缺省为任意字段。

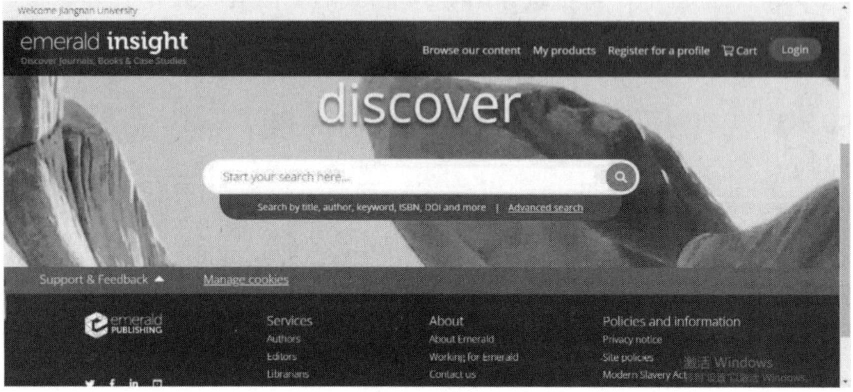

图6-43　快速检索界面

（3）高级检索

单击“Advanced search”进入高级检索界面（图6-44），文献类型可选择期刊、图书、案例、专家简报或全部内容，检索字段可选题名、摘要、作者、DOI、全部字段等。该界面默认只有一行检索框，单击“Add row”可增加检索框。用户选择文献类型、检索字段及出版时间范围，在检索框里输入1个、1个以上检索词或检索式，即可提交检索；也可在多行检索框里输入检索词或检索式，确定检索框之间的逻辑关系后，进行多字段组合检索。

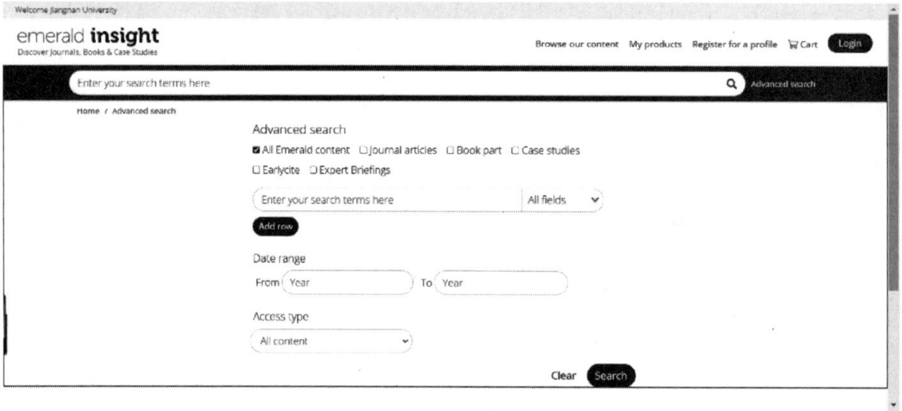

图6-44　高级检索界面

6.6.4　检索结果处理

检索结果（图6-45）显示命中的记录条数，专业检索式，每条记录的题名、摘要、出版物来源、年卷期、作者等信息。检索结果可按相关度、时间顺序或逆序排序。还可对检索结果进行二次检索。选择需要的文献，单击“Download RIS”可批量导出文摘信息。单击文献题名可以浏览或下载全文。

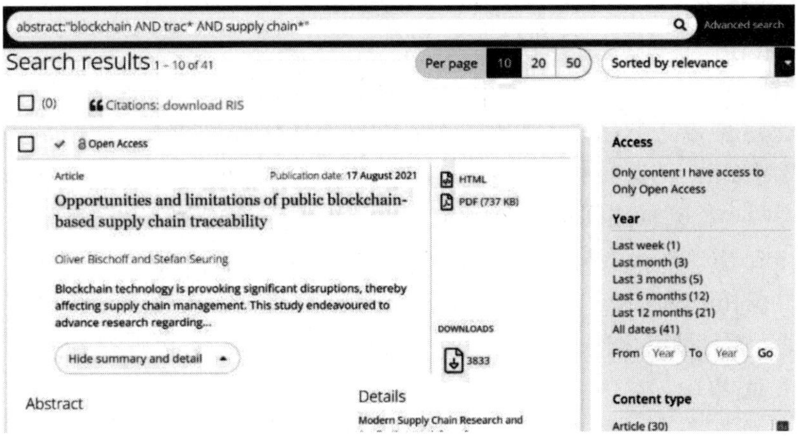

图 6-45　Emerald 检索结果

6.6.5　检索案例

【检索案例】 检索“基于区块链的溯源供应链研究”的期刊论文。

检索步骤：

① 分析课题，确定检索词：blockchain，traceability，supply chain。

② 构建检索式：blockchain AND trac * AND supply chain *

③ 进入 Emerald 主页，单击“Advanced Search”，勾选“Journal articles”，检索字段都选择摘要。方法一：在检索框里直接输入检索式。方法二：单击“Add row”增加两个检索框，三个检索框里分别输入 blockchain、trac *、supply chain，逻辑关系选择“AND”。

④ 提交检索得到检索结果（图 6-45）。

6.7　Literature Online

6.7.1　概述

Literature Online（英语文学在线）是英语文学领域权威的学术资源数据库，收录公元 8 世纪至今 50 多万部英文诗歌、小说和戏剧作品，420 多种英语文学全文期刊，以及大量文学评论、参考文献和多媒体资源。Literature Online 收录内容覆盖各时期的英语文学，包含中古时期（600—1500 年）文学、文艺复兴时期（1500—1660 年）文学、美国殖民地时期文学与新古典主义时期（1607—1785 年）文学、浪漫主义时期文学与早期（1765—1837 年）美国文学、维多利亚时期与美国浪漫主义文学/现实主义（1830—1900 年）文学、现代时期（1900 至今）文学。

6.7.2 检索技术

（1）布尔逻辑检索：用算符 AND、OR、NOT 分别表示逻辑与、逻辑或、逻辑非。多个检索词之间空格，系统默认逻辑关系为逻辑与。

（2）截词运算：算符 *，代替任意个字符。

（3）短语或词组检索：算符" "，用于检索固定短语或词组。

（4）位置算符：系统支持 NEAR/n（或 N/n）、PRE/n（或 P/n、—）作为位置算符。NEAR/n（或 N/n）：n 为具体的数字，如 pollution NEAR/3 control 和 pollution N/3 control 意味着两个检索词之间最多允许插入 3 个单词，但先后顺序没有要求；/后数字省略，如 pollution NEAR control，则意味着两者之间最多允许插入 4 个单词。PRE/n（或 P/n、—）：如 pollution PRE/3 control 或 pollution P/3 control 意味着两个检索词不但要按照顺序出现，而且两者之间最多允许插入 3 个单词；连字符-可连接检索中的两个词语，等同于 PRE/0 或 P/0。

（5）精确检索：EXACT 或 X，用于查找准确检索词语。主要用于检索特定字段，如“主题”。例如，检索 SU. EXACT（"higher education"）或者 SU. X（"higher education"），将返回包含主题词"higher education"的文献，而不会是带有主题词"higher education funding"的文献。

如果检索式包含多个运算符，系统将按以下顺序合并它们：PRE、NEAR、AND、OR、NOT。

6.7.3 检索方式

Literature Online 提供浏览、出版物检索、基本检索、高级检索等多种检索方式。

（1）浏览

在主页上方单击“Browse”后进入浏览页面，用户可根据需要选择文学时期、文学运动、作者等进行浏览，比如选择“Literature Movements”（文学运动），显示了各时期的多种文学运动，可选择任一种浏览。比如单击“Aesthetic Movement”（审美运动）（图 6-46），即显示该运动的相关作者、作品及评论信息，可单击浏览文学作品全文。

图 6-46　浏览页面

（2）出版物检索

单击主页的“Publications”进入出版物检索界面（图 6-47），用户可在上方“Publication Search”检索框输入检索词，选择出版物题名、主题词、概述等字段检索出版物；可以通过页面左侧的类目：资源类型、文献集合、作者、主题、出版商等逐级打开浏览；还可以按照出版物字顺进行浏览。

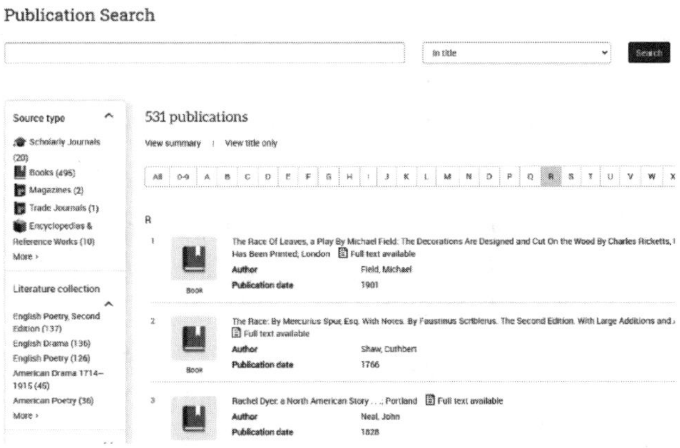

图 6-47　出版物检索

（3）基本检索

主页即基本检索界面（图 6-48），用户可在基本检索方式检索框里输入 1 个、1 个以上检索词或检索式进行检索，检索范围默认为“All”，用户可根据自己的需要选择更明确的范围，如“Criticism”等，检索时将检索所有字段，如果需要明确在某一字段检索，用户可使用高级检索。

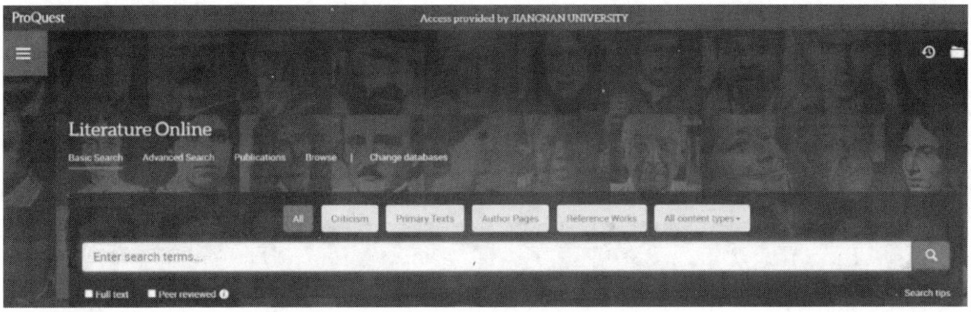

图 6-48　基本检索界面

（4）高级检索

高级检索方式支持多字段组合检索。高级检索界面（图 6-49）默认有两个检索框，单击“Add a row”可增加检索框。在一行或多行检索框里输入 1 个、1 个以上检索词或

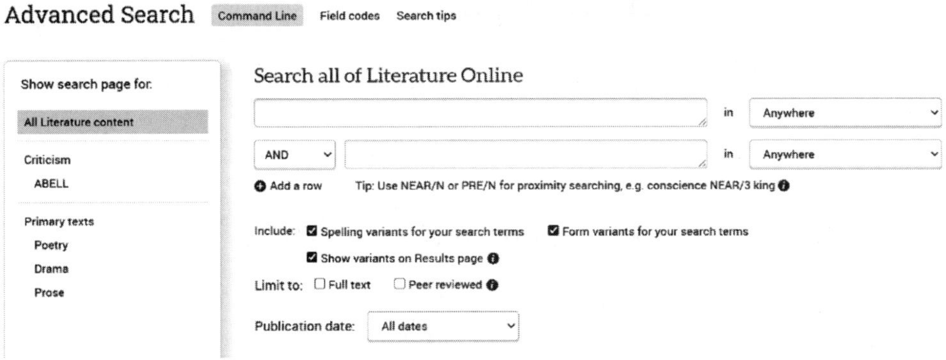

图 6-49　高级检索

检索式，确定检索框之间的逻辑关系，选择检索字段，还可限定出版时间、内容类型、文献类型等，最后单击“Search”即可进行检索。

6.7.4 检索结果处理

（1）检索结果显示与排序

检索结果（图 6-50）显示命中的记录条数，每条记录的题名、作者、出版物来源、年卷期、页码信息。检索结果可按相关度、时间顺序或逆序进行排序。

（2）检索结果精炼

系统自动按内容类型、出版时间、出版物名称、文献类型、主题等类别对检索结果进行精炼（聚类），用户选择子类目名即可浏览该类目下的文献信息。

（3）检索结果浏览与保存

单击文献题名可以进一步浏览详细信息或下载全文。选择需要的文献，单击“All save & export options”可 E-mail、导出、打印文摘信息，导出格式有 RefWorks、End-Note、NoodleTools、EasyBib、文本、PDF 等。

6.7.5 检索案例

【检索案例】 检索《Gone With The Wind》一书的评论。

检索步骤：

① 分析课题，确定检索词：Gone With The Wind。

② 进入主页，单击“Advanced Search”。在检索框输入"Gone With The Wind"，选择“SUBJECT”字段，“Content type”下面勾选“Criticism”。

③ 单击“Search”提交检索，得到检索结果（图 6-50）。

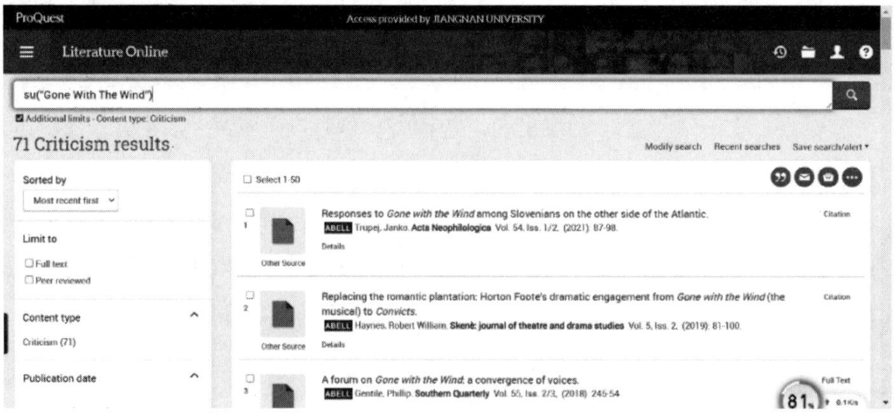

图 6-50　检索结果

6.8 Open Access（OA）

6.8.1 概述

开放存取（Open Access，OA）也称为开放获取、开放访问、开放阅览等，目前被广泛接受的关于 Open Access 的定义最初源于布达佩斯开放存取倡议（Budapest Open Access Initiative，BOAI），即：开放存取意味着用户通过公共互联网可以免费阅读、下载、复制、传播、打印和检索论文的全文，或者对论文的全文进行链接、为论文建立索引、将论文作为素材编入软件，或者对论文进行任何其他出于合法目的的使用，而不受经济、法律和技术方面的任何限制，除非网络本身造成数据获取的障碍。对复制和传播的唯一约束，以及版权在此所起的唯一作用是，应该保证作者拥有保护其作品完整性的权利，并要求他人在使用作者的作品时以适当的方式表示致谢并注明引用出处。

开放存取出版具有以下基本特征：作者和版权人允许用户免费获取、拷贝或传播其数字化信息，其前提是尊重其版权；完整的论著存储在至少一个稳定、可靠的网络服务器中，以确保免费阅读，不受约束地传播和长期的数据库式储存。

6.8.2　开放存取出版途径

开放存取出版的主要途径有两种：OA 期刊和 OA 仓储。

（1）OA 期刊

OA 期刊与传统期刊的区别不在于期刊的载体是纸本还是电子，而在于对期刊的访问方式和访问权限。传统的期刊（包括印本期刊和电子期刊）采用用户付费的商业模式，一般先由图书馆等机构团体购买，然后为其成员提供检索全文服务；或者由用户个人直接定购整刊或某篇特定文章。尽管有些电子期刊允许用户免费访问文摘或部分论文全文，但 OA 期刊提倡的是用户利用 Internet 就可以不受限制地访问期刊论文全文。目前 OA 期刊正处于不断发展和壮大阶段。期刊的数量一直在稳步增加，包括新创办的 OA 期刊和由传统基于订阅出版模式的期刊转变而来的 OA 期刊，且期刊所覆盖的学科范围包括自然科学、社会科学和人文科学领域。

OA 期刊开始得到传统的文摘索引服务商的认可并成为它们收录的对象。OA 期刊由于免费访问的特点比传统期刊能更及时有效地被科研人员所利用，也在逐渐被科研人员所认可。

（2）OA 仓储（开放存取仓储）

20 世纪 90 年代初，为了解决传统期刊出版模式滞后于学术研究发展的问题，在物理学、计算机科学、天文学等学科领域，研究人员采用预印本（preprint）进行学科领域的同行交流，一些学术组织把这些用于共享的学术信息存放于服务器中供用户免费访问和使用。这些服务器就是早期的 OA 仓储，OA 仓储有时也被称为 OA 文档库（Open Access Archives）。预印本（Preprint）是指科研工作者的研究成果还未在正式出版物上发表，而出于和同行交流目的自愿先在学术会议上或通过互联网发布的科研论文、科技报告等文章。与刊物发表的文章以及网页发布的文章比，预印本具有交流速度快、利于学术争鸣、可靠性高的特点。

目前有些 OA 仓储不仅存放预印本，而且也提供后印本（postprint）。后印本是相对于预印本的一种电子文献类型，指已经在期刊或其他公开出版物上发表的研究成果。OA 仓储主要有两种类型：学科 OA 仓储和机构 OA 仓储。

此外，在网络环境下，研究人员为了快速有效地与同行交流最新的研究成果，也利用了一些其他有别于传统学术期刊的交流途径，比如个人网站、电子邮件、服务列表、主题论坛以及新兴的 Blog（博客）等。但 OA 期刊和 OA 仓储因其经济而实用的优势日益被学术界认同并得到相当广泛的应用，成为目前实现开放存取出版的主要途径。

6.8.3 开放存取平台

（1）OpenDOAR

OpenDOAR（http://www.opendoar.org/）是由英国的诺丁汉（Nottingham）大学和瑞典的伦德（Lund）大学图书馆在 OSI、JISC、CURL、SPARC 欧洲部等机构的资助下于 2005 年 2 月共同创建的开放获取机构资源库、学科资源库目录检索系统，用户可以通过机构名称、国别、学科主题、资料类型等途径检索和使用这些知识库，它和开放获取期刊目录（DOAJ）一道构成当前网络免费全文学术资源（期刊论文、会议论文、学位论文、技术报告、专利、学习对象、多媒体、数据集、工作论文、预印本等）检索的主要平台。

（2）socolar

socolar（http://www.socolar.com/）由中国教育图书进出口公司建立，将世界上重要的 OA 期刊和 OA 仓储资源进行全面的收集和整理，并可对重要 OA 期刊和 OA 仓储资源进行统一检索，为用户提供 OA 资源的一站式检索服务系统。

（3）DOAJ

DOAJ（Directory of Open Access Journals）（http://www.doaj.org）收录 17000 多种科学与学术期刊，其中部分期刊为全文收录期刊。学科覆盖农业、生物与生命科学、化学、历史与考古学、社会科学、地球与环境科学等。

（4）HighWire

HighWire Press（http://highwire.stanford.edu/）是提供免费全文的、全球最大的学术文献出版商之一，于 1995 年由美国斯坦福大学图书馆创立。

习　　题

1. 在以下课题中选择 1 项课题，使用 CAS SciFinder^n 的“文献检索”（Reference）方式的高级检索方法，选择 Concept 字段，检索该课题的相关文献信息，要求构建检索式、上机检索并通过文献类型（Document Type）筛选出专利文献。

（1）UV 固化节能涂料的清洁生产技术研究。

（2）黄芪在防晒化妆品中的应用。

（3）食品包装中增塑剂向食品迁移研究。

2. 在以下课题中选择 1 项课题，使用 CAS SciFinder^n 的“物质检索”（Substance）方式，用化学结构式（精确检索，As Drawn）或分子式检索结合关键词，检索该课题相关文献信息，要求上机检索。

（1）羧甲基纤维素（CMC）在造纸中的应用。

（2）抗癌药全反式维甲酸微胶囊化或缓释效应的研究。

（3）化学发光法测定腐植酸的研究。

3. 在以下课题中选择 1 项课题，使用 CAS SciFinder^n 的“反应检索”（Reaction）方式，用反应结构式，以课题中的物质为产物（精确检索，As Drawn），检索该课题相关文献信息，要求上机检索。

（1）γ-氨基丁酸的生物制备和分离。

（2）偶氮二异丁腈催化制备丙二醇单烷基醚乙酸酯研究。

（3）安息香合成机理及辅酶分析。

4. 在以下课题中选择 1 项课题，使用 FSTA 的“基本检索”或“高级检索”方式，主要关键词选择叙词字段，从叙词表中选词；次要关键词选择主题字段。检索该课题的相关文献信息，要求构建检索式并上机检索。

（1）壳聚糖酶法改性技术研究。

（2）食品安全监管法律制度研究。

（3）酿酒废水处理技术。

（4）谷胱甘肽在面包面团中的作用研究。

（5）益生菌在婴儿乳制品中的应用研究。

5. 在以下课题中选择 1 项课题，使用 PubMed 的“高级检索”方式，检索该课题的相关文献信息，要求构建检索式并上机检索。

（1）肺炎诊断试剂盒的开发。

（2）益生菌对肠道肿瘤治疗的作用。

6. 在以下课题中选择 1 项课题，使用 MeSH 主题词表，查找主题词和副主题词，并检索相关文献信息。

（1）乳腺癌中医药治疗新进展。

（2）高血压药物治疗的进展。

（3）中西医结合治疗新冠病毒肺炎的研究。

7. 利用 IEEE Electronic Library（IEL）数据库，检索与课题“集成电路的故障检测方法”相关的论文。

8. 利用 Emerald 数据库，检索与课题“校企合作模式研究”相关的论文。

9. 利用 Literature Online 数据库，检索有关作家莫言的文学评论。

第 7 章　特种文献资源

7.1　专　　利

专利是一种重要的信息资源，了解专利基础知识，有利于我们检索和使用专利文献及专利数据库。

7.1.1　专利的概念与特点

7.1.1.1　专利的概念

专利（patent）一词来源于拉丁语 litterae patentes，意为公开的信件或公共文献，是中世纪的君主用来颁布某种特权的证明。目前专利的基本含义可归纳为：①专利是专利权（patent right）的简称。②专利是记载发明创造内容相关信息的文献，即专利文献（patent document/literature）的简称。③专利是专利技术（patent technology）或者专利产品（patent product），是指一项发明创造（inventions-creations），即发明、实用新型或外观设计向国家专利行政部门提出专利申请，经依法审查合格后，向专利申请人授予的在规定的时间内对该项发明创造享有的专有权。

专利权是由一个国家或者专利组织（例如欧洲专利局）的专利主管机关依照专利法规定，根据法定程序赋予自然人、法人或其他组织对其发明创造在一定期限内依法享有的专有权，是一种排他权（exclusive right）。在某些特殊情况下，专利权可简称为专利。

专利权法律关系的主体是专利权所有人或者专利权持有人；其客体是被审批为专利的发明创造，例如发明、实用新型和外观设计；其内容是指法律规定的专利权人可以享受的权利和应当承担的法律义务。专利权的重点内容是专利权的使用权，包括：独占实施权、进口权、转让权、实施许可权、放弃权、标记权、禁止他人许诺销售权（即未经专利权人许可，通过广告、展销会、橱窗陈列而“许诺销售”其专利产品，也是侵权）。其中发明和实用新型专利权人与外观设计专利权人的独占实施权内容有不同规定；对实施许可权和转让权有一定规定。

专利权是工业产权中最主要的组成部分。知识产权是无形财产，包括著作权和工业产权两个主要部分。著作权是文学、艺术、科学技术作品的原创作者，依法对其作品所享有的一种民事权利；工业产权是指人们在生产活动中对其取得的创造性的脑力劳动成果依法取得的权利。除专利权外，工业产权还包括商标、服务标记、厂商名称、原产地名称等产权。

7.1.1.2　专利的特点

专利具有专有性、地域性、时间性三大特点。

（1）专有性

也称独占性、排他性，是指专利权人对其发明创造享有的独占性的制造、使用、销售、许诺销售和进出口的权利。也就是说，其他任何单位或个人未经专利权人许可不得进行为生产、经营目的的制造、使用、销售、许诺销售和进出口其专利产品，使用其专利方法，或者未经专利权人许可为生产、经营目的的制造、使用、销售、许诺销售和进出口依照其方法直接获得的产品。否则，就是侵犯专利权。

（2）地域性

是指一个国家依照其本国专利法授予的专利权，仅在该国法律管辖的范围内有效，对其他国家没有任何约束力，外国对其专利权不承担保护的义务。如果一项发明创造只在我国取得专利权，那么专利权人只在我国享有专利权或独占权。如果有人在其他国家和地区生产、使用或销售该发明创造，则不属于侵权行为。

（3）时间性

是指专利权人对其发明创造所拥有的法律赋予的专有权只在法律规定的时间内有效，期限届满后，专利权人对其发明创造就不再享有制造、使用、销售、许诺销售和进口的专有权。至此，原来受法律保护的发明创造就成了社会的公共财富，任何单位或个人都可以无偿使用。

7.1.2　专利的性质

7.1.2.1　专利的三性

授予专利权的专利，应具备新颖性、创造性、实用性，也称为专利的三性。

（1）新颖性（Novelty）

是指申请专利的发明必须前所未有。我国《专利法》规定："新颖性，是指在申请日以前没有同样的发明或者实用新型在国内外出版物上公开发表过、在国内公开使用过或者以其他方式为公众所知，也没有同样的发明或者实用新型由他人向国务院专利行政部门提出过申请并且记载在申请日以后公布的专利申请文件中。"各国对判断新颖性的地域标准的规定大致分为三种：一是全世界新颖性或称绝对新颖性，即发明在申请日以前在世界范围内未在出版物上公开发表或以其他方式为公众所知，也未被人们公开使用；二是本国新颖性或称相对新颖性，发明在本国范围内未公开发表和公开使用即可；三是混合新颖性，在世界范围内未公开发表，在本国内未公开使用的发明都具有新颖性。我国专利法实行的是混合新颖性这一标准。

（2）创造性（Inventiveness）

也称"非显而易见性"，一件发明或者实用新型具备了新颖性，不一定就有创造性。新颖性主要侧重判断某一技术是不是前所未有的，而创造性侧重判断的是技术水平的问题。我国《专利法》规定："创造性，是指同申请日以前已有的技术相比，该发明有突出的实质性特点和显著的进步，该实用新型有实质性特点和进步。"

（3）实用性（Practical Applicability）

是指申请专利的技术能够制造或使用，并且能够产生积极的社会效果，而且可以多次再现。

7.1.2.2　不授予专利权的对象（技术领域）

我国《专利法》规定，不授予专利权的领域有以下几项：

（1）违反国家法律、社会公德或妨害公共利益的发明创造。

（2）科学发现。按照1978年在日内瓦缔结的《科学发现的国际登记条约》中的定义，是指对物质世界迄今尚未认识的现象、性质或规律能够证明的认识。因此，它不是对产品、方法及其改进所提出的一种新的技术方案，例如能量守恒定律，属于自然法则本身。

（3）智力活动的规则和方法。它是指人们进行推理、分析、判断、运算、处理、记忆等思维活动的规则和方法。例如竞赛规则、管理规则、统计方法、分类方法、计算方法、解谜方法等。

（4）疾病的诊断和治疗方法。这样的方法以活的人或者动物为实施对象，并以防病治病为目的，是医护人员的经验体现，而且随着诊断和治疗的对象不同而有所不同，不能在工业上应用，不具有实用性。

（5）动物和植物新品种。动植物品种可分为天然生长和人工培养两种。自然界天然生长的动植物不是人类智力活动的发明创造，因此不能授予专利权。人工培养的动植物品种，虽然是人类智力活动的成果，但任何一种动植物品种的培养都必须经过较长的时间，并必须经过好几代人的筛选才能够达到显著性、稳定性和一致性。

（6）用原子核变换方法获得的物质。它是指用核裂变或核聚变方法获得的单质或化合物。对于这类物质，目前除了美国、日本等极少数国家外，几乎所有的国家对此都不授予专利权。

7.1.3 专利类型与专利保护

7.1.3.1 专利的类型

按照技术难度和要素划分，专利一般包括发明、实用新型和外观设计三种类型。世界上将这三种专利都置于专利法中给予保护的国家为数不多，通常所讲的专利一般是指发明专利，而将实用新型、外观设计分别立法保护。美国的专利法规定了三种专利：实用专利（Utility Patent）、外观设计专利（Design Patent）、植物专利（Plant Patent）。其中实用专利占全部专利的90%左右。美国《专利法》第15节“植物专利161. 植物专利”规定：“凡发明、发现及无性繁殖任何特殊及新植物品种，包括耕种培养之变化、变种、混合及新发现之植物种苗者，得依本法规定取得专利，但块茎突起繁殖或野生植物不在此限。”此外韩国、意大利、匈牙利也规定了植物专利。法国规定了医药专利类型。欧洲专利局主要规定了发明专利。日本、中国规定了发明、实用新型和外观设计三种类型。

（1）发明专利，是指对产品、方法或其改进所提出的新的技术方案，是属于改造客观世界的成就，而认识客观世界的科学发现和科学理论则不属此列。

（2）实用新型专利，是对产品的形状、构造或者其结合所提出的适于实用的新的技术方案。实用新型专利的保护范围比发明专利要窄得多，同时比发明专利在技术水平的要求上要低一些，大多是一些比较简单或改进性的技术发明，保护期限一般都比较短。

（3）外观设计专利，是指对产品的形状、图案、色彩或者其结合作出的具有美感的并适用于工业上应用的新设计。

7.1.3.2 专利保护

专利权的期限，各国专利法都有明确规定，但对专利的保护期限长短不一，一般来说发明专利自申请日起计算一般在10～20年不等，对于实用新型和外观设计专利的期限，大部分国家规定为 5～10 年。我国现行专利法规定的发明专利、实用新型专利以及外观设计专利的保护期限分别为自申请日起 20 年、10 年、15 年。

7.1.4　专利制度

7.1.4.1　专利制度概述

专利制度就是依照专利法授予发明创造专利权的方式来保护、鼓励发明创造，促进发明创造的推广应用，推动科学技术进步和创新与经济发展的一种法律制度。专利制度的核心就是专利法。一项发明创造从提出专利申请到批准为专利要通过多次审查，经历多道事务处理程序。

1474 年，威尼斯制定了世界上第一部专利法。1623 年，英国颁布了《垄断法》，它规定：把专利权授予最早的发明人；专利持有人有权在国内独立地制造和使用发明的物品和方法，专利的有效期为 16 年；还规定了发明专利权的条件及主体、客体等。这部《垄断法》是世界上第一部正式而完整的专利法，对资本主义专利制度的建立和发展产生了重大影响。美国于 1790 年建立起专利制度，是世界上实行专利制度较早的国家之一。美国现行的《专利法》是 1952 年 7 月 19 日颁布的，从 1953 年 1 月 1 日开始实施。至今，世界上有专利法的国家和地区已有 170 多个。我国于 1978 年正式建立专利制度，1980 年设立专利局，1984 年 3 月 12 日颁布《专利法》，1985 年 4 月正式实施专利法。

7.1.4.2　专利审查制度

（1）国外专利审查制度

目前世界上专利审查制度主要有以下几种形式：

① 登记制：又称为形式审查制、初步审查制，是对专利申请及办理申请的手续是否符合专利法及其实施细则规定的其他要求进行的审查。多数国家对实用新型和外观设计申请实行登记制。

② 半审查制：也称为文献报告制、审查报告制，要求对申请文件不仅进行形式审查，还要进行新颖性审查并作出文献检索报告。半审查制用于发明和实用新型申请的审查。实行半审查制的国家主要有法国、瑞士。

③ 实质审查制：又称完全审查制，是指对专利申请既进行形式审查，又进行专利性（新颖性、创造性和实用性）审查。实行完全审查制的国家主要有美国、苏联以及 1989 年以前的加拿大等。

④ 延迟审查制：又称早期公开、延迟审查制，延迟审查制采用早期公开、延迟审查的方式，即专利申请经形式审查合格后，不立即进行实质审查，而是先将申请文件予以公开，并给予临时保护，需要申请人在一定时间内向主管机构提出实质审查请求，逾期不提出请求的，该申请被视为撤回。

（2）我国的专利审查制度

我国的专利审查制度为：发明专利采用延迟审查制，实用新型和外观设计专利采用形式审查制。我国的初步审查比国际上通常的形式审查内容更为广泛。例如，将申请是否具备单一性、是否符合实用新型或外观设计的定义、文件撰写是否符合规定、外观设计图片是否符合要求等也作为初审内容。

7.1.5 专利申请与专利优先权

7.1.5.1 专利申请

（1）申请方式

传统的申请方式是提交印刷型申请文件。随着网络的普及，关于电子专利申请的有关规定开始生效，2004 年 3 月 13 日，我国正式启动电子申请程序。详情可以登录国家知识产权局网站查阅。

（2）提交的材料

我国《专利法》第二十六条规定："申请发明或者实用新型专利的，应当提交请求书、说明书及其摘要和权利要求书等文件。"根据此项规定，发明或者实用新型专利申请人应当向专利局提交以下申请文件请求书和说明书。请求书，是指专利申请人向专利局提交的请求授予其发明或者实用新型专利权的一种书面文件。专利申请人向专利局提交的请求书应当使用中国专利局规定的表格，并且只能用中文填写。说明书，是发明或者实用新型专利申请人必须提交的基本文件，是对发明或者实用新型的技术内容进行具体说明的陈述性书面文件，是专利申请的基本文件。

申请人就外观设计向专利局提出专利申请的，应当提交请求书以及该外观设计的图片或者照片等文件，并且写明使用该外观设计的产品及其所属的类别。微生物领域的专利申请需要提交微生物培养物。

7.1.5.2 专利优先权

（1）外国优先权

按照《保护工业产权巴黎公约》第四条关于"优先权"的规定：所谓优先权，是巴黎联盟各成员国给予本联盟任一国家的专利申请人的一种优惠权，即联盟内某国的专利申请人已在某成员国第一次正式就一项发明创造申请专利，当申请人就该发明创造在规定的时间内向本联盟其他国家申请专利时，申请人有权享有第一次申请的申请日期。发明和实用新型的优先权期限为 12 个月，外观设计的优先权期限为 6 个月。一项优先权包括：优先申请国家、优先申请日期、优先申请号。

（2）本国优先权

我国《专利法》规定，申请人自发明或者实用新型在中国第一次提出专利申请之日起 12 个月内，又以该发明专利申请或实用新型专利申请为基础向国务院专利行政部门就相同主题提出实用新型或者发明专利申请，可以享有本国优先权。但是在后申请提出时，在先申请有下列情形之一的，不能作为要求本国优先权基础：①已经要求过外国或者本国优先权的；②已经被批准授予专利权的；③是依照专利法有关规定分案的。

优先权的主要作用是：第一，在优先权期间内，第三人就同样内容的发明创造提出专利申请，享有优先权的专利申请处于优先的地位。第二，在优先权期间内，任何人以任何形式的公开，都不影响发明创造的新颖性和创造性。

人们为了使一项创新技术在全世界占领更大的市场份额、获取更大的经济利益，往往会将新的发明技术寻求多国专利保护，向多个国家申请专利并享有同一优先权，人们把至少有一个优先权相同的、在不同国家或国际专利组织多次申请、多次公布或批准的内容相同或基本相同的一组专利文献，称为专利族（Patent Family）。专利族中的每件专利说明书之间，通过一种特殊的联系媒介——优先权，相互联系在一起。同一专利族中的每件专利文献被称作专利族成员（Patent Family Members），同一专利族中每件专利互为同族专利。人们习惯地把同族专利成员简称为“同族专利”。

7.1.6　中国专利编号体系

7.1.6.1　专利号码

中国专利的编号体系主要包括 6 种号码：

申请号——在提交专利申请时给出的编号。

专利号——授予专利权时给出的编号，在申请号前加 ZL 就构成专利号。如：ZL93301329.X。

公开号——发明专利申请公开说明书的编号。

审定号——发明专利申请审定说明书的编号。

公告号——实用新型专利、外观设计专利申请说明书的编号。

授权公告号——授予专利权的专利说明书的编号。

7.1.6.2　编号体系

中国专利的编号体系由于 1989 年、1993 年和 2003 年三次调整而分为四个阶段：1985—1988 年为第一阶段，1989—1992 年为第二阶段，1993—2003 年 9 月 30 日为第三阶段，2003 年 10 月 1 日以后为第四阶段。具体变化如表 7-1。

表 7-1　　中国专利编号体系

专利种类	编号名称	1985—1988	1989—1992	1993—2003.9	2003.10.1 至今
发明专利	申请号（专利号）	88100001	89100002.X	93100001.7	201010300002.4
实用新型		88210369	89200001.5	93200001.0	200620168465.9
外观设计		88300457	89300001.9	93300001.4	201030200620.2
发明专利	公开号	CN88100001A	CN1044155A	CN1089067A	CN102113456A
	审定号	CN88100001B	CN1003001B		
	授权公告号			CN1033297C	CN102113456B
实用新型	公告号	CN88210369U	CN2043111U		
	公开(公告)号			CN2144896Y	CN201032932Y
外观设计	公告号	CN88300457S	CN3005104S		
	公开(公告)号			CN3021827D	CN301453081S

(1) 1985—1988 年，专利申请号由 8 位数字组成，前两位表示年份；第三位表示专利的种类：1 是发明专利，2 是实用新型，3 是外观设计；后五位代表当年内该类专利的序号。在申请号前面冠以大写字母 ZL 就是专利号。公开号、审定号、公告号是在申请号前面冠以字母 CN 表示国别；后面标注大写字母 A、B、U、S。A 是发明专利申请公开说明书，B 是发明专利申请审定说明书，U 是实用新型专利申请说明书，S 是外观设计公告。发明专利公开号如：

CN	88	1	00001	A
①	②	③	④	⑤

① 中国；②公开年份为1988年；③发明专利；④顺序号；⑤发明专利申请公开说明书。

（2）1989—1992年编号发生两个变化，一是把专利申请号增加了计算机校验码，前8位不变，第9位是计算机校验码，用1～9和大写英文字母X表示，在专利申请号与校验码之间使用一个实心圆点符号作为间隔符。二是把公开号、审定号、公告号改为7位，第一位仍然是专利的种类，后6位是序号。专利号如：

ZL	89	2	00001	·	5
①	②	③	④		⑤

①中国专利；②申请年份为1989年；③实用新型专利；④顺序号；⑤计算机校验码。

（3）1993年以后的编号体系有两个变化，一是改变后注字母，发明专利授权公告号后标字母改为C，实用新型和外观设计授权公告号后标字母分别改为Y和D；二是改变编号名称，发明专利说明书、实用新型专利说明书、外观设计专利公告的编号都称为授权公告号。外观设计授权公告号如：

CN	3	021827	D
①	②	③	④

①中国；②外观设计专利；③顺序号；④外观设计专利公告。

（4）中国知识产权行业标准ZC 0006—2003专利申请号标准于2003年10月1日施行。该标准规定专利申请号用12位阿拉伯数字表示，第1～4位数字表示受理专利申请的年号，第5位数字表示专利申请的种类：1—发明，2—实用新型，3—外观设计，8—进入中国国家阶段的PCT发明专利申请，9—进入中国国家阶段的PCT实用新型专利申请。第6～12位数字（共7位）为流水号，表示受理专利申请的相对顺序。在受理专利申请时给予专利申请号和计算机校验码，校验码位于专利申请号之后，在专利申请号与校验码之间使用一个实心圆点符号作为间隔符。

自2004年7月1日开始出版的所有专利说明书文献号均由表示中国国别代码的字母串CN和9位数字以及1个字母或1个字母加1个数字组成。其中，字母串CN以后的第一位数字表示要求保护的专利申请类型：1—发明、2—实用新型、3—外观设计，“指定中国的发明专利的PCT国际申请”和“指定中国的实用新型专利的PCT国际申请”的文献号不再另行编排，而是分别归入发明或实用新型一起编排。

7.1.7 专利文献与国际专利分类法

7.1.7.1 专利文献

（1）概述

所谓专利文献，从狭义上讲是指由国家专利行政部门公布的专利说明书和权利要求书；从广义上讲专利文献还包括说明书摘要、专利公报以及各种检索工具书、与专利有关的法律文件等。但我们通常提到的专利文献主要是指专利说明书，因为专利技术通过专利说明书加以公开，是专利文献的主题，也是专利检索的主要对象。

专利文献按加工程度划分为三大类型：一次专利文献、二次专利文献和专利分类资料；按载体形式可分为三大类型：纸质专利文献、缩微专利文献、电子专利文献。

（2）专利说明书

① 专利说明书种类：专利说明书出版情况与专利审查制度有关：延迟审查制出版申

请公开说明书和专利说明书，实质审查制和形式审查制出版专利说明书。根据 1993 年 1 月 1 日修订实施的《中华人民共和国专利法》，我国目前出版以下几种专利说明书：A. 发明专利申请公开说明书；B. 发明专利说明书；C. 实用新型专利说明书；D. 外观设计授权公告。

② 专利说明书的组成部分：目前各国出版的专利说明书组成部分基本包括：扉页、说明书、权利要求书、附图，有些国家出版的专利说明书还附有检索报告。

扉页相当于专利说明书的一览表，内容包括著录项目、摘要或权利要求、一幅主要附图三部分内容。著录项目是专利文献技术、法律、经济三种信息特征的集合，著录项目采用 INID 代码标注。INID 代码是由世界知识产权组织下属的巴黎联盟专利局情报检索国际合作委员会制定的专利文献中著录项目国际标准代码（Internationally agreed Numbers for the Identification of bibliographic Data），简称 INID 码，由圆圈或括号中的两位阿拉伯数字表示。说明书是清楚完整地描述发明创造的技术内容的文件，说明的内容包括技术领域、背景技术、发明内容、附图说明、具体实施方式等。权利要求书是申请人请求专利保护的范围，应当说明专利的技术特征，清楚、简要地表述请求保护的范围。附图用于补充说明书文字部分。检索报告是专利审查员通过对现有技术进行检索，反应检索结果的文件。

7.1.7.2　国际专利分类法

（1）概述

国际专利分类法（International Patent Classification，简称 IPC）是一部国际上通用的用来类分各国专利的分类法，也是检索各国专利文献必不可少的工具。这种分类法是由美、英、德、法、日等国以及国际专利组织共同创建的一套统一的专利分类系统，1968 年 9 月 1 日起生效，每 5 年修订一次，目前使用的是第七版。现已普及到世界 50 多个国家，其中只有美国仍沿用本国的分类法，但在美国的专利文献上既标注美国专利分类号，也标注国际专利分类号。

IPC 的主体是《国际专利分类表》，它的内容设置包括了与发明创造有关的全部技术领域，将不同的技术领域概括分成 8 个部分，用英文字母 A、B、C、D、E、F、G、H 表示，每一部分出版一个分册，另外还出版《使用指南》分册。《使用指南》是《国际专利分类表》的大类、小类和主组的索引，还对表的编排、分类法及分类原则作了解释和说明。

（2）《国际专利分类表》

《国际专利分类表》按照技术主题来分类，共分 8 个部，20 个分部。分类表采用等级结构，整个专利技术领域按降序依次为 5 个不同的等级，即部、大类、小类、大组和小组。

① 部（Section）：在 IPC 中，首先将与发明专利有关的全部技术领域划分为 8 个部，并分别用 A—H 中的一个大写字母进行标记。这 8 个部分别是：

A 部：生活必需（农、轻、医）

B 部：作业、运输

C 部：化学、冶金

D 部：纺织、造纸

E 部：固定建筑物

F 部：机械工程、照明、采暖、武器、爆破

G 部：物理

H 部：电技术

② 分部（Subsection）：每个部内设置了由技术范围所构成的分部。分部没有类号，只有类目，是将有关技术领域进行归类，起到信息的指引作用。因此在一个完整的分类号中，没有表示分部的符号。

③ 大类（Class）：每一个部按不同的技术领域分成若干个大类。大类类号用一个两位数进行标记，其完整的表示形式为：部号＋类号。例如：

部　　C　　化学、冶金

大类　C07　有机化学

④ 小类（Subclass）：是对大类的进一步细分。小类类号用一个大写字母进行标记，是在大类号后面加上一个大写英文字母组成的。其完整的表示形式为：部号＋大类号＋小类号。例如：

C07C　　无环或碳环化合物

⑤ 主组（Main Group）或大组：是对小类的进一步细分。类号用 1～3 位数加/00 表示，其完整的表示形式为：部号＋大类号＋小类号＋大组类号。例如：

C07C7/00　仅含碳和氢的化合物的提纯、分离、稳定化

⑥ 分组（Subgroup）或小组：是在主组的基础上进一步细分出来的类目。其类号标记是将主组类号中“/”后的 00 改为其他数字。小组之内还可继续划分出更低的等级，是在小组文字标题前加注“·”的方法来标示小组之内的等级划分，标题前的“·”数目越多其类目等级越低。这种小组内的等级划分在分类号中是表现不出来的。例如：

A23L1/325　·水产食品制品；鱼类制品、鱼肉；鱼卵代用品

A23L1/326　··鱼肉或鱼粉；小颗粒、团块或片

A23L1/33　··甲壳类

A23L1/358　···无机化合物

IPC 类号的完整书写形式为：Int. Cl^8　C07C7/04。其中：Int. Cl^8 表示国际专利分类第八版；C07C7/04 表示用蒸馏法提纯含碳和氢的化合物。

IPC 还编辑出版了《IPC 关键词索引》，它是 IPC 的辅助检索工具，收录 7000 多个关键词，按字顺排列，其后给出相应的 IPC 分类号。

确定某一项目的 IPC 分类号的方法一般有三种：直接法、关键词索引法、间接法。直接法就是直接使用 IPC 分类表逐级查找分类号；关键词索引法是利用《IPC 关键词索引》，通过项目名称查找 IPC 分类号；间接法就是通过阅读已有的专利说明书或者查找《化学文摘》等报道专利文献的检索工具间接得到 IPC 分类号。

7.2 专利检索

7.2.1 国家知识产权局专利检索及分析系统

（1）概况

国家知识产权局专利检索及分析系统（https://www.cnipa.gov.cn）收录了 1985 年

以来我国公开（告）的全部发明、实用新型、外观设计专利，可查询到专利摘要、引文、法律状态信息及全文说明书等信息。该系统还收录了 EPO（欧洲专利局）、WIPO（世界知识产权组织）以及美国、日本、英国、法国、德国、俄罗斯等 100 多个国家和地区的专利文摘信息。

（2）检索技术

① 支持使用优先算符“（）”。

② 布尔逻辑组配检索：布尔逻辑组配检索的基本关系有三种：AND（逻辑与）关系、OR（逻辑或）关系以及 NOT（逻辑非）关系。

（3）检索方式

① 常规检索：常规检索主要提供了一种方便、快捷的检索模式，可快速定位检索对象（如一篇专利文献或一个专利申请人等）。在常规检索中提供了基础的、智能的检索入口，主要包括自动识别、检索要素、申请号、公开（公告）号、申请（专利权）人、发明人以及发明名称。

② 高级检索：高级检索提供了丰富的检索入口以及智能辅助的检索功能。可以根据检索需求，在相应的检索框中输入相关的检索词或检索式，并确定这些检索项目之间的逻辑运算，进行组配检索。要获取更加全面的专利信息，还可以利用系统提供的“智能扩展”功能辅助扩展检索要素信息。为了保证检索的全面性，系统根据专利数据范围的不同提供了不同的检索表格项。

③ 命令行检索：命令行检索主要包含两部分业务功能：命令行检索和批处理管理。命令行检索是面向行业用户提供的专业化的检索模式，该检索模式支持以命令的方式进行检索、浏览等操作功能。

④ 药物专题检索：药物专题检索是基于药物专题库的检索功能，为从事医药化学领域研究的用户提供检索服务。用户可以使用此功能检索出西药化合物和中药方剂等多种药物专利。系统提供高级检索、方剂检索和结构式检索等多种检索模式，方便用户快速定位文献。

⑤ 导航检索：导航检索提供 IPC 导航、CPC 导航和国民经济分类导航三种方式。以 IPC 导航检索为例，用户可以输入分类号查含义，也可以输入关键词查分类号，如输入 C12G1/00 可知其是葡萄酒或起泡葡萄酒的制备，点击其后中国专利或世界专利，即可获得相关专利。

⑥ 热门工具：热门工具提供了同族查询、引证/被引证查询、法律状态查询、国别代码查询、双语词典、申请（专利权）人别名查询、分类号关联查询等功能。

（4）结果浏览

① 概要浏览：是常规检索、高级检索等默认的检索结果展现方式。系统默认的配置是以列表的方式展现检索结果信息。

② 详细浏览：是一种全面浏览专利文献信息的浏览模式。通过该种浏览模式，可以查看到文献的著录项目、全文文本以及全文图像信息。

（5）专利分析

专利分析子系统将面对不同层次的用户提供专业化、智能化的分析方式，通过专业的专利数据分析模型，快速、准确、全面地在海量专利数据中分析出潜在的信息关系和完整的专利情报链，帮助用户有效地利用专利资源。分析子系统为专利分析人员提供多种分析方式和分析工具集，分为维护分析文献库、申请人分析、发明人分析、区域分析、技术领域分析、中国专项分析、高级分析、日志报告八大功能。

（6）检索案例

【检索案例 1】 使用高级检索方式检索“基于物联网的车辆监控系统”相关中国专利。

检索步骤：

① 分析课题，选择检索词及其同义词：物联网、无线传感器、传感网、车辆、汽车、监测、监控、监视。

② 构建检索式：（物联网 OR 传感网 OR 无线传感器）AND（车辆 OR 汽车）AND（监测 OR 监控 OR 监视）

③ 进入高级检索界面，检索范围选择“中国”，在“发明名称”中输入检索式，然后提交检索得到检索结果（图 7-1）。

若要扩大检索范围，可在“发明名称”、“摘要”中分别输入部分检索式“（车辆 OR 汽车）AND（监测 OR 监控 OR 监视）”、“（物联网 OR 传感网 OR 无线传感器）”进行检索。

图 7-1 高级检索结果

【检索案例 2】 使用常规检索方式检索“美国食品安全”相关专利。

检索步骤：

① 分析课题，确定检索词及其同义词：food、safety、secure、security。

② 构建检索式：food AND（safety OR secure OR security）

③ 进入常规检索界面，“数据范围”选择“美国”，检索项选择“专利名称”，在检索框里输入检索式，点击检索得到专利信息。

7.2.2 EPO 专利数据库

（1）概述

欧洲专利局 EPO 及其成员国携手共建了一个名为 Espcenet 的专利网站（https://www.epo.org/），Espcenet 收录 1782 年以来 100 多个国家（地区）和专利组织的超过

1.4 亿件专利文献。专利信息包括题录和文摘，部分有专利全文说明书及权利要求、扫描图像专利说明书的首页、附图、权利要求及全文。

（2）检索技术

① 支持使用布尔逻辑算符 AND、OR、NOT，一个检索式最多使用 9 个算符。

② 一个检索式最多使用 10 个检索词。

③ 缺省算符：名称、摘要、发明人、申请人、ECLA、IPC 字段为 AND，公开日、公开号、申请号、优先号字段为 OR。

④ 通配符（截词符）：?，#，*。? 可代替 0 或 1 个字符，# 代替 1 个字符，* 可代替任意字符。

⑤ 通配符只能置于词尾；且仅能在名称、名称或摘要、发明人、申请人字段使用。

⑥ 通配符 * 前面至少有 3 个字符（co* 不允许）。

⑦ 截词时通配符? 或# 前面至少有 2 个字符（如 co? 或 pa#），这时检索词最多用 3 个通配符，如果? 或#前面有 3 个或 3 个以上字符，则检索词最多用 7 个通配符。

（3）检索方式

Espcenet 提供三种检索方式：智能检索（Smart search）、高级检索（Advanced Search）、分类号检索（Classification Search）。

① 智能检索：检索系统自动选择 World wide 专利数据库，用户直接在检索框中输入检索词或检索式，提交检索，自动在任意字段检索。检索结果显示前 500 条记录。

② 高级检索：高级检索提供了多个检索字段：Title（发明名称）、Title or Abstract（发明名称或摘要）、Publication number（公开号）、Application number（申请号）、Priority number（优先号）、Publication date（公开日期）、Applicant（申请人）、Inventor（发明人）、CPC（合作专利分类号）、IPC（国际专利分类号）。在每个检索字段中，可使用布尔逻辑运算符 AND（与）、OR（或）、NOT（非）对多个检索词或检索项进行组配。进入高级检索界面，选择要检索的专利数据库，在检索框里输入检索词或检索式（图 7-2），提交检索即可得到检索结果。

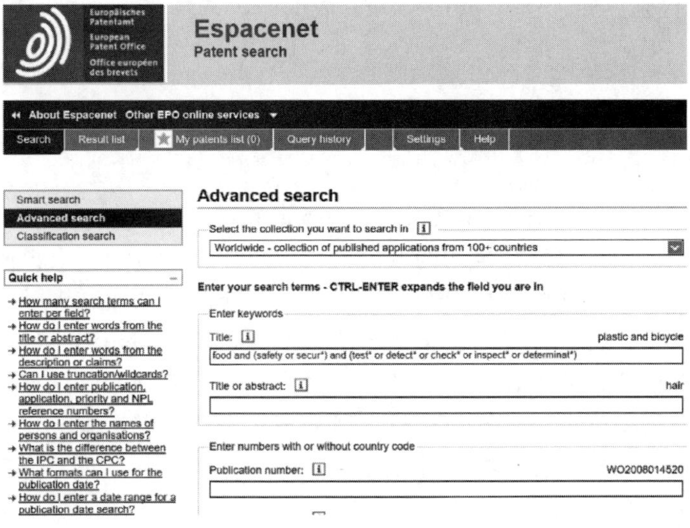

图 7-2　高级检索界面

③ 分类号检索：检索欧洲合作专利分类号，提供两种检索方式：从主题名词术语检索分类号；从分类号检索主题名词术语。点击大类名称还可逐级查阅类目名称及分类号。

（4）检索结果

检索结果为题录信息，点击专利名称即可查阅文摘信息，还可根据页面左栏的字体提示阅读该专利目录信息、说明书、权利要求、原始文献全文、引用文献、INPADOC 法律状态、INPADOC 同族专利（图 7-3）。专利原文是 PDF 格式的。

图 7-3　专利文摘信息

（5）检索案例

【检索案例】 Testing method for food safety（食品安全检测方法）。

检索步骤：

① 分析课题，选择检索词。核心检索词有：食品、安全、检测。对应的英文检索词及同义词有：food，safety，secure，security，test，detection，check，determination，measure。

② 构建检索式：food AND（safety OR secur＊）AND（test＊ OR detect＊ OR check＊ OR determinat＊ OR measur＊）

③ 进入高级检索界面，选择 world wide 数据库，选择名称字段，在检索框中输入检索式，提交检索，得到检索结果。

7.2.3　WIPO 专利数据库

7.2.3.1　概述

世界知识产权组织（World Intellectual Property Organization，WIPO）是世界各国政府间的国际组织机构，也是联合国的专门机构，总部设在日内瓦。该网站提供多语言界面，包括中文界面。世界知识产权组织与国际保护工业产权联盟和国际保护文学艺术作品联盟的关系极为紧密，其任务是促进全世界有效地保护和使用知识产权。世界知识产权组织鼓励制定保护知识产权的国际条约及各国的国内立法，鼓励发达国家先进技术向发展中国家转移，并向发展中国家提供知识产权方面的技术援助和咨询服务，办理国际知识产权注册登记，促进文件和专利程序的标准化，管理国际专利证件中心，为各成员国提供检索服务。

WIPO PATENTSCOPE 专利数据库（https://patentscope.wipo.int/）收录了 1997

年以来的 PCT 专利申请信息。PCT 是专利合作条约（Patent Cooperation Treaty）的简称，签订于 1970 年，并于 1978 年生效，我国于 1994 年 1 月 1 日加入 PCT，成为其正式成员国。PATENTSCOPE 数据库每周更新，扫描图形公开 14 天后放入数据库。目前使用它可以搜索 1.06 亿份专利文件，其中包括 440 万份已公布的国际专利申请（PCT）。

7.2.3.2　检索方式

PATENTSCOPE 数据库提供了四种检索方式：简单检索、高级检索、字段组合检索和文献浏览。

（1）简单检索

系统默认进入简单检索，或通过点击“检索”菜单选择“简单检索”进入简单检索界面。在检索框里输入检索词或号码进行检索。简单检索提供专利任意字段、全文、识别符/号码、IPC、专利名称等字段检索。

（2）高级检索

通过点击“检索”菜单选择“高级检索”进入高级检索界面。高级检索允许在输入框内输入复杂的检索式，其基本输入格式为：字段代码/字段内容。字段代码可参照“字段定义”。

（3）字段组合检索

通过点击“检索”菜单选择“字段组合”进入组合检索界面。在组合检索方式下，可以在所需字段右侧输入检索内容进行检索，而不需使用字段代码。但不能在输入框中输入以逻辑运算符连接的表达式，若需表达逻辑关系，只能通过选择输入框之间的关系来表达。

（4）文献浏览

通过点击“浏览”菜单，进入每周申请公布浏览界面，可浏览每周公布的 PCT 专利申请。在页面上方的时间输入框内选择时间范围，可以浏览相应时间段（以周为单位）公布的 PCT 专利申请。

（5）检索结果

以简单检索、高级检索或字段组合检索方式进行检索，在检索结果列表状态下，点击某文献的公开号和标题，即进入该文献详细信息显示页面。详细信息显示页面的默认页面中显示了该文献的著录数据，可以依次显示著录项目数据、文本格式说明书、文本格式权利要求书、国家阶段情况、相关的通报及国际初审报告、国际检索报告等内容。

7.2.4　USPTO 专利数据库

（1）概述

美国专利商标局网站是 1999 年 4 月美国专利商标局（USPTO）开始建立的政府性官方网站，目前提供“专利全文和图像数据库”（PatFT）及“专利申请全文和图像数据库”（AppFT）检索。PatFT 数据库的内容包括美国从 1976 年至今授权的专利全文以及从 1790 年至今的所有专利的 PDF 图像，AppFT 数据库的内容包含自 2001 年 3 月以来出版的专利申请说明书文本全文和图像格式的专利。

根据美国专利法保护的客体及专利的审批制度，美国专利商标局出版的专利说明书种类主要有实用专利（Utility）、外观设计（Design）、植物专利（Plant）、再公告专利

（Reissue）、防卫性公告（Defensive）、法定发明注册（SIR）。USPTO 的网上数据库包括了以上类型的专利文献。

（2）检索技术

① 布尔逻辑运算符：AND（与）、OR（或）、ANDNOT（非）。

② 右截词符（$）：支持在检索式中使用右截断符，但有一定限制，即在特定字段中检索，输入字符串的长度至少为 3 个字符；如不指定字段，则字符串长度至少为 4 个字符。

③ 短语（词组）算符引号" "。用" "括起来的一组词将被视为单个检索词。但不能在用引号括起来的短语中使用截词符 $ 。

④ 优先运算符（）。

（3）检索方式

数据库有快速检索（Quick Search）、高级检索（Advanced Search）和专利号检索（Number Search）三种检索方式。

① 快速检索：快速检索方式提供了两行检索框，可以在检索框里输入关键词或短语，但不支持检索式，检索字段有专利名称、专利号、摘要、发布日期、申请日期、分类号等多项，两行检索框之间可选择 AND、OR、ANDNOT 进行逻辑组配，下拉菜单中可选择要检索的年份或年份范围（图 7-4）。但 1790—1975 年的专利只能通过发布日期、专利号和当前美国分类号进行检索。可对检索结果进行精炼检索（二次检索）。

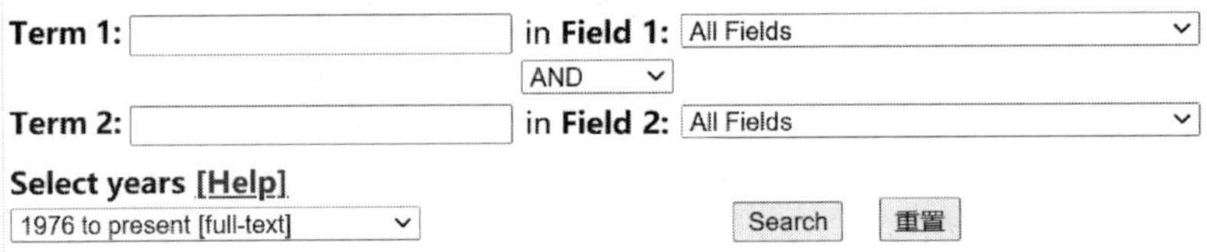

图 7-4　快速检索

② 高级检索：高级检索方式要求构建专业的检索式方能进行检索。检索句法为：字段代码/检索内容。字段代码—代表的字段名称如：TTL—专利名称、ABST—文摘、PN—专利号、SPEC—说明书、ICL—国际专利分类号，等等。确定检索词，构建检索式，在检索框里输入检索式即可提交检索。如可在检索框中输入检索式：ABST/fuel 或者 ttl/（tennis AND（racquet OR racket））。

③ 专利号检索：允许用户将已知的专利号在输入框中直接输入一个或多个专利号进行检索。输入多个专利号时，专利号之间需空格、逗号或使用逻辑运算符 OR。另外，输入专利号时可采用右截断进行检索，如：625636 $，检索结果为：6256360～6256369 及 625636 共 11 件专利。

（4）检索结果

专利检索题录显示结果的每一条记录包括序号、专利号及发明名称。点击专利号或发明名称均可浏览、下载专利全文文本。1976 年至今的专利全文有文本格式和图形格式两种格式，文本格式可直接浏览、下载或打印；点击“images”可浏览或下载专利全文图像页。

（5）检索案例

【检索案例】 Testing method for food safety（食品安全检测方法）。

检索步骤：

① 分析课题，选择检索词。选择关键词及其同义词和近义词：食品、安全、检测。对应的英文词汇及其同义词：food，safety，secure，security，test，detection，check，determination，measure。

② 构建检索式：TTL/food AND TTL/（safety OR secur＄）AND ABST/（test＄ OR detect＄ OR check＄ OR determin＄ OR measur＄）

③ 进入 AppFT 数据库高级检索界面，在检索框中输入检索式，选择收录年限 2001—至今，然后提交检索，得到检索结果，点击专利号或名称可浏览或下载专利全文（图 7-5）。

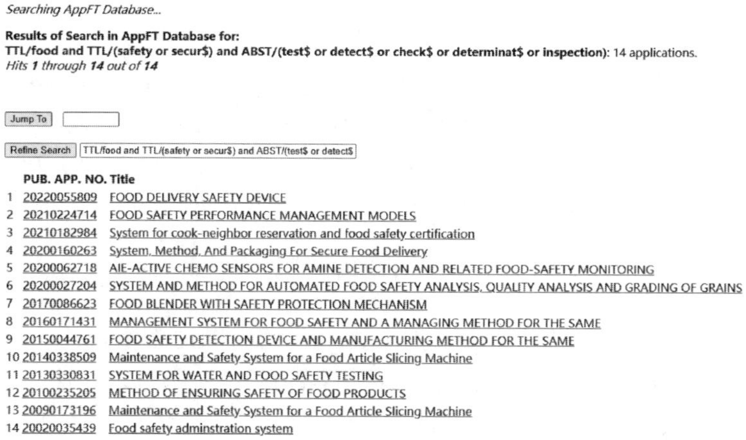

图 7-5　高级检索结果

7.2.5　其他专利检索系统

（1）日本专利数据库

日本专利局于 1999 年 3 月建立工业产权数字图书馆（Industrial Property Digital Library，IPDL），提供互联网检索日本工业产权文献与信息，用户可以检索发明专利、实用新型专利、外观专利和商标信息以及各专利的法律状态（https://www.jpo.go.jp/）。

日本专利数据库专利信息资源包括：①自 1885 年（公布第一件日本专利）至今，日本专利局出版的专利（特许）、实用新型（实用新案）各种公报的全文说明书（IPDL 的各种文献全文说明书以 GIF 或 PDF 文件显示）；②1889 年以来的外观设计（意匠公报）文献；③日本英文文摘（PAJ）收录了 1976 年以来公布的未审查的日本专利申请说明书的英文著录项目、英文文摘及主要附图。④1993 年以来的一些基本的法律状态英文信息；⑤日本专利局复审委员会的复审决定（1940 年—）等。

（2）Soopat

Soopat 是全球专利搜索引擎（http://www.soopat.com/），它本身并不提供数据，而是将所有互联网上免费的专利数据库进行链接、整合，例如 SooPat 中国专利数据的链接来自国家知识产权局互联网检索数据库，国外专利数据来自各个国家的官方网站。SooPat 不用注册即可免费检索，并提供全文浏览和下载。SooPat 还开发了功能强大的专利分析系统，提供各种类型的专利分析，例如可以对专利申请人、申请量、专利号分布等进行分析，用专利图表展示。

7.3 学位论文及其检索

学位论文是高等院校和科研院所的本科生、研究生为获得学位资格（学士、硕士和博士）而撰写的学术性研究论文，包括学士论文、硕士论文和博士论文，学位论文具有学术性、科学性、创造性、专业性和规范性。

7.3.1 中国学位论文数据库

（1）万方学位论文全文数据库

万方数据知识服务平台的中国学位论文全文数据库，收录了我国自然科学和社会科学各领域的硕士、博士及博士后研究生论文全文或文摘信息，涵盖基础科学、理学、工业技术、人文科学、社会科学、医药卫生、农业科学、交通运输、航空航天和环境科学等各学科领域。学位论文来源于中国科技信息研究所，收录始于 1980 年，年增加全文 35 万余篇。

（2）中国知网学位论文库

中国知网（CNKI）的学位论文全文数据库，包括中国博士学位论文全文数据库和中国优秀硕士学位论文全文数据库，是目前国内资源完备、质量上乘、连续动态更新的中国博硕士学位论文全文数据库。数据库出版 510 余家博士培养单位的博士学位论文 50 余万篇，790 余家硕士培养单位的硕士学位论文 500 余万篇，最早回溯至 1984 年，覆盖基础科学、工程技术、农业、医学、哲学、人文、社会科学等各个领域。

（3）国家科技图书文献中心中文学位论文库

国家科技图书文献中心中文学位论文数据库主要收录了 1984 年至今我国高等院校、研究生院及研究院所发布的硕士、博士和博士后的学位论文文摘。学科范围涉及自然科学各专业领域，并兼顾社会科学和人文科学。检索平台提供了基本检索方式和高级检索方式。检索结果提供了按院校、出版年、学位等聚类功能。

7.3.2 PQDT 国外学位论文数据库

（1）概述

ProQuest 信息和学术公司（Proquest Information AND Learning）出版网上电子资源检索系统，如 ProQuest Direct（PQD）全文检索系统、ProQuest Research Library 等多学科领域、多种类型的学术文献文摘和全文数据库。ProQuest Digital Dissertations（2006 年升级更名为 ProQuest Dissertations & Theses，即 PQDT）收录了美国、加拿大、欧洲各国及其他国家 2000 余所大学和研究机构的博士、硕士学位论文，收录论文年限从 1861 年（世界上发表第一篇学位论文）至今。PQDT 收录内容涉及领域广泛，涵盖人文、理工的各个学科。PQDT 提供了部分学位论文全文下载和文献传递功能。

（2）检索技术

PQDT 支持使用布尔逻辑算符、词组或短语检索、截词符和优先算符。另外，还规定 40 个禁用词。

① 布尔逻辑算符：AND、OR、NOT 或 ANDNOT，分别表示逻辑与、或、非。

② 截词符：“ * ” 或 “?” 用于词尾，表示相同词根的词形变化或复数形式。

③ 词组或短语检索：使用双引号" "搜索完整的词组或短语，如果输入的检索词本身包括空格并且不希望被分割，可以在检索词两边加上英文双引号，如"digital library"。

④ 优先算符：支持使用优先算符 “ () ”。

⑤ 禁用词，PQDT 系统有以下 40 个不能用于检索的禁用词：also、an、and、areas、be、been、between、both、but、by、did、from、has、have、into、not、of、or、should、some、such、than、that、the、their、them、themselves、these、they、this、those、through、to、using、were、when、which、with、would 等。

（3）检索方式

PQDT 提供了分类导航、基本检索和高级检索三种检索方式。

① 分类导航：进入 PQDT 主页，点击“分类导航”。提供了“按主题分类”和“按学校分类”浏览两种方式。点击类目名称或学校名称，即可查阅该类或该学校的全部学位论文题录信息，点击论文名称可以浏览文摘，继而可以浏览全文或下载 PDF 全文。

② 基本检索：进入 PQDT 主页，即见基本检索界面，可选择全部论文（缺省）、有全文论文或博士学位论文进行检索，检索时在检索框中输入检索词或检索式，点击“检索”按钮即提交检索。如果检索结果太多，可选择“在结果中检索”对检索结果进行二次检索。

③ 高级检索：高级检索方式提供 9 个检索字段：标题、摘要、作者、导师、学校/机构、学科、ISBN、全文、论文编号。检索时可选择不同的检索字段、布尔逻辑关系、出版年度、学位类型、是否有全文进行检索。可在检索框里输入检索词或检索式检索，也可以在多行检索框里输入多个检索词进行组配检索（图 7-6）。

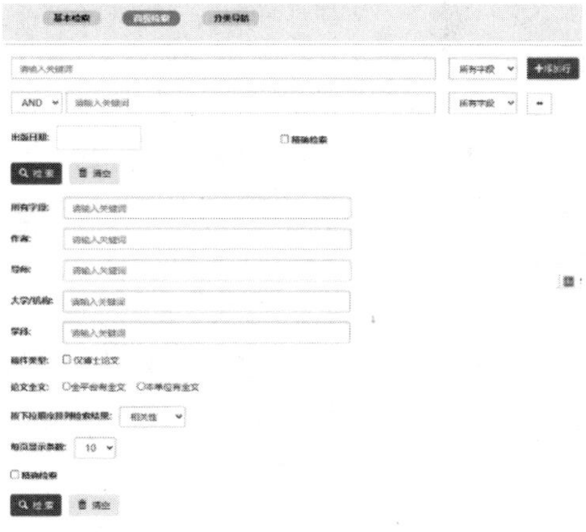

图 7-6　PQDT 高级检索

（4）检索结果

检索结果可选择每屏显示 10、20、50 条记录，可按相关度、论文发表年度、全文上传年度排序。检索结果可按年度、学科、学校/机构、语言进行聚类。在每条记录下方可选择“查看详情”和“查看 PDF 全文”，可点击“引文导出”导出 RIS、Endnote 等格式信息，可点击论文标题浏览摘要信息，继而可以浏览全文或下载 PDF 全文。

（5）检索案例

【检索案例】 麻纤维高效接枝疏水化改性。

检索步骤：

① 分析课题，选择检索词：ramie（苎麻），flax（亚麻），jute（黄麻纤维），sisal（剑麻），graft（接枝），modify（改性）。

② 构建检索式：(ramie OR flax OR jute OR sisal) AND (graft * OR modif *)

③ 进入高级检索界面，检索字段选择“标题”，在检索框里输入检索式，点击检索，获得检索结果（图 7-7）；点击论文名称可浏览摘要信息，根据需要可在线阅读全文或下载 PDF 全文。

图 7-7　检索结果

7.3.3　国外其他学位论文数据库

（1）NDLTD 学位论文数据库

NDLTD 网络博士、硕士论文数字图书馆（http://www.ndltd.org/）是由美国国家自然科学基金支持的一个网上学位论文共建共享项目，目的是创建一个支持全球范围内电子论文的创作、标引、储存、传播及检索的数字图书馆，以此促进研究生教育，加速研究生研究成果的应用。NDLTD 数据库可以查询 NDLTD 联盟中所有成员机构的电子版博士与硕士论文，可免费获得题录和详细摘要，部分学位论文可免费获得全文。NDLTD 学位论文库的主要特点就是学校共建共享，可以免费获取，另外由于 NDLTD 的成员馆来自全球各地，所以覆盖的范围比较广，包括德国、丹麦、英国、南非、中国、澳大利亚、新西兰等国家的学位论文。

（2）其他数据库

① DISSERTATION. COM（http://dissertation.com）：提供关键词、主题、题目、作者等途径进行检索，部分可免费浏览，通过 Amazon 网上书店可订购全文。

② 大英图书馆文献供应中心（http://blpc.bl.uk）：提供美国、加拿大、英国（1970 年起）的博士论文。

③ DIALOG 国际联机检索系统第 35 号文档 Dissertation Abstracts Online。

④ OCLC 中的 Dissertation Abstracts Online 数据库。

7.4　会议文献及数据库

会议文献是指科技人员在国际性、全国性、地区性或基层学术机构召开的学术会议上发表的会前、会中和会后学术论文、调查报告和统计资料等。会议是交流学术研究成果的重要场地，科学技术的最新发明和发现，往往是在科技会议上首次公布的，而科技会议上交流的论文又都经过筛选，因此会议文献大多数学术水平较高，能够反映国内外科技发展的最新水平、动态和趋势，是一种重要的情报源。

7.4.1　中国会议文献数据库

（1）万方学术会议论文数据库

万方数据知识服务平台的中国学术会议论文数据库，收录了由国际及国家级学会、协会、研究会组织召开的各种学术会议论文，每年涉及上千个重要的学术会议，数据范围覆盖自然科学、工程技术、农林、医学等领域。数据库提供会议论文摘要及部分论文全文。

（2）CNKI 中国重要会议论文全文数据库

CNKI 中国知网的中国重要会议论文全文数据库，收录我国 2000 年以来国家二级以上学会、协会、高等院校、科研院所、学术机构等单位的论文集，年更新约 20 万篇论文，内容覆盖理工、农业、医药卫生、文史哲、经济政治法律、教育与社会科学综合等各学科。

（3）NSTL 中文/外文会议论文数据库

国家科技图书文献中心（NSTL）的中国会议论文数据库，收录了 1985 年以来我国国家级学会、协会、研究会以及各省、部委等组织召开的全国性学术会议论文。数据库的收藏重点为自然科学各专业领域，每年涉及 600 余个重要的学术会议。外文会议论文数据库主要收录了 1985 年以来世界各主要学会协会、出版机构出版的学术会议论文，部分文献有少量回溯。学科范围涉及工程技术和自然科学各专业领域。每年增加论文约 20 余万篇，每周更新。数据库提供会议论文文摘信息及全文传递服务。

（4）中国学术会议在线

中国学术会议在线是经教育部批准，由教育部科技发展中心主办，面向广大科技人员的科学研究与学术交流信息服务平台。中国学术会议在线利用现代信息技术手段，将分阶段实施学术会议网上预报及在线服务、学术会议交互式直播、多路广播和会议资料点播三大功能，为用户提供学术会议信息预报、会议分类搜索、会议在线报名、会议论文征集、会议资料发布、会议视频点播、会议同步直播等服务。

7.4.2　国外会议文献数据库

（1）CPCI-S 和 CPCI-SSH

美国科学信息研究所（ISI）出版的两大会议录索引即《科技会议录索引》CPCI-S（原 ISTP）和《社会科学与人文科学会议录索引》CPCI-SSH（原 ISSHP），汇集了世界上最新出版的会议录资料，包括专著、丛书、预印本以及来源于期刊的会议论文，提供了综合全面、多学科的会议论文资料。

（2）其他国际会议论文数据库

① EI VillageⅡ：美国工程索引 EI VillageⅡ收录了大量国际会议论文摘要信息。

② OCLC 的 Proceedings First 数据库：该数据库收录了从 1993 年 10 月至今由大英

图书馆资料提供中心接收到的在世界范围召开的会议、联合会、博览会、专题会、专业会、学术报告会的会议引文。

③ OCLC 的 PaperFirst 数据库：是 ProceedingsFirst 的相关库，收录了 1993 年 10 月至今的大英图书馆资料提供中心接收到的在世界范围召开的会议、联合会、博览会、专题会、专业会、学术报告会的会议目次表。

④ ACM Digital Library（http://portal. acm. org/dl. cfm）：收录了美国计算机协会（Association for Computing Machinery）的各种会议、电子期刊和快报等文献。

7.5 科技报告及数据库

7.5.1 科技报告概述

（1）科技报告及其特点

科技报告（Science and Technology Report）指研究人员对某一专题研究的过程、进展情况记录或取得成果后撰写的正式报告，包括科技报告、社会科学报告、咨询报告等。其特点是反映最新研究成果，内容详尽与专深，应用价值高。

科技报告 20 世纪 20 年代开始产生，第二次世界大战后发展迅速，现已成为主要报道科技最新成果的文献类型之一。全世界每年产生科技报告 80 余万件，是各国政府、科研部门、科技人员之间进行科研交流的主要媒介。世界上各发达国家及部分发展中国家每年都有相当数量科技报告产生，目前科技报告量最大的国家仍是美国，著名的有美国四大科技报告。

从报道的内容看，科技报告大多都涉及高、精、尖科学研究和技术设计及其阶段进展情况，客观地反映科研过程中的经验和教训。科技报告一般单独成册，所报道成果一般必须经过主管部门组织有关单位审定鉴定，其内容专深、可靠、详尽，而且不受篇幅限制，可操作性强，报告迅速。有些报告因涉及尖端技术或国防问题等，所以一般控制发行。

（2）科技报告的类型

① 按流通范围可分为：绝密报告（Top Secret Report）、机密报告（Secret Repot）、秘密报告（Confidential Repot）、非密限制发行报告（Restricted Repot）、非密报告（Unclassified Repot）、解密报告（Declassified Repot）。科技报告解密后可以正式发表，但多数不公开发表，仅供有关部门使用或参考。

② 按研究进展程度可分为：初步报告、进展报告、中间报告、终结报告。

③ 按内容可分为：基础理论研究和工程技术两大类。

④ 按形式可分为：技术报告、技术札记、技术论文、技术备忘录、通报、技术译文、合同户报告、特种出版物等。

（3）科技报告的作用

科技报告的作用主要有：有利于科技信息积累，提高科研起点，促进科技创新；有利于科技信息传播交流，促进成果转化；有利于为科研管理部门科学决策提供依据；有利于杜绝虚假行为，倡导诚信务实的科学精神。

7.5.2　我国科技报告数据库

（1）万方数据科技成果数据库

万方数据知识服务平台收录的成果主要包括国内科技成果、科技决策支持性信息、科技奖励项目信息等内容。主要内容由中国科技成果数据库、科技成果精品数据库、中国重大科技成果数据库、科技决策支持数据库、国家级科技授奖项目数据库、全国科技成果交易信息数据库 6 个数据库组成，内容涉及自然科学的各个领域。

（2）CNKI 国家科技成果数据库

CNKI 国家科技成果数据库收录了 1978 年以来所有正式登记的中国科技成果，按行业、成果级别、学科领域分类。与通常的科技成果数据库相比，CNKI 国家科技成果数据库每条成果的知网节集成了与该成果相关的最新文献、专利、标准等信息，可以完整地展现该成果产生的背景、最新发展动态、相关领域的发展趋势，可以浏览成果完成人与完成单位更多的论述以及在各种出版物上发表的信息。

（3）国研网科技报告

国研网（http://www.drcnet.com.cn/）以国务院发展研究中心丰富的信息资源和强大的专家阵容为依托，全面整合中国宏观经济、金融研究和行业经济领域的专家资源及研究成果，并与海内外众多著名的经济研究机构和经济资讯提供商紧密合作，已建成了内容丰富、检索便捷、功能齐全的大型经济信息数据库，包括国研报告、宏观经济报告、金融中国、行业经济报告、世界经济与金融评论等研究报告。

7.5.3　美国科技报告及数据库

7.5.3.1　美国政府科技报告

在世界各国数量庞大的各类科技报告中，以美国政府的科技报告为最多。其中，历史悠久、报告量多、参考和利用价值大的主要有四类，即通常所说的“四大科技报告”，即行政系统的 PB 报告、军事系统的 AD 报告、航空与宇航系统的 NASA 报告和能源系统的 DOE 报告。获取“四大科技报告”可检索美国商务部下属的全国技术信息服务处的 NTIS 数据库。此外，获取 AD 报告可访问国防技术情报中心科技信息网络服务器，获取 NASA 报告可选择检索 NTRS 数据库，获取 DOE 报告可访问能源部所属的科技信息办公室创立的能源科技虚拟图书馆 DOE information Bridge。除了“四大科技报告”，还有 COM 报告（美国商务部的入藏报告）、RAND 报告（兰德公司的报告）、E 报告（地球资源调查报告）、EIS 报告（环境影响报告）、HRP 报告（健康资源规划报告）等。“四大科技报告”的基本情况介绍如下。

（1）PB 报告

第二次世界大战结束时，美国从当时的战败国德、日、意、奥等国获得了一批战时机密资料。美国政府为了系统地整理、利用这批资料，于 1945 年成立了美国商务部出版局，负责出版这些资料。每件资料都冠以出版局的英文名称的字首“PB”为代号，故称为 PB 报告。20 世纪 50 年代的报告主要是国内各研究机构及有关单位发表的科技文献，包括 AD 报告、NASA 报告、AEC 报告的公开部分，这三种报告也冠以 PB 代码，直到 1961 年 7 月。20 世纪 60 年代后的内容逐步从军事科学转向民用，并侧重于土木建筑、城市规划、环境污染等方向。1980年始采用新的编号，即“PB+年代+顺序号”。

（2）AD报告

AD报告原为美国武装部队技术情报局（ASTIA）收集、出版的科技报告，始于1951年。由ASTIA统一编号，称为ASTIA Document，简称AD报告。AD报告是美国陆海空三军科研机构的报告，也包括公司企业及外国的科研机构和国际组织的研究成果及一些译自苏联等国的文献。AD报告的内容不仅包括军事方面，也广泛涉及许多民用技术，包括航空、军事、电子、通信、农业等22个领域。AD报告的密级包括机密、秘密、内部限制发行、非密公开发行四级。报告号的编号方法起初采取混排，后在AD后再加一个字母，以区分不同密级，如AD—A表示公开报告；AD—B表示内部限制发行报告；AD—C表示秘密、机密报告等。

（3）NASA报告

NASA是美国国家航空和宇航局的缩写，NASA报告的内容侧重于航空和空间技术领域，同时广泛涉及许多基础学科和技术学科。NASA报告号采用“NASA—报告类型—顺序号”的表示法。

（4）DOE报告

DOE报告是美国能源部（DOE）出版的报告。它原是美国原子能委员会（AEC）出版的科技报告，称AEC报告。AEC组织成立于1946年，1974年撤销，成立了能源研究与发展署（ERDA）。AEC报告的内容除主要为原子能及其应用外，还涉及其他学科领域。ERDA和DOE报告的内容则由核能扩大到整个能源领域。

7.5.3.2　美国科技报告数据库

（1）NTIS数据库

NTIS数据库（http://www.ntis.gov/）主要包括美国商务部的PB报告、国防部的AD报告、航空与航天局的NASA报告和能源部的DOE报告，还包括美国农业部、教育部、环保局等部门的科技报告；同时也收录其他国家（加拿大、日本、德国和欧洲各国等）以及一些国际组织的报告。NTIS提供来自200多个政府机构及国际组织的与科技、工程、商业有关的官方信息的服务，还提供所有与NTIS出版和发行有关的信息。目前数据库目录信息超过200万条，全文信息60万条以上，年增信息3万条以上，内容覆盖科学技术各个专业领域。数据库中75%的文献是科技报告，其他文献有专利、会议论文、期刊论文、学位论文、书目、计算机产品、试听材料等。

（2）DOE Information Bridge数据库

美国能源部所属的科技信息办公室创立的能源科技虚拟图书馆DOE information Bridge（http://www.osti.gov/），提供了题录和全文混合技术报告数据库，该数据库能够检索并获得美国能源部提供的研究与发展报告信息或全文，内容涉及物理、化学、材料、生物、环境、能源技术、信息科学和工程等领域。

（3）NTRS数据库

NTRS全称为NASA Technical Report Server，可提供NASA报告的检索（http://ntrs.nasa.gov/）。NASA报告的主要内容是航空学、空气动力学、飞行器的指导及测量仪器等，同时也收录机械、化工、冶金、电子、气象等与航空航天密切相关的文献信息。

7.6 标准文献及其检索

7.6.1 标准的类型与编号

7.6.1.1 概述

标准是对重复事物和概念所作的统一规定。标准文献是指在有关方面的通力合作下，按照规定程序编制并经主管机关批准，以特定形式发布，为在一定范围内获得最佳秩序，对活动或其结果规定的重复使用的规则、准则、定额或要求的文件，是记录和传播标准化工作具体化成果的重要载体，是一种非常重要的信息源。从 1901 年英国成立世界上第一个全国标准化机构直至今天，已有 100 多个国家和地区成立了全国性标准化组织，其中 90 多个国家和地区制定有国家标准。随着科学技术和经济的发展，各种标准也随之不断补充、修订和更新。

7.6.1.2 标准的类型

（1）按使用范围分

① 国际标准：指经国际标准组织通过的标准与一定情况下经从事标准化活动的国际组织所通过的技术规范，其具有通用性。如 ISO，IEC 等。

② 区域性标准：指经区域性标准化组织通过的标准或在一定情况下经从事标准化活动的区域性组织通过的技术标准。如欧洲电工标准化委员会标准（CENELEC）。

③ 国家标准：由国家标准化主管机构批准发布，在全国范围内统一的标准，如中国国家标准 GB，美国标准 ANSI。

④ 行业标准：某一专业的标准和相关专业的标准，如我国的纺织行业标准 FZ，轻工业标准 QB，化工行业标准 HG，机械行业标准 JB 等。

⑤ 地方标准：指各国国家的地方一级行政机构（省、州和加盟共和国）制定的标准，由地方所属的各企业单位执行，如上海标准 SH。

⑥ 企业标准：由企业和部门批准的企业和部门标准，在企业和部门内使用，如美国波音飞机公司（BACO）标准。

（2）按内容和性质分

① 技术标准：包括基础标准、产品标准、方法标准、安全与环境保护标准。

② 管理标准：包括技术管理标准、生产组织标准、经济管理标准、行政挂零标准、业务管理标准、工作标准。

（3）按成熟度分

① 强制性标准：即具有法律属性，在一定范围内通过法律、执政等强制手段加以实施的标准。强制性标准一经颁布，必须贯彻执行，否则，造成恶劣后果和重大损失的单位或个人要受到制裁或承担法律上的责任。

② 推荐性标准：即指生产、交换使用等方面，通过经济手段或市场调节而自愿采用的一类标准。这类标准，任何单位有权决定是否采用，但一旦纳入商品经济合同之中采用，则成为共同遵守的技术依据，必须严格执行，具有法律约束力。

此外还有试行标准和草案标准。

7.6.1.3 我国标准的编号

我国标准化工业始于1956年，1978年5月国家标准总局成立，1979年7月颁布《中华人民共和国标准管理条例》。至2022年，我国已建立1300多个全国标准化专业技术委员会，发布国家标准4万多项、行业标准7.6万多项、地方标准5.3万多项、团体标准近3万项，自我声明公开的企业标准200多万项。

（1）我国国家标准编号

用两个汉语拼音大写字母表示，编号由“标准代号＋顺序号＋批准年代”组成。其编号有三种：GB ××××—××××为强制性标准；GB/T ××××—××××为推荐性标准；GB/＊ ××××—××××为降为行业标准并尚未转化的原国家标准。

（2）我国行业标准编号

强制性行业标准由“行业标准代号＋顺序号＋批准年代”组成，如纺织行业标准用FZ ××××—××××表示，又如轻工业标准用QB表示、化工行业标准用HG表示、机械行业标准用JX表示等等。推荐性行业标准由“行业主管部门名称的汉语拼音首字母＋顺序号＋批准年代”再加上“/T”表示。如FZ/T ××××—××××。

（3）我国地方标准

强制性地方标准的编号由“DB（地方标准代号）＋省、市代码＋顺序号＋标准颁布年代”组成，如DB42××××—××××为湖北地方标准。推荐性地方标准“DB（地方标准代号）＋省、市代码＋顺序号＋标准颁布年代”再加“/T”，如DB42/T××××—××××。

（4）我国企业标准

企业标准编号由企业标准代号、Q、企业所在行政区代码、企业代号、标准顺序号、标准发布代号组成。

7.6.2 国内标准文献检索

（1）国家标准全文公开系统

国家标准全文公开系统（https://openstd.samr.gov.cn/bzgk/gb/）公开了国家市场监督管理总局、国家标准委2017年1月1日前已批准发布的所有强制性国家标准、推荐性国家标准（非采标）、指导性技术文件，国家市场监督管理总局、国家标准委自2017年1月1日后新发布的国家标准，在《国家标准批准发布公告》发布后20个工作日内公开标准文本，其中涉及采标的推荐性国家标准的公开，在遵守国际版权政策前提下进行，食品安全、环境保护、工程建设方面的国家标准未纳入该系统。

（2）国家标准馆服务平台

中国标准化研究院国家标准馆成立于1963年，馆藏历史始于1931年，目前已形成覆盖国际、国内各类标准的文献资源库和信息库，藏有60多个国家，70多个国际和区域性标准化组织，450多个专业学（协）会的成套标准以及全部中国国家标准和行业标准，馆藏标准文献资源达160余万件，数据总量现已超过199万条。近几年，根据国家科技发展需求及“一带一路”倡议的实施，标准馆又重点补充了新兴领域、重点产业和“一带一路”沿线国家的标准文献资源，新增了巴西、印度、马来西亚、印尼、泰国、越南、沙特、埃及等国家标准。

国家标准馆在整合全国已有标准文献资源的基础上，形成了规模庞大的标准文献题录数据库、全文数据库和专业数据库，通过门户网站“国家标准文献共享服务平台”（https://www.nssi.org.cn/）提供各类在线检索与服务。

（3）万方数据标准数据库

万方数据知识服务平台标准数据库可检索到中国国家标准、中国行业标准、国际标准、国际电工标准、美国国家标准、欧洲标准、德国国家标准、英国国家标准、法国国家标准、日本工业标准、中国建设标准等 16 个数据库，内容涉及机械、冶金、电子、化工、石油、轻工、纺织、矿业、土木、建筑、建材、农业、交通、环保等行业。提供中英文标题、中英文主题词、专业分类等信息。

（4）CNKI 中国标准数据库

中国知网（CNKI）的中国标准数据库收录了国家标准（GB）、国家建设标准（GBJ）、中国行业标准的题录信息，标准的内容来源于中国标准化研究院标准馆。

7.6.3 国外标准文献检索

7.6.3.1 ISO 标准检索

（1）概述

ISO 国际标准化组织（International Organization for Standardization，ISO）是由多国联合组成的非政府性国际标准化机构，1946 年成立于瑞士日内瓦，负责制定在世界范围内通用的国际标准，以推进国际贸易和科学技术的发展，加强国际间经济合作。ISO 的技术工作是通过技术委员会（TC）来进行的。根据工作需要，每个技术委员会可以设若干分委员会（SC），TC 和 SC 下面还可设立若干工作组（WG），负责除电气领域外的一切标准化工作，其所有标准每隔 5 年将重新审定一次。ISO 制定的标准推荐给世界各国采用，而非强制性标准，ISO 颁布的标准在世界上具有很强的权威性、指导性和通用性。

ISO 网站（http://www.iso.org/）可检索 ISO 的所有已颁布标准，并提供在线订购全文服务。可以输入关键词进行检索，也可以浏览标准目录。浏览方式提供两种，一是按国际标准分类进行浏览，二是按 TC 委员会上下级名称进行浏览。

（2）ISO 国际标准的编号及分类

①正式标准：国际标准号的结构为 ISO＋序号＋制（修）订年份，如 ISO 029955—1983；推荐国际标准号的结构为 ISO/R＋序号＋制（修）订年份，如 ISO/R2101—1971；技术报告号的结构为 ISO/TR＋序号＋制（修）订年份，如 ISO/TR7470—1978。

② 标准草案：建议草案指有关技术委员会制订并供自身内部讨论研究的建议草案，其标准号结构为 ISO/DP＋序号＋制（修）订年份，如 ISO/DP8688—1984；标准草案指经中央秘书处登记后发至各个成员国进行酝酿，最后付诸表决的标准草案，其标准号的结构为 ISO/DIS＋序号＋制（修）订年份，如 ISO/DIS7396—1984。

③ ISO 国际标准的分类：1988 年以前其类目是按制订标准的技术委员会（TC）的名称设立的，如 TC—38 纺织。1988 年后，其类目采用国际标准分类表（International Classification for Standard，简称 ICS），如 005 Fudamental standards 基础标准。

7.6.3.2 IEC 标准检索

（1）概述

国际电工委员会（International Electrical Commission 简称 IEC），成立于 1906 年，与 ISO 并列为两大国际性标准化组织。IEC 负责电气和电子领域中标准化组织的协调工作，制定电子、电力、电信及原子能学领域的国际标准。我国于 1957 年加入 IEC，IEC 现有 97 个技术委员会。IEC 网址为 http://www.iec.ch/。

（2）IEC 国际标准的编号

IEC 标准的编号构成为："IEC＋顺序号＋制（修）订年份"，如 IEC68—2-1—1974，IEC 指标准代号，68 指顺序号，2-1 指该标准的第二部分的第一部分；又如 IEC249—1A—1970，IEC 指标准代号，249 指顺序号，1 指该标准的第一部分，A 指补充标准。

（3）IEC 标准数据库检索

IEC 标准检索界面上提供了快速获取、文本检索与高级检索三种检索方式。"快速获取"可输入公开号进行检索。"文本检索"支持截词检索、逻辑与、逻辑或检索，可使用关键词、IEC 标准号、出版号、委员会编号、出版日期等进行检索。"高级检索"可对标准组织和委员会进行选择，可设定检索日期，多个检索项可单独使用，也可组合起来进行检索。

检索结果可显示命中记录条数、标准编号、标准名称、版次、语种、全文文本格式，继续点击标准编号，可阅读标准文摘、所属技术委员会小组、价格、ICS 类号、订购全文信息等，并可对部分标准原文进行预览。可通过 IEC 的国家委员会和其在各国的销售代理获取标准全文。

7.6.3.3 美国国家标准检索

美国标准可以通过美国国家标准学会（ANSI）和美国国家标准与技术研究院（NIST）的网站进行检索。

（1）ANSI 标准检索

美国国家标准中有一小部分是由美国国家标准学会（American National Standards Institute，ANSI）制定的，大部分是该学会各专业标准中选择的对全国具有重要经济意义的标准。这些标准经 ANSI 各专业委员会审核后提升为国家标准，并给以 ANSI 代号和分类号。美国国家标准（ANSI）的编号的构成为："ANSI＋分类号＋序号＋年代"，如 ANSI/AATTCC 35—85。美国国家标准（ANSI）文献的手工检索工具主要为《美国国家标准目录》（Catalog of American National Standards）。ANSI 网站（http://www.ansi.org/）可进行标准检索与浏览，并可订购或下载标准全文。

（2）NIST 标准检索

美国国家标准与技术研究院（National Institute of Standards and Technology，NIST）直属美国商务部，从事物理、生物和工程方面的基础和应用研究，以及测量技术和测试方法方面的研究，提供标准、标准参考数据及有关服务。NIST（http://www.nist.gov/）提供 NIST 标准资源、标准数据库、标准化组织、标准出版物和参考书目等相关链接，可进行标准的检索。

7.6.3.4 英国标准检索

（1）概述

英国标准由英国标准学会（British Standards Institution，BSI）制定，其标准不分类，标准目录按专业出版，共分 40 多种目录。英国标准学会是世界上第一个国家标准化机构，英国政府承认并支持的非营利性民间团体。成立于 1901 年，总部设在伦敦。1901 年，由英国土木工程师学会（IEC）、机械工程师学会（IME）、造船工程师学会（INA）与钢铁协会（ISI）共同发起成立英国工程标准委员会（ESC 或 BESC），并于同年 4 月 26 日在伦敦召开第一次会议。这是世界上第一个全国性标准化机构。1902 年电气工教师学会（IEE）加入该委员会，英国政府开始给予财政支持。1902 年 6 月又设立标准化总委员会及一系列专门委员会。专门委员会的任务是制定技术规格，如电机用异型钢材、钢轨、造船及铁路用金属材料等标准。1918 年，标准化总委员会改名为英国工程标准协会（BESA）。1929 年 BESA 被授予皇家宪章。1931 年颁布补充宪章，协会改用现名（BSI）。

BSI 是国际标准化组织（ISO）、国际电工委员会（IEC）、欧洲标准化委员会（CEN）、欧洲电工标准化委员会（CENELEC）、欧洲电信标准学会（ETSI）创始成员之一，并在其中发挥着重要作用。英国标准编号的构成："BS＋序号年代"。

标准文献的手工检索工具主要为《英国标准学会出版物目录》：该目录由三部分组成：标准序号目录、主题索引、ISO 标准和 IEC 标准与 BS 对照表。

（2）BSI 数据库检索

BSI 网站（http://www.bsigroup.com/）提供标准的检索和浏览，注册用户还可直接在线订购标准。在检索框中可输入关键词、标准号或 ICS 代码可进行检索也可按主题浏览所有的标准目录。检索结果显示标准目录信息，包含标准号、名称、价格等信息。

7.6.3.5　日本标准检索

日本工业标准（Japanese Industrial Standard，JIS）为国家标准，由日本工业标准调查会（JISC）制定，范围几乎包括日本所有工业领域的标准，还包括药品、化肥、农药、畜产品、水产品及农林产品的标准。JIS 标准的编号结构："JIS＋字母类号＋数字类号＋序号年代"。JIS 标准文献的手工检索工具有：①《JIS 标准总目》：它是日本工业标准的主要检索工具，每年出版一次，报道 3 月底以前出版的日本工业标准，包括分类目录和主题索引两部分。②《JIS 标准年鉴》：年鉴中的主题索引按英文主题词的字母顺序排列，用英文主题词检索 JIS 标准。

日本标准可通过日本标准学会（Japanese Standard Association，JSA）或日本工业标准调查会（Japanese Industrial Standards Committee，JISC）的网站进行检索。

习　　题

1. 什么是专利？专利有哪些类型？保护期限有多久？
2. 专利有何特点？专利的三性指的是什么？
3. 不授予专利权的领域有哪些领域？
4. 如何理解专利的优先权？
5. 什么是专利文献？专利说明书主要由哪几部分组成？
6. 试述《国际专利分类表》及其结构。
7. 自拟一项技术或产品类课题，利用国家知识产权局专利检索及分析系统进行检索实习。

8. 试述 EPO 专利数据库的检索技术和检索方式。自拟一项技术或产品类课题进行检索实习。

9. WIPO 专利数据库提供哪几种检索方式？自拟一项技术或产品类课题进行检索实习。

10. 试述 USPTO 专利数据库的收录范围和检索方式。自拟一项技术或产品类课题进行检索实习。

11. 检索国内学位论文的数据库有哪些？自拟一项课题进行检索实习。

12. 简述 PQDT 数据库的检索技术和检索方式。自拟一项课题进行检索实习。

13. 国内会议论文网上数据库有哪些？自拟一项课题进行检索实习。

14. 国外会议论文的检索途径有哪些？

15. 试述国内外科技报告的检索途径。

16. 试述国内外标准的检索途径。

第 8 章 核心期刊、引文索引与科研评价工具

8.1 核心期刊

8.1.1 核心期刊的概念

20 世纪 30 年代，英国的文献计量学家布拉德福就提出了核心期刊的概念。布拉德福发现学科文献在期刊中的分布是有规律的，即少数期刊集中了大量的某个学科的论文，而其他期刊则很少出现该学科的论文。1934 年时，他将这种分布规律用数学表达式来表现："对某一个主题而言，将科学期刊按其登载相关论文数量降序排列时，都可以划分出对该主题最优贡献的核心区，以及论文数量与之相等的几个区，核心区与相继各区的期刊数量成 1：a：a^2……的关系。"后人将此规律称之为"布拉德福文献分散定律"（图 8-1）。布拉德福首次提出了核心区的概念，从此以后许多的研究人员对这种核心期刊的现象进行了进一步的研究，从多个角度论证了核心期刊的存在。

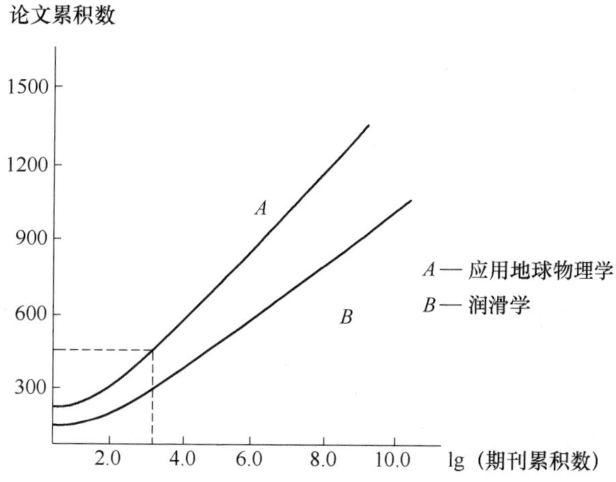

图 8-1 布拉德福相关论文分布曲线

1967 年，联合国教科文组织的一篇文章指出"从物理学和化学领域的重要文摘杂志中发现了一条规律，它们所列出的或编成文摘的 75％的论文，仅来自它们所收摘的全部期刊的 10％"。1969 年，高夫曼、莫利斯通过统计分析，证实按期刊流通量数据的分布近似服从布拉德福文献分散规律，存在核心期刊效应。

ISI Web of Science 的创始人加菲尔德在 20 世纪 60 年代对期刊论文的文后参考文献做了大量的统计分析工作，得到了大量被引用论文集中在少数期刊中，而少量的被引用论文散布在大量期刊中的结论。加菲尔德在 1971 年统计了 2000 种期刊中的约 100 万篇参考文献后发现，24％的被引频次高的文章出自 25 种期刊，50％被引频次高的文章出自 152 种期刊，75％被引频次高的文章出自 767 种期刊，而其余的被引文章则散布在数量大得多的期刊中。1996 年加菲尔德的文章中再一次论证了这个结论，以 1994 年的 SCI 数据统计，引文中的 85％论文来自大约 2000 种期刊，而这些论文的被引频次占总被引频次的 95％，再一次证明了重要的学术论文集中在少数期刊上现象的存在，并且加菲尔德还认为

某个学科的“尾部期刊”是其他学科的核心期刊，从另外一个角度论证了核心期刊的现象。

某学科核心期刊是指刊载该学科学术论文较多的、论文被引用较多的、受读者重视的、能反映该学科当前研究状态的、最为活跃的那些期刊。

8.1.2 核心期刊的特点

（1）学科性

核心期刊通常是特指学术性期刊，总与学科联系在一起。核心期刊是在学科文献的范围内产生的，由于学科之间的交叉渗透，一个学科的核心期刊包括一定数量的交叉学科期刊是正常的。学科的划分对核心期刊筛选结果有很大影响。

（2）集中性和代表性

某一学科的核心期刊能集中该学科的大部分重要文献，能反映该学科当前的研究状况和发展方向。自然科学文献的集中效应比较好，社会科学文献的比较差。核心期刊的数量要尽可能少，但包含的文献量要尽可能多，这是确定核心期刊数量的原则。

（3）动态性

科学技术日新月异，反映科学活动成果的学术期刊自然也随之不断发展和变化，因此核心期刊不是一成不变的，而是动态变化的，需要通过定期重新筛选，对核心期刊表进行修订和完善。

（4）相对性

不同评价指标，核心期刊表不相同；不同时期，核心期刊表也不相同；核心期刊的数量是可以根据需要确定的；统计工具总会存在这样那样的问题、筛选方法总是有这种或那种缺陷。因此实际筛选结果只能从总体上反映学科期刊的状况，排序不可能完全准确，某些重要期刊可能会被遗漏；核心和非核心是一个相对概念。

（5）累积性

从期刊载文的学科情况看，有的刊会在某一段时间内侧重发表某一方面的文章，因此较长期限的统计数据才能反映期刊的全面情况。从统计学角度看，极小的数量差异可能是由于偶然因素造成的，不应具有实质性的统计意义，即被评价的两种期刊的同一数据指标相比，如果仅有很小的差异，并不一定确实表示他们之间的质量差异。统计的样本要大，统计数据才能有意义。一般来讲，统计数据包含的期刊面应该尽量宽，统计年限以三年为限比较恰当。

（6）权威性和实用性

核心期刊现象是一种社会现象，社会现象具有强烈的人为性、不确定性和不可重复性，因此核心期刊研究不可能达到精密自然科学常用的方程式、微积分那样的程式化程度。根据文献计量学原理统计分析得出的结果从理论上讲是客观的，但实际上由于各种原因（学科划分、指标系统、统计源等方面固有的问题和不足）会产生偏差。定量分析结果如果经过专家定性评审，纠正偏差和不足，会更符合客观实际，增加其权威性和实用性。

8.2　核心期刊评价

8.2.1　核心期刊评价方法

根据评价指标，核心期刊评价方法包括载文法、文摘法、引文法、流通量法和专家评审法等。根据数据处理方法，核心期刊评价方法包括区域法、图像法和累积百分比法等。

8.2.2　核心期刊评价指标

通常，核心期刊评价指标有被索量、被摘量、被引量、他引量、引用半衰期、被摘率、影响因子、h 指数、国际化程度、获奖或被重要检索工具收录、Web 下载量等。期刊引证报告中常用的指标包括：

（1）影响因子

影响因子（Impact Factor，IF）是一个国际上通行的期刊评价指标，是加菲尔德于 1972 年提出的，是对文献或文献集合获得客观响应，反映其重要性的宏观度量。由于它是一个相对统计量，所以可公平地评价和处理各类期刊。通常，影响因子越大，表明期刊的影响力越大，刊登在该期刊上的论文学术价值就越高，相应地论文也越难刊登在此期刊上。但应注意的是，影响因子是针对期刊而言，而不是针对论文而言，因此 IF 只适合于评价期刊的影响力大小，而不适合于评价期刊上的某篇论文的质量好坏。

影响因子有二年影响因子和五年影响因子，影响因子通常是指二年影响因子，二年影响因子是指某期刊前两年发表的文章在统计当年平均被引用次数，具体算法为：

二年影响因子=(某期刊前两年发表论文在统计当年被引用的总次数)/(该刊前两年发表论文总数)。

五年影响因子是指某期刊前五年发表的文章在统计当年平均被引用次数。具体算法为：

五年影响因子=(某期刊前五年发表论文在统计当年被引用的总次数)/(该刊前五年发表论文总数)。

ISI 每年出版期刊引用报告（Journal Citation Reports，JCR）。JCR 对《科学引文索引》（SCI）收录的期刊之间的引用和被引用数据进行统计、运算，并针对每种期刊定义了影响因子等指数加以报道。一种刊物的影响因子越高，其刊载的文献被引用率越高，说明这些文献报道的研究成果影响力大，反映该刊物的学术水平高。论文作者可根据期刊的影响因子排名决定投稿方向。

由于统计源的学科结构差别，以及各个学科自身发展的特点和特有引文行为的不同，如科学家研究行为的社会性、学科间交叉渗透的程度、学科发展所处的阶段等，引用率在各个学科之间具有较大的差异性，由此产生了不同学科论文之间影响因子的不可比性。如物理、生化研究方面的任何发现，都会被国际同行重视和引证，研究论文被上百次引用的情况也不少见。而地学、植物学等，由于研究对象具有很强的地域性，研究论文被同行引用的情况相对就少许多，这与论文的实际水平并没有根本的关系。

Seglen 指出在典型的期刊中，大约 15%的文章的引用率占其总引用率的 50%。这意味着即使是在一份期刊因子高的期刊上发表的文章，其被引用次数事实上并不一定比一个影响因子较低的期刊的论文的平均引用频率高。

不同学科、研究领域期刊影响因子是不可比的。影响因子在实践中作为同种期刊评价的测度指标是可行的，但如果用它来评价科学家个人的成果就不甚合理了。

（2）h 指数

为了解决文献计量学家在微观层面研究中所遇到的困难，美国物理学家赫希（Jorge E. Hirsch）于2005年提出了一种评估学者个人研究绩效的新指标——h 指数。Hirsch 定义的 h 指数为：当且仅当一个科学家有 h 篇被引次数至少为 h 的论文，同时剩余论文的被引次数都小于 h 时，该科学家的成就分值为 h。h 指数巧妙地将数量指标和质量指标结合在一起，克服了其他评价科学工作成果的单项指标的缺点。

匈牙利科学计量学家布劳恩（Tibor. Braun）等人进一步扩大了 h 指数的适用范围，将 h 指数引入学术期刊的影响力评价中。期刊 h 指数的定义为：对于一种期刊，如果它发表的全部论文中有 h 篇文章，每篇被引用数至少为 h，同时要满足 h 这个自然数为最大，那么该值即为该期刊的 h 指数（Braun，2006）。将该指标应用于整个期刊评价体系中，可以从一定程度上完善现有的评判方法，从更广阔的角度给予期刊使用者们有益支持。期刊 h 指数同影响因子等指标量综合使用，会从不同的角度揭示信息，进一步将期刊的真实水平加以再现。

（3）总被引频次

指该期刊自创刊以来所登载的全部论文在统计当年被引用的总次数。这是一个非常客观实际的评价指标，可以显示该期刊被使用和受重视的程度，以及在科学交流中的作用和地位。

（4）立即指数

立即指数（Immediacy Index）也称为即年指标，这是一个表征期刊即时反应速率的指标，主要描述期刊当年发表的论文在当年被引用的情况。

（5）他引率

指该期刊全部被引次数中，被其他期刊引用次数所占的比例。

（6）学科影响指标

指期刊所在学科内，引用该刊的期刊数占全部期刊数量的比例。

（7）被引半衰期

被引半衰期（Cited Half-Life）指该期刊在统计当年被引用的全部次数中，较新一半是在多长一段时间内发表的。被引半衰期是测度期刊老化速度的一种指标，通常不是针对个别文献或某一组文献，而是对某一学科或专业领域的文献的总和而言。

（8）引用半衰期

也称为施引半衰期（Citing Half-Life），指该期刊引用的全部参考文献中，较新一半是在多长一段时间内发表的。通过这个指标可以反映出作者利用文献的新颖度。

其中，期刊引用计量指标主要显示该期刊被读者使用和重视的程度，以及在科学交流中的地位和作用，是评价期刊质量优劣的重要依据和客观标准。来源期刊计量指标通过对来源文献方面的统计分析，全面描述了该期刊的学术水平、编辑状况和科学交流程度，也是评价期刊的重要依据。

8.3　国内核心期刊体系与引文索引系统

国内核心期刊体系和引文索引系统主要有：①北京大学图书馆《中文核心期刊要目总览》；②中国科学院文献情报中心“中国科学引文数据库（CSCD）”；③中国科学技术信息研究所“中国科技论文统计源期刊”；④南京大学“中文社会科学引文索引（CSSCI）”。

8.3.1　《中文核心期刊要目总览》

《中文核心期刊要目总览》是由北京大学图书馆及北京十几所高校图书馆众多期刊工作者及相关单位专家参加的中文核心期刊评价研究项目成果，主要是为图书情报部门对中文学术期刊的评估与订购、为读者导读提供参考依据。

《中文核心期刊要目总览》在 2008 年之前每 4 年更新研究和编制出版一次，2008 年之后，改为每 3 年更新研究和编制出版一次，每版都会根据当时的实际情况在研制方法上不断调整和完善，以求研究成果能更科学合理地反映客观实际。研究方法是定量和定性相结合的分学科评价方法，核心期刊定量评价采用被摘量（全文、摘要）、被摘率（全文、摘要）、被引量、他引量（期刊、博士论文、会议）、影响因子、他引影响因子、5 年影响因子、5 年他引影响因子、特征因子、论文影响分值、论文被引指数、互引指数、获奖或被重要检索工具收录、基金论文比（国家级、省部级）、Web 下载量、Web 下载率等评价指标；在定量评价的基础上，再进行专家定性评审。经过定量筛选和专家定性评审，从我国正式出版的中文期刊中评选出核心期刊。

8.3.2　中国科学引文数据库（CSCD）

（1）概述

中国科学引文数据库（Chinese Science Citation Database，简称 CSCD）创建于 1989 年，1999 年起作为中国科学文献计量评价系列数据库之 A 辑，由中国科学院文献情报中心与中国学术期刊（光盘版）电子杂志社联合主办。通过清华大学和中国科学院资源与技术的优势结合和多年的数据积累，CSCD 已发展成为我国规模最大、最具权威性的科学引文索引数据库，为中国科学文献计量和引文分析研究提供了强大工具。

中国科学引文数据库是我国第一个引文数据库，1995 年 CSCD 出版了我国的第一本印刷本《中国科学引文索引》，1998 年出版了我国第一张中国科学引文数据库检索光盘，1999 年出版了基于 CSCD 和 SCI 数据，利用文献计量学原理制作的《中国科学计量指标：论文与引文统计》，2003 年 CSCD 上网服务，推出了网络版，2005 年 CSCD 出版了《中国科学计量指标：期刊引证报告》。2007 年中国科学引文数据库与美国 Thomson-Reuters Scientific 合作，中国科学引文数据库将以 ISI Web of Knowledge 为平台，实现与 Web of Science 的跨库检索。中国科学引文数据库是 ISI Web of Knowledge 平台上第一个非英文语种的数据库。

中国科学引文数据库分为核心库和扩展库。核心库的来源期刊（以 C 为标记）经过严格的评选，是各学科领域中具有权威性和代表性的核心期刊。扩展库的来源期刊（以 E 为标记）也经过大范围的遴选，是我国各学科领域较优秀的期刊。CSCD 来源期刊每两年更新一次。

CSCD依据年度数据进行统计，统计的对象涵盖机构、地区、基金资助、合作研究、人才研究、文献评价等多方面，从论文的产出力和影响力两个层面，较为全面地揭示了我国自然科学领域论文产出及影响的机构和区域分布，揭示了在我国科研领域论文发表最多的学者，排列出在我国科学研究中作者引用率最高的专著和期刊，为广大用户，尤其是科研管理部门提供了一份重要的、量化的参考依据。

（2）检索方式

进入“中国科学文献服务系统”（http://sdb.csdl.ac.cn/），点击中国科学引文数据库（CSCD），进入检索界面。CSCD提供了“来源文献检索”（图8-2）和“引文检索”两种检索方式。“来源文献检索”界面具有作者、第一作者、题名、刊名、ISSN、文摘、机构等检索字段，可添加检索框，并可从论文发表时间、学科范围进行限定检索。“引文检索”界面具有被引作者、被引第一作者、被引来源、被引机构、被引实验室、被引文献主编6个检索字段，可从论文发表时间、论文引用时间进行限定检索。使用“引文检索”，用户可迅速从数百万条引文中查询到某篇科技文献被引用的详细情况，还可以从一篇早期的重要文献或著者姓名入手，检索到一批近期发表的相关文献，对交叉学科和新学科的发展研究具有十分重要的参考价值。引文索引主要功能包括：

① 在某一学科领域内，哪些期刊学术影响力最大。

② 某一种期刊被引用了多少次。

③ 某一种期刊出版后多久被引用。

④ 某一种期刊引用其他期刊多少次。

⑤ 帮助科研人员确定相关领域的核心期刊并发表您的论文，提高您论文的知名度，让更多的同行专家了解评价您的论文。

⑥ 帮助期刊编辑与同类刊物相比较并评估本刊的地位，从而确定本刊的编辑和出版策略。

⑦ 帮助科研管理人员科学地评价期刊，为您开展期刊评比和择优资助提供决策依据。

图8-2　CSCD来源文献检索界面

⑧ 帮助科学计量学家开展期刊评价研究和文献老化研究，以及学科的科学评估。

8.3.3 中国科技论文统计源期刊

中国科学技术信息研究所自1987年开始从事中国科技论文统计与分析工作，自行研制了“中国科技论文与引文数据库（CSTPCD）”，并利用该数据库的数据，每年对中国科研产出状况进行各种分类统计和分析，以年度研究报告和新闻发布会的形式定期向社会公布统计分析结果，公开出版《中国科技论文统计与分析》年度研究报告、《中国科技期刊引证报告》（核心版），为政府管理部门和广大高等院校、研究机构和研究人员提供了丰富的信息和决策支持。“中国科技论文与引文数据库”选择的期刊称为“中国科技核心期刊”，又称“中国科技论文统计源期刊”。统计源期刊的选取经过了严格的同行评议和定量评价，是中国各学科领域中较重要的、能反映本学科发展水平的科技期刊。统计源期刊每年进行遴选和调整，选刊标准有17项：①总被引频次；②影响因子；③年指标；④自引率；⑤他引率；⑥普赖斯指数；⑦引用半衰期；⑧被引半衰期；⑨老化系数；⑩来源文献量；⑪参考文献量；⑫平均引用率；⑬平均作者数；⑭地区分布数；⑮机构数；⑯国际论文比；⑰基金论文比。

8.3.4 中文社会科学引文索引（CSSCI）

8.3.4.1 概述

中文社会科学引文索引（Chinese Social Sciences Citation Index，CSSCI）由南京大学中国社会科学研究评价中心开发研制。CSSCI遵循文献计量学规律，采取定量与定性评价相结合的方法从全国中文人文社会科学学术性期刊中选出学术性强、编辑规范的期刊作为来源期刊。CSSCI具体确定来源期刊的原则有：

① 入选的刊物应能反映当前我国社会科学界各个学科中最新研究成果，且学术水平较高、影响较大、编辑出版较为规范的学术刊物。

② 入选的刊物必须是正式公开出版发行，且具有ISSN或CN号。

③ 入选的刊物其所刊载的学术文章应多数列有参考文献。

④ 凡属索引、文摘等二次文献类的刊物不予收录。

⑤ 译丛和以发表译文为主的刊物，暂不收录。

⑥ 通俗刊物，以发表文艺作品为主的各体文艺刊物，暂不收录。

参照美国《科学引文索引》（SCI）选用期刊占世界科技期刊总量的比例与《中国科学引文数据库》（CSCD）选用期刊占我国科技期刊总量的比例，结合我国社科期刊出版发行的情况，确定CSSCI的来源期刊数量占我国正式刊行的社科期刊总数的8%～15%。CSSCI来源期刊收录的期刊学科门类包括：马列、哲学、经济、语言、文学、艺术、教育、历史、地理、政治、心理学、社会科学、法律、文化教育、图书情报、体育、综合等。CSSCI来源期刊每两年更新一次。

8.3.4.2 功能与检索方式

（1）功能

CSSCI通过文献之间的引用和被引用的关系揭示文献之间的内在联系。通过对某一文献、著者、机构引用和被引情况的检索，CSSCI可以实现的功能包括：统计分析功能，可对来源文献、机构发文、引文情况、期刊被引情况、作者发文量等进行各种统计和排序；可查询地区、机构、学科以及学者发表文章的情况以评估其科学研究水平，跟踪某一理论的应用、提高、发展和修正的过程，揭示学科研究与发展的基本走向，通过不同学科、领域的相关逻辑组配检索，挖掘学科新的生长点，展示实现知识创新的途径，作为学术评价的工具，为各种决策提供依据。

（2）检索方式

CSSCI 数据库（http://cssci.nju.edu.cn/）提供两种检索方式：来源文献检索和被引文献检索。

① 来源文献检索：主要用来查询本索引所选用的源刊的文章作者（所在单位）、篇名、参考文献等。检索字段包括：篇名、关键词、作者机构、作者地区、中图类号、学科类别、学位分类、期刊名称、文献类型、年代、基金类别、基金细节。

② 被引文献检索：主要用来查询作者、论文、期刊等的被引情况。检索字段包括：被引文献作者、被引文献篇名（词）、被引文献期刊、被引文献年代、被引文献类型、被引文献细节。

8.4 国外引文索引系统

国外著名的引文索引系统主要有：①科学引文索引（Science Citation Index Expanded，SCIE）；②社会科学引文索引（Social Science Citation Index，SSCI）；③艺术与人文引文索引（Arts & Humanities Citation Index，A&HCI）；④工程索引（Engineering Index，EI）；⑤科技会议录索引（Conference Proceedings Citation Index-Science，CPCI-S）；⑥社会科学与人文科学会议录索引（Conference Proceedings Citation Index-Social Science & Humanities，CPCI-SSH）。

8.4.1 科学引文索引（SCIE）

科学引文索引（Science Citation Index，SCI）是由美国科学信息研究所（Institute for Scientific Information，ISI）编辑出版的大型综合性引文检索工具，被列在国际著名检索系统之首，是国际上最具权威性的基础研究和应用基础研究成果评价的重要工具。SCI 于 1961 年创刊，原为年刊，1966 年改为季刊，1979 年改为双月刊。

SCI 的扩展版是 SCIE（Science Citation Index Expanded，SCIE），该引文数据库目前包含在科睿唯安集团的 Web of Science 核心合集中。SCIE 数据最早回溯至 1900 年，可追溯 100 多年的科技文献及其影响独特的引文脉络，可轻松地追溯课题的起源、发展和相互关系强大的信息分析和引文报告功能，分析绩效，把握趋势。截至 2022 年，SCIE 数据库收录了全球自然科学、工程技术、临床医学等领域内 178 个学科的 9400 余种有影响力的学术刊物。

8.4.2 社会科学引文索引（SSCI）

社会科学引文索引（Social Sciences Citation Index，SSCI）最早由美国科学信息研究所（ISI）编制，创刊于 1969 年。Web of Science-SSCI 是全球著名的社会科学领域引文索引数据库，目前包含在科睿唯安集团的 Web of Science 核心合集中。SSCI 收录数据的学科范围覆盖了历史、经济、管理、法学、语言学、哲学、心理学、图书情报学、社会学等社会科学领域。SSCI 主要收录社会科学的论文，同时也收录科技期刊中与社会科学相关的论文。截至 2022 年 12 月，SSCI 数据库收录了社会科学的 58 个核心学科领域的 3500 余种全球有影响力的期刊，数据可回溯到 1900 年。

8.4.3　艺术与人文引文索引（A&HCI）

艺术与人文科学引文索引（Arts & Humanities Citation Index，A&HCI）由美国科学信息研究所（ISI）编制，创刊于 1976 年。Web of Science-A&HCI 是艺术与人文学科领域的引文索引数据库，目前包含在科睿唯安集团的 Web of Science 核心合集中。A&HCI 收录期刊的学科范围包括：建筑艺术、艺术、舞蹈艺术、电影艺术、电视和无线电、民间文学、史学、语言和语言学、文学、音乐、哲学、戏剧、神学和宗教领域等。截至 2022 年 12 月，A&HCI 数据库收录了艺术与人文学科领域内 28 个学科领域中的 1800 余种学术期刊，数据可回溯至 1957 年。

8.4.4　工程索引（EI）

工程索引（Engineering Index，EI）创刊于 1884 年，是美国工程信息公司出版的著名工程技术类综合性检索工具。主要收录工程技术领域的论文，数据覆盖了核技术、生物工程、交通运输、化学和工艺工程、照明和光学技术、农业工程和食品技术、计算机和数据处理、应用物理、电子和通信等学科领域。

EI Village Compendex 是 EI（工程索引）的网络版，内容包括原来的光盘版（EI Compendex）和后来扩展的部分（EI PageOne）。EI 数据库侧重于工程技术领域的文献，每年新增 150 万条新记录，截至 2021 年 7 月，该数据库收录 1970 年以来来自 86 个国家的 190 余个工程学科的超过 2750 万条记录，包括 2553 家出版社的内容，3878 种学术期刊，311 种开放获取期刊，194 种贸易杂志，133896 本会议论文集，143 种系列丛书，5 万多册书籍/超过 26.3 万条书目章节，来自 1919 种期刊的待刊论文（Article in Press），211844 条博士毕业论文记录，20.5 万余条技术标准记录等。

EI 把它收录的论文分为两个档次：

① EI Compendex 标引文摘：它收录论文的题录、摘要，并以主题词、分类号进行标引深加工。有没有主题词和分类号是判断论文是否被 EI 正式收录的唯一标志。

② EI Page One 题录：主要以题录形式报道，有的也带有摘要，但未进行深加工，没有主题词和分类号，因此 Page One 带有文摘不一定算作正式进入 EI。

8.4.5　科技会议录索引（CPCI-S）

美国科学信息研究所（ISI）出版的两大会议录索引即 CPCI-S（原名 ISTP）和 CPCI-SSH（原 ISSHP），汇集了世界上最新出版的会议录资料，包括专著、丛书、预印本以及来源于期刊的会议论文，提供了综合全面、多学科的会议论文资料。科技会议录索引（Conference Proceedings Citation Index-Science，CPCI-S，原 ISTP）创刊于 1978 年，主要收录国际上著名的科技会议文献。它所收录的数据包括农业、环境科学、生物化学、分子生物学、生物技术、医学、工程、计算机科学、化学、物理学等学科。数据库（网络版）收录自1990年以来每年近1万个国际科技学术会议所出版的会议论文。

8.4.6 社会科学与人文科学会议录索引（CPCI-SSH）

《社会科学与人文会议录索引》（Conference Proceedings Citation Index -Social Science & Humanities，CPCI-SSH，原名ISSHP）创刊于1979年。数据涵盖了社会科学、艺术与人文科学领域的会议文献。这些学科包括：哲学、心理学、社会学、经济学、管理学、艺术、文学、历史学、公共卫生等领域。数据库（网络版）收录自1990年以来每年近2800个国际学术会议所出版的会议论文。

8.5 期刊与科研评价工具

8.5.1 期刊引证报告（JCR）

8.5.1.1 JCR概述

期刊引证报告（Journal Citation Reports，JCR）是由美国科学情报研究所（ISI）出版，对世界权威期刊进行系统客观评价的有效工具，依据来自Web of Science（SCI，SSCI，A&HCI和ESCI）中的引文数据，基于可靠的统计分析方法，对全球学术期刊进行客观、系统地评估，帮助用户以定量的方式了解全球的学术期刊，并且通过这些分析数据了解某种学术期刊在相应研究领域中的影响力。遴选人员使用28条考察依据评估期刊，其中包括24项质量评估标准，在期刊层面根据编辑严谨度及最佳实践做出选择；以及4项影响力评估标准，旨在利用引证活动作为衡量影响力的主要指标，选出各领域内影响最为深广的期刊。只有被SCIE或SSCI收录的期刊才有影响因子，JCR每年更新一次。

1975年，美国科学信息研究所（ISI）发布的SCI增加了一卷《期刊引证报告》，也就是第一期JCR，这是ISI首次大规模发布期刊级别的JCR详细数据。过去的40多年间，JCR不断发展完善，逐步推出了一系列更加丰富的计量指标。例如：2004年，去除自引的影响因子（Journal Impact Factor Without Self Cites）；2009年，五年影响因子（5 Year Journal Impact Factor），特征影响因子（Eigenfactor Score）和论文影响力（Article Influence Score）；2015年，期刊影响因子百分位（The JIF Percentile）；2018年，科睿唯安为用户全面了解期刊表现，提供了新的分析角度和更加丰富而详尽的信息，显著加强了对期刊影响因子和其他指标的揭示度，增加了论文层面的分析和解读；2020年4月，科睿唯安宣布在JCR期刊介绍页面引入开放获取数据，以提高学术出版中开放获取模式的透明度，新引入的开放获取（Open Access，OA）数据将显示每篇期刊论文的获取模式；2021年5月，科睿唯安宣布在2021年度JCR最新版本中将对现有的期刊资源库做出最新改进和增补，其中的一项改进就是扩大JCR的期刊文献收录范围，与Web of Science核心合集中所涵盖的期刊范围保持一致，全面囊括来自A&HCI和ESCI的所有期刊内容。

JCR中的每种期刊均提供如下信息：

① 每种期刊的影响因子 IF。

② 每种期刊在当前年被引用的总次数（Total Cites）。

③ 每种期刊当前年发表的文章在当前年的平均被引次数（Immediacy Index）。

④ 每种期刊当前年的文章总数（Articles）。

⑤ 每种期刊论文研究课题的延续时间（Cited Half-life）。

⑥ 每种期刊的引用期刊列表（Citing Journal）。

⑦ 每种期刊的被引用期刊列表（Cited Journal）。

⑧ 每种期刊的影响因子在近几年的变化情况（Trends）。

⑨ 每种期刊的来源数据情况（Source Data）等。

8.5.1.2 JCR 检索与利用

选择 Journal Citation Reports 数据库，进入 JCR 主页。JCR 提供了两种检索方式：浏览、快速检索。

（1）浏览方式：可按照期刊名称、类目、出版社、国家/地区进行浏览。

（2）快速检索方式：在检索框里输入期刊名称、ISSN/eISSN、类目、出版社、国家/地区名称，进行检索。例如在检索框里输入“China”，可检索到 JCR 数据库中：刊名中含有“China”的期刊、含有“China”的类目及出版社、中国大陆出版的期刊，分别点击可浏览相关期刊的详细信息，包括期刊的 ISSN、eISSN、所属类目、总被引次数、最新影响因子、JCR 分区、JCI 指标等（图 8-3）。

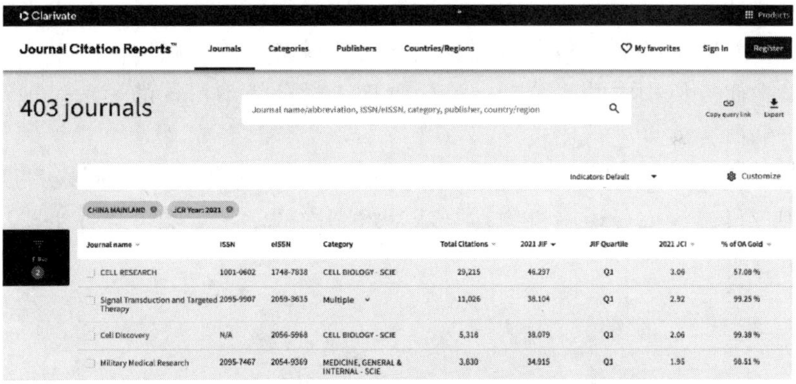

图 8-3　JCR 检索界面

由于 JCR 提供了期刊的大量信息，因此 JCR 有助于研究人员和出版机构找到某一学科领域学术影响较大的期刊，找到被引用次数较多的期刊，比较期刊的选稿偏好，了解各年影响因子，了解期刊影响因子 5 年中的变化趋势，分析期刊的相对影响趋势，鉴别评论期刊，有效地管理馆藏文献等。

8.5.2　基本科学指标（ESI）

基本科学指标（Essential Science Indicators，ESI）是一个基于 Web of Science 核心合集数据库的科研分析评价工具（图 8-4）。ESI 收录了 SCI/SSCI 期刊的大量文章（文献类型为 Article 和 Review），对每一种期刊都按照 22 个学科进行了一对一地分类标引。ESI 拥有客观的科研绩效基准值，提供最近十多年的滚动数据，每两个月更新一次。

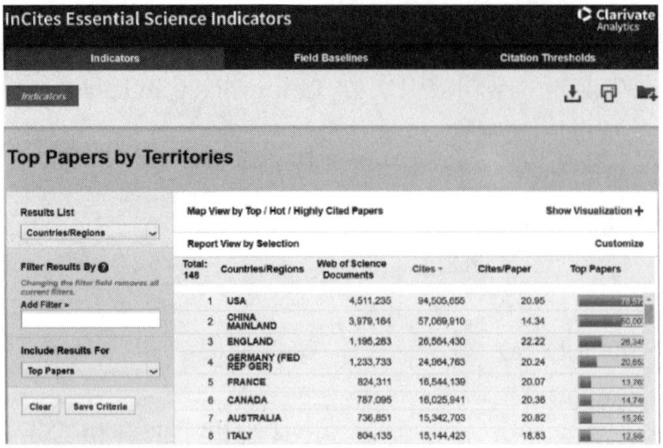

图 8-4 ESI 检索界面

ESI 的功能包括：

① 分析机构、国家和期刊的论文产出和影响力。

② 按研究领域对国家、期刊、论文和机构的科研表现进行排名。

③ 发现自然科学和社会科学中的重大发展趋势。

④ 确定具体研究领域中的重要研究成果和影响力。

⑤ 评估潜在的合作机构，跟踪目标机构的科研表现等。

8.5.3 基于引文的综合性科研评估工具（InCites）

InCites 是科睿唯安集团在汇集和分析 Web of Science（SCIE/SSCI/A&HCI）权威引文数据的基础上建立起来的科研评价工具，综合了各种计量指标和 30 年来各学科各年度的国际标杆数据。

通过 InCites，用户能够实时跟踪机构的研究产出和影响力；将本机构的研究绩效与其他机构以及全球和学科领域的平均水平进行对比；发掘机构内具有学术影响力和发展潜力的研究人员，并监测机构的科研合作活动，以寻求潜在的科研合作机会。InCites 能够帮助政府和学术研究机构中的决策者、科研管理人员分析本机构的学术表现和影响力，并针对全球同行的研究成果进行比较。

InCites 作为整合的科研管理信息综合资源，提供了轻松生成定制报告所需的所有数据和工具。用户可以深入分析本机构在全球学术圈内的学术影响力，并生成反映多角度的研究绩效分析报告。

习　　题

1. 什么是核心期刊？核心期刊有何特点？
2. 什么是布拉德福文献分散定律？
3. 核心期刊评价方法有哪几种？核心期刊评价指标有哪些？
4. 什么是影响因子？影响因子的计算方法是怎样的？
5. 什么是 h 指数（Hirsch）和 h 指数（Braun）？
6. 国内核心期刊体系与引文索引系统主要有哪些？
7. 国外引文索引系统主要有哪些？
8. 期刊引证报告（JCR）具有哪些功能？
9. 基本科学指标（ESI）具有哪些功能？

第 9 章　文献管理、信息分析与论文写作

随着项目研究的深入与扩展，文献信息不断增加，需要分门别类地存放并有序地管理与利用，这时可以利用文献管理工具。文献管理工具的功能主要包括建立图书馆及各种目录、存放各种类型的文献、迅速连接全文并保存、按用户需要排序、方便地查找、同步与云存储、辅助论文撰写、插入引文、引用参考文献格式转化、标记标签功能等。常用的文献管理工具有 EndNote、NoteExpress、NoteFirst、Biblioscape、Zotero、Mendeley、JabRef、CNKI E-Study 等。

9.1　文献管理工具 EndNote

9.1.1　EndNote 20 的安装

EndNote 是由 ISI Thomson 公司开发、广受科研人员与学生欢迎的文献管理软件，它的功能主要包括三方面：收集和保存文献数据，查询和管理文献数据，帮助研究者快速使用正确的论文格式撰写论文、方便地插入所引用文献并按照格式进行编排。用户可以将 EndNote 视为一座图书馆，利用它存放各种类型的文献资料，并将越来越多的文献通过建立群组进行归类，轻松查询和调阅各种文献信息与全文，利用 EndNote 内建的论文范本和自动形成参考文献引用格式的功能辅助论文撰写。

EndNote 20 必须安装在以下环境中：Windows10，1GHz 或更快的 x86 位或 x64 位处理器，600MB 以上的硬盘空间，2GB 以上的存储空间。安装时可选择典型安装或自定义安装，如要安装更多插件可选择自定义安装。软件安装完成之后，打开 Microsoft Word，可见菜单栏多了一项 EndNote20 的菜单。可点击 Windows10［开始］选择 EndNote 打开，或从 Word 的菜单栏打开 EndNote 20。

9.1.2　EndNote Library 的数据导入

9.1.2.1　建立 EndNote Library

单击菜单［File］→［New］命令，系统弹出［New Reference Library］对话框，为图书馆取一个适当的名称，如 My EndNote library，保存后，生成一个 .Data 的文件夹和另一个 .enl 文件。

9.1.2.2　自行输入书目数据

步骤：单击菜单［Reference］→［New Reference］命令或单击＋按钮打开新书目编辑功能，先通过［Reference Type］下拉列表选择数据类型，再将书目数据一一输入到各字段。每一种数据类型都会有相对应的字段组合。全文上传：单击［File Attachments］字段右侧的［＋Attach file］选择文件。图片存放：选择［Figure］字段，利用拖拽或复制

粘贴的方式附加至字段中。输入完毕后保存并关闭。EndNote library 可以接受 20 多种文件格式，包括图片和音频格式。存放在图书馆的附加文件会被放置到 .Data 文件夹中。

编辑数据：在文献记录上双击，文献编辑界面就会自动显示在右边，点击［Edit］即可编辑。

预览数据，转换引文格式：点选编辑区域上方的［Summary］，然后点击右下角的［ˆ］按钮，可以展开引文格式的预览视窗，这时可以在下拉列表中选择需要的引文格式（如 Author-Date），也可以单击［Select Another Style…］命令，在弹出的［Choose A Style］对话框中选择其他格式（图 9-1）。单击［Style Info/Preview］按钮可在下方预览该格式的引用方式。

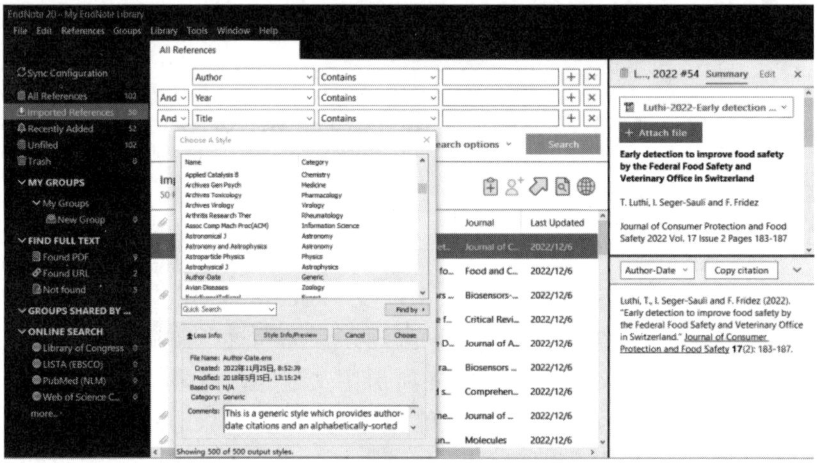

图 9-1　选择需要的引文格式

9.1.2.3　由数据库导入书目数据

许多在线数据库提供了直接将批量书目数据导入 EndNote library 的功能，以下介绍几个重要的在线数据库的导入/导出方式。

（1）以 Web of science—SCI/SSCI 数据库为例

在 Web of science 平台选择 SCI/SSCI 数据库进行检索，在检索结果中勾选需要的记录，导出选“EndNote Desktop”，记录内容选完整记录，保存文件。双击文件名，全部记录就已导入到了 EndNote 图书馆，但目前得到的书目数据并非全文。要获得全文馆藏，选择任一条书目数据，点击菜单［Reference］→［Find Full Text］，如果单位订购了全文数据库，那么 EndNote 的这项功能将把全文下载，当这条记录左侧出现了回形针的图示，就表明这篇全文已保存至图书馆中了。这时文献资料栏可以发现［File Attachments］字段中有一个 PDF 文件，它就是自动搜索获得的全文（图 9-2）。可以按住［Shift］键一次选择多条记录让 EndNote 自动下载全文，无需用户登入不同的数据库一篇篇地搜索下载后上传至图书馆。

（2）以 EBSCOhost 数据库为例

在 EBSCOhost 数据库平台选择数据库进行检索，在检索结果页面记录右侧点选＋号，把需要的数据放到文件夹中，然后转到“文件夹视图”，再次勾选要导出的记录后单击“导出”，选择“直接以 RIS 格式导出”，点击保存为 Ebsco. ris 文件。双击文件名，全

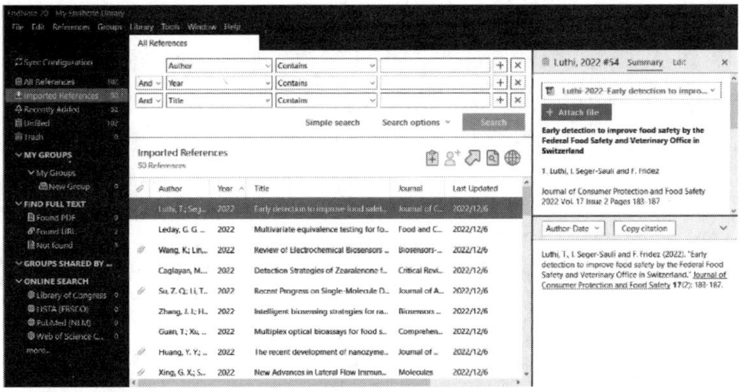

图 9-2　SCI/SSCI 数据导入后自动搜索获得全文

部记录就已导入到了 EndNote 图书馆。获得全文馆藏的方法与 Web of science 相同。

9.1.2.4　另存文件再导入

（1）万方数据资源系统

万方数据资源系统的数据虽然无法直接导入书目管理软件（如 EndNote、RefWorks），但可以将数据保存为 EndNote 能够理解的文件类型，进而导入到 EndNote Library 中。

步骤：①检索文献并勾选需要下载的记录之后，点击［批量引用］进入导出界面。②在文献导出界面选择 EndNote，出现 EndNote 导出界面。③点击［导出 TXT］，弹出下载对话框，保存为文件 wanfangdata.txt。④回到 EndNote，单击菜单［File］→［Import］→［File…］，弹出［Import File］对话框。⑤在对话框中先单击［Choose…］选择文件 wanfangdata.txt，再从［Import Option］下拉列表中选择［EndNote generated XML］，最后单击［Import］按钮完成数据导入（图 9-3）。

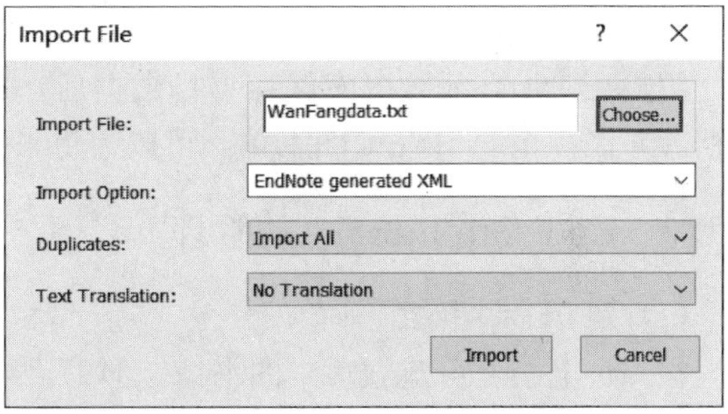

图 9-3　Import File 对话框

（2）CNKI 中国知网

CNKI 中国知网的数据也无法直接导入书目管理软件（如 EndNote、RefWorks），但同样可以将数据保存为 EndNote 能够理解的文件类型，进而导入到 EndNote Library 中。

步骤：①检索文献并勾选需要下载的记录之后，单击［导出与分析］→［导出文献］→［EndNote］进入导出界面。②在导出界面，单击［导出］，弹出［新建下载任务］对话框。③选择下载路径，确定文件名为 cnki.txt，单击［下载］。④回到 EndNote，导入文件 cnki.txt。导入方法与万方数据资源系统相同。

（3）PubMed

美国国家医学图书馆 PubMed 的数据也无法直接导入 EndNote，但可以保存为 EndNote 能够理解的文件类型后导入到 EndNote Library 中。

步骤：①检索文献并勾选需要下载的记录之后，单击［save］进入文件保存界面。②在文件保存界面［Save citations to file］下面［Format］后的下拉列表中选择［PubMed］，单击［Create file］按钮，弹出［新建下载任务］对话框。③选择下载路径，确定文件名为 pubmed. txt，单击［下载］。④回到 EndNote，单击菜单［File］→［Import］→［File…］，弹出［Import File］对话框。⑤在对话框中先单击［Choose…］选择文件 pubmed. txt，再从［Import Option］下拉列表中单击［Other Filters］，弹出［Choose An Import Filter］对话框，选择［PubMed（NLM）］，单击［Choose］按钮，最后单击［Import］按钮完成数据导入（图 9-4）。

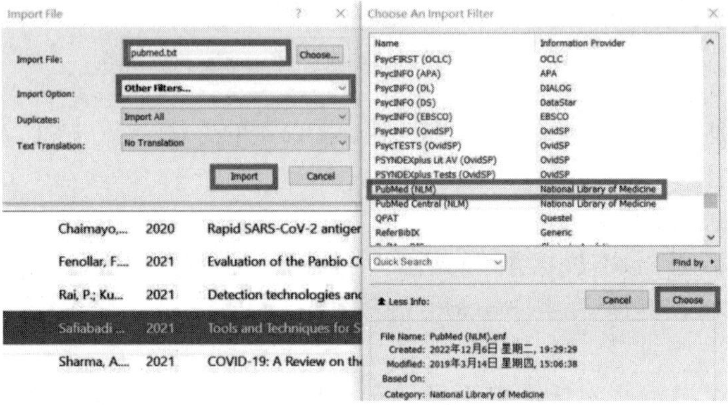

图 9-4　PubMed（NLM）数据导入

用户在使用在线数据库保存书目数据后，通过［Find Full Text］或其他方式将全文数据一并保存至 EndNote 图书馆，可以为将来寻找全文资料节省许多时间。

9.1.3　EndNote Library 的管理

（1）建立书目群组

在一台电脑上可建立多个图书馆，但书目与数据查询都需分散进行，因此可以建立一个图书馆，再利用图书馆的［Group］功能将数据分门别类、各自归档，Group 相对应图书馆内的不同书库。

在图书馆中建立 Group 的方法：单击菜单［Group］→［Create Group］命令，为新的 Group 命名。利用拖拽的方式，将书目数据拉到适当的 Group 中（图 9-5）。

建立智能书目群组是通过［Search］（检索）功能将图书馆中具有某些条件的数据汇集在一起的办法。比如用户想把图书馆中关键词含有“safety”的全部书目集成为一个 Group，就可以单击菜单［Group］→［Create Smart Group…］命令，在弹出的［Smart Group］对话框里输入 Smart Group 名称及检索条件［safety］，然后单击［Create］按钮，即在左侧［My Group］下生成一组［Safety Smart Group］（图 9-6）。

（2）找出重复的书目数据

从不同来源数据库中下载的数据很可能有许多数据相同，在导入 EndNote Library 后就可利用找出重复数据的功能进行对比。要找出重复的数据，可单击［Library］→［Find Duplicates］命令，寻找出相同的书目。接着，被判定重复的数据会被并列于生成的对话

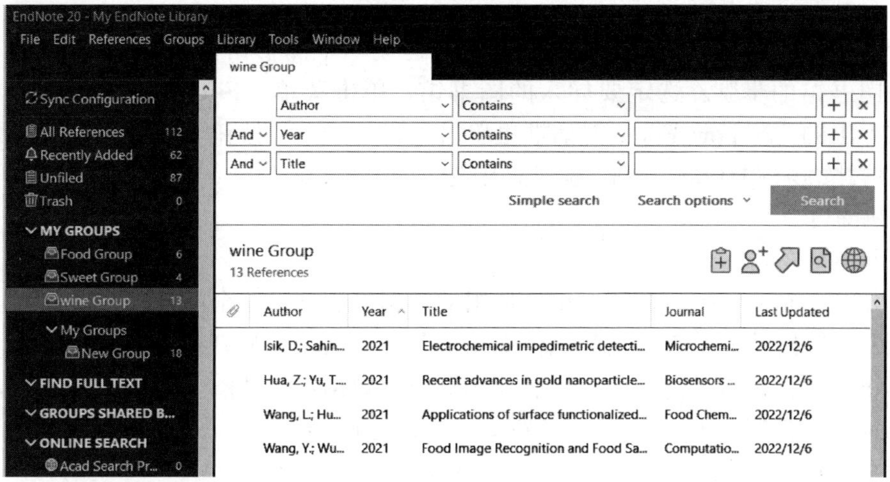

图 9-5　在图书馆中建立新的 Group

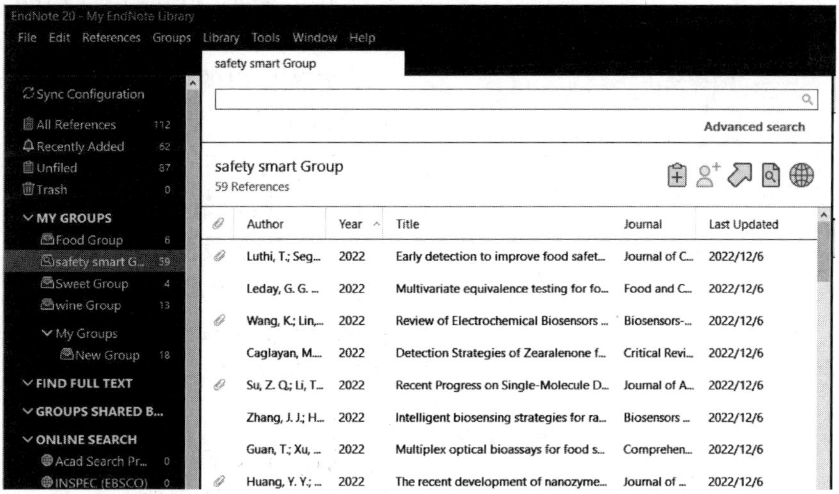

图 9-6　建立智能书目群组

框中，可选择保留或丢弃（移入垃圾桶）。

（3）检索书目数据

图书馆中的书目都是数字数据，通过选择不同的字段输入关键词，就可以轻松找到所需数据。要查询数据，可单击［Library］→［Advanced Search］命令，在高级检索界面选择检索字段、检索选项、逻辑关系，在一行检索框里输入检索词进行检索，或在多行检索框里分别输入检索词进行组合检索。

（4）批次修改书目数据

每一条书目数据都可以单击［Edit］进行修改，批量数据也可以批量修改，方法：单击［Library］→［Find and Replace…］命令，弹出［Find and Replace］对话框，在［In］后选择文字所在的字段，［Insert Special Tab］表示在文字之前插入空格，［Insert Special Carriage return］表示回车（换到下一行），在［find］框里输入原来的文字，［Replace with］框里输入换成的文字，单击［Change］即可完成更改。

（5）合并两个图书馆

多个图书馆不利于数据的查询与管理，以建立一个图书馆再以 Group 的方式管理为宜。合并图书馆的步骤：选定要导入的图书馆，单击菜单［File］→［Import］→［File…］命令，在弹出的［Import File］对话框里单击［Choose…］按钮，指定要合并的图书馆路径，再在［Import Option］下拉框列表中选择 EndNote Library 选项，最后单击［Import］按钮即可。

（6）复制与备份

数据复制与粘贴。把一个图书馆或群组的数据复制到另一个图书馆或群组，可以利用拖拽或复制、粘贴功能：方法一是鼠标拖拽书目，方法二是复制粘贴书目。

图书馆复制与备份。方法一：复制和粘贴整组数据，包括图书馆（扩展名为 . enl）和同名的文件夹（扩展名为 . Data）。方法二：单击菜单［File］→［Save a Copy…］命令，将图书馆另存备份。

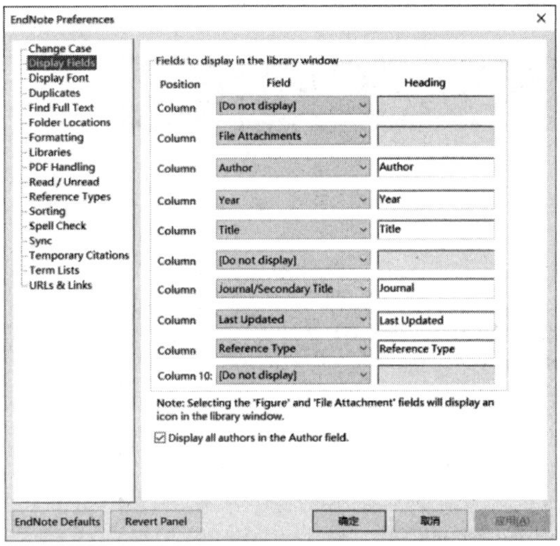

图 9-7　EndNote Preferences

（7）偏好设定

单击菜单［Edit］→［Preferences］命令，会弹出［EndNote Preferences］对话框，左侧框内的条目就是可自行设定偏好的项目（图 9-7）。部分条目的含义如下。

【Display Fields】设定在图书馆窗口显示的字段，最多可选择 10 个字段。在［Field］各字段的下拉列表中，选择想要在窗口显示的项目，然后在［Heading］各字段的文本框里输入希望该项目显示的名称。将不需要的字段设定为［Do not Display］。

【Display Font】变更字体大小，有 5 种不同大小字体可选。

【Duplicates】设定重复数据对比字段有哪些。

【Folder Location】设定式样、过滤器、用户文件缺省存放的文件夹。

【Libraries】设定当打开 EndNote 软件时，将优先打开哪一个 Library，包括四个选项：打开最近一次使用的图书馆；打开指定的图书馆；跳出图书馆清单以供选择；只打开 EndNote 软件，不打开图书馆。

【Reference Types】设定输入书目数据时缺省的文献类型。

9. 1. 4　利用 EndNote 20 撰写论文

9. 1. 4. 1　EndNote 撰写论文的功能

EndNote 在撰写论文方面的功能主要有：①利用 EndNote 模板建立格式、段落都合乎投稿要求的稿件。②利用 EndNote 的 Cite While You Write［CWYW］功能插入引用文献，并且自动形成正确的书写引用格式，无论是文内引用还是文末参考文献，都可以快速建立并且自动排序，即使以后要更改引用格式也只需要一个按键即可轻松转换。

9.1.4.2　利用 EndNote 论文范本撰写论文

学术论文都必须按规定的格式撰写，这些规定一般包括应该具备的段落、字体、行距以及引用文献格式等，这些格式十分繁琐。但使用 EndNote 内建的论文模板（Manuscript Template）进行写作就会简单得多。目前 EndNote 内建多种论文范本，均为 Word 文件，置于 EndNote 20 \ Templates 路径之下，更新文件可从 EndNote 官网下载。

9.1.4.3　利用 CWYW 插入引用文献

在利用 EndNote 建立了图书馆并且搜集了大量文献资料后，就可以开始论文撰写了。利用 EndNote 撰写论文时，需要同时打开 EndNote Library 以及 Microsoft Word，这样便由图书馆读取书目，并插入 Word 文稿中，形成文内引用（in-text citation）和参考文献（reference），这项功能称为 CWYW。

（1）插入引用文献

使用 CWYW 可以轻松地将选定的书目自动插入到 Word 论文中，利用 CWYW 插入引用文献的方法有：

方法一：拖拽法。同时打开 EndNote 与 Word，从 EndNote Library 选择一条书目直接拖拽到 Word 文件的适当位置，接着文内会出现引文序号，在文末会出现格式化的参考文献。如果未出现此结果，单击 Word 的菜单［EndNote 20］→［Update Citations and Bibliography］命令。

方法二：点选插入法。在 Word 文内需要插入引文处单击鼠标进行光标定位，然后到 EndNote Library 点选要插入的书目，单击［Tools］→［CWYW］→［Insert Selected Citations］。或者在 EndNote Library 点选要插入的书目，回到 Word 界面在需要插入引文处进行光标定位，单击菜单［EndNote 20］→［Insert Citation］→［Insert Selected Citation(s)］命令（图 9-8）。

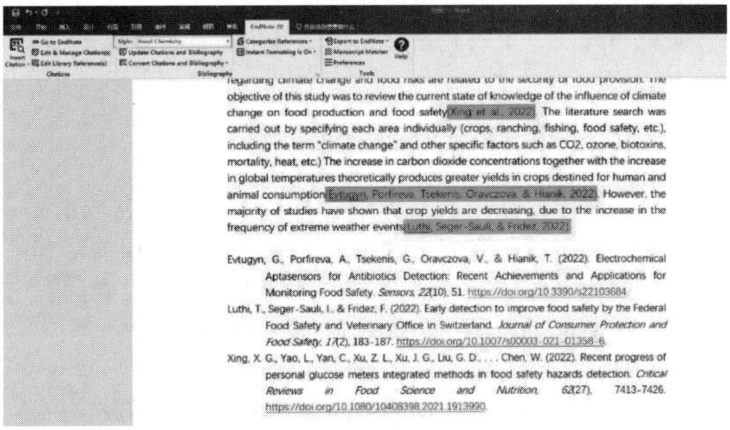

图 9-8　在 Word 文内插入 *food chemistry* 格式的参考文献

方法三：指令法。通过指令｛｝（大括号）的方式选择书目。在需要插入书目处输入｛｝，然后在｛｝中输入作者、篇名或关键词等检索词，或输入书目在 EndNote 中的编号

（点选某一篇书目，在窗口右上面即可看到，如＃91），然后单击 Word 的菜单［EndNote 20］→［Update Citations and Bibliography］命令，选择需要的书目插入或直接生成参考文献。若想一次引用多篇参考文献，可连续输入指令，例如：{＃91}{＃92}{＃93}。

（2）变更引用文献

参考文献引用格式可在 Word 界面［Style］下拉列表中随时调整，也可单击 EndNote 菜单［Tools］→［Out Styles］→［Open style manager…］命令后，在弹出的［EndNote Styles］对话框中变更。单击 Word 菜单［EndNote 20］→［Edit & Manage Citation（s）］命令，可改变引用文献的次序，删除、增加引文和变更引文格式，单击［Edit Library Reference（s）］命令可进行参考文献编辑。

9.1.4.4 完稿

若文稿由多个作者分别撰写，则当个别作者完成其负责的部分时，可以将文稿寄给其他合作者，同时需要将文稿内含的引用文献导出，单独形成一个 EndNote Library，使得其他合作者可以参考相关的文献甚至数据、图表等，这个方式称为［Export Traveling Library］。方法：单击 Word 菜单［EndNote 20］→［Tools］→［Export to EndNote］→［Export Traveling Library］命令，选择将这些书目导入到现有的 EndNote Library 或单独形成一个 EndNote Library。

当整篇论文都已经撰写完毕时，需要将稿件转换为可以投稿的一般文字文件。因为采用 CWYW 完成的稿件带有许多 EndNote makes（标记参数）。单击［Covert Citation（s）and Bibliography］→［Covert to Plain Text］命令可保存无标记参数的纯文本文件。

9.2 信息分析

一切事物的运动都具有形式多样、变化万千的特点，但从本质上看，这些事物的运动并不是杂乱无章、难以捉摸的，而是有规律的。规律是客观的，但人们在规律面前却并非无能为力，规律虽然客观存在，人们却可以透过现象认识它，并通过它再现事物的运动过程。在科学决策、研究与开发、市场开拓等领域，基于文献与数据的信息分析是一种行之有效的揭示规律的方法。

9.2.1 信息分析的概念与功能

信息分析（Information Analysis）亦称情报分析、情报研究或情报调研，是指根据特定问题的需要，以定性和定量研究方法为手段，通过对大量相关信息进行收集、整理、鉴别、评价、综合等系列化、深层次思维加工和分析研究，形成新的、增值的信息产品，最终为不同层次的科学决策提供服务的一项具有科研性质的智能活动。

信息分析以科学、技术和社会等领域存在的问题为研究对象，依靠各种有关信息，经过加工分析后得出有科学依据和逻辑合理的判断和结论，从而为科学决策、研究与开发服务。从这个意义上说，信息分析是一种实用性很强的科学研究，是科学研究的一个重要组成部分，也是科学研究的前提。但是信息分析与科学研究相比还是有区别的，主要表现在研究对象、研究目的、研究手段和社会作用等方面不同。

从信息分析的整个工作流程来看，信息分析具有整理、评价、预测和反馈四项基本功能。具体来说，整理功能体现在对信息进行收集、组织，使之由无序变为有序；评价功能体现在对信息价值进行评定，以达到去粗（取精）、去伪（存真）、辨新、权重、评价、荐优之目的；预测功能体现在通过对已知信息内容的分析获取未知或未来信息；反馈功能体现在根据实际效果对评价和预测结论进行审议、修改和补充。上述四项基本功能是密切相关的。信息整理和评价是信息分析的两项基础性功能，是为预测和反馈功能的实现做准备的；预测和反馈是信息分析的两项特征性功能，是信息整理和评价功能的进一步拓展和延伸。

信息分析的基本功能决定了其在国民经济和社会发展中发挥着重要作用。随着科技、经济、社会的发展，对信息分析也提出了越来越多和越来越高的要求。信息分析的作用概括起来就是为决策、研究与开发服务，体现在：为决策、研究与开发提供依据、论证和备选方案；对决策、研究与开发实施过程进行评价、反馈。

9.2.2　文献信息分析方法

9.2.2.1　概述

文献信息分析是指对获取的文献信息进行分析与综合的过程。它是根据特定的需要，对文献信息进行定向选择和科学抽象的一种研究活动。文献信息分析的目的是从繁杂的原始文献信息中提取共性的、方向性的或者特征性的内容，为进一步的研究或决策提供佐证和依据。

文献信息分析主要包括以下六个步骤：

① 选择课题；

② 收集课题相关的文献信息；

③ 整序，对收集到的文献信息进行归类和整理；

④ 鉴别，对整序后的文献信息进行粗略鉴别，去粗求精；

⑤ 分析，利用各种信息分析研究方法进行全面的分析与综合研究；

⑥ 报告编写，即根据课题要求和研究深度，撰写课题综述、研究报告等。

9.2.2.2　定性与定量分析方法

文献信息分析的方法很多，但归纳起来，主要有定性分析方法、定量分析方法、定性与定量相结合的分析方法三种。

（1）定性分析方法

定性分析方法是指获得关于研究对象的质的规定性方法，包括定性的比较、分类、类比、分析和综合、归纳和演绎等方法。主要是分析与综合、相关与对比、归纳与演绎等各种逻辑学方法。定性分析方法适用于那些不需要或不可能应用定量方法进行分析研究的课题。

常用的分析法有综合法、对比法、相关关系法和因果法。①综合法。它把与研究对象有关的情况、数据、素材进行归纳与综合，把事物的各个部分、各个方面和各种因素联系起来考虑，从错综复杂的现象中，探索他们之间的相互联系，以达到从整体的角度通观事物发展的全貌和全过程，获得新的认识，新的结论。②对比法。根据两种以上同类事物各自的相关的信息来辨别它们的异同或优劣的方法。③相关关系法。事物之间或者事物内部各个组成部分之间经常存在着某种关系，例如现象与本质、原因与结果、目标与途径、事物与条件等关系，这些关系可以统称为相关关系。通过分析这些关系，可以从一种或几种已知的事物来判断未知的事物。④因果法。根据事物之间固有的因果关系，利用已占有的情报，由原因推导出结果或由结果探究其原因的方法。

（2）定量分析方法

定量分析方法是指运用数学方法对研究对象的本质特征进行量化描述与分析的方法。它强调对数据的分析，通过建立数学模型等可重复检验的手段表达数据的内涵，从而保证信息分析活动成为建立在可靠基础上的科学研究活动，它是一种高度抽象的方法。其过程可以分为三步：①用精确的数量值代替模糊的印象。②依据数学公式导出精确的数量结论。③将结论的数量形式解释为直观性质。其特点在于，可以对事物的发展做出定量的描述，借助于数和数量关系研究事物的发展规律。

文献信息分析工作中较常用的定量分析方法有文献计量学法、插值法、回归法、预测分析法。①文献计量学法。文献计量学的关键是定量，是用定量化方法对文献特征进行分析处理的现代科学方法，采用了情报学与数学、统计学相结合的研究手段。文献计量学通过采集和处理数据，深刻、准确地观察和描述各种现象及规律。②插值法。包括内插法和外推法。这是一种研究由已知数据构成的特定函数的变化规律，在其变化过程的内涵上（内插）或变化过程的外延上（外推），取某函数近似值以代替无法求得的实际数据的方法。③回归法。通过处理已知数据来探寻这些数据的变化规律，并以此建立相应的回归方程式，再根据该方程式来预测未来发展的一种数理统计方法。可分为一元、二元和多元线性及非线性回归法等。④预测分析法。以概率论为其主要理论基础，对客观世界大量的随机事件进行探索的一种方法。

（3）定性与定量相结合的分析方法

定性分析是定量分析的基础和前提，定量分析则是定性分析的精确和具体化。两者存在着对立统一的关系，在实际工作中，定性分析的终点常常是定量分析的起点。定性分析与定量分析的有机结合改变了传统信息分析方法多用定性研究，很难保证分析结果准确性和重复性的局限。通过定性研究与定量研究方法的结合，使得信息分析方法更加符合实际需要，得出的结论更加准确和可靠。例如层次分析法，由于充分运用人的判断能力，将定性分析和定量分析有机地结合起来，因此在社会、政治、经济和管理领域的规划、决策、评价中得到了广泛的运用。传统的定性分析方法与现代的定量分析方法的有机结合，将是信息分析方法的必然走向。

9.2.3 文献信息分析软件

文献信息分析软件有基于引文的分析软件 Histcite，基于内容分析的 Refviz、Omniviz、Tda 等，还有分析研究前沿的 Citespace，以及统计分析软件 SPSS、BMDP、SAS 等。

（1）Histcite

Histcite（history of cite）即引文图谱分析软件，由 SCI 的发明人加菲尔德开发，能够用图示的方式展示某一领域不同文献之间的关系。可以快速帮助我们绘制出一个领域的发展历史，定位出该领域的重要文献以及最新的重要文献。软件的最新试用版本可以从 www.histcite.com 网站下载到。实例：在 WOS 里以 synthetic biology 进行检索，获得

2297 篇参考文献，下载后导入 Histcite，按 ICS 作图，结果如图 9-9 所示：

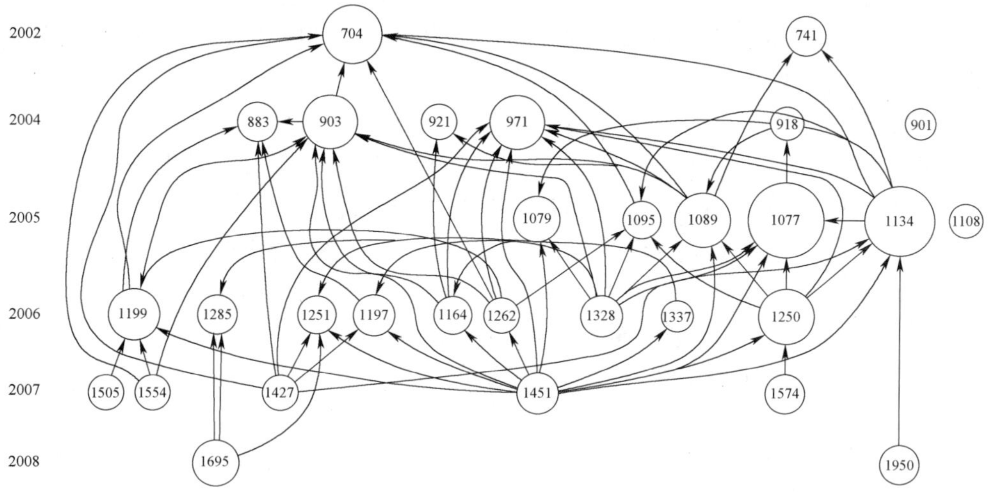

图 9-9　Histcite 实例图

从图 9-9 可以看出 704 这篇文献应该是一篇创新性的文献，或是一篇重要的综述。后面的 1077、1134、1089 这三个圆圈较大，说明这几篇文献受到广泛关注，具有较重要的地位。

（2）Refviz

Refviz 是 Thomson ISI Research Soft 的一个文献分析软件，可以将现有文献进行分类并且以直观的图示显示出来，根据关键词相交多少，很容易整理出所有文献的分布情况，对于课题选择、文献分析很有帮助。

（3）Citespace

Citespace 是由美国德雷赛尔大学信息科学与技术学院的陈超美（Chaomei Chen）教授开发的基于 JAVA 平台的信息可视化软件，用于文献引文网络分析。作为文献计量学方面最先进的分析工具之一，它能够在科学文献中识别并显示科学发展新趋势、新动态和最新研究进展，属于多元、分时、动态的第二代信息可视化技术。用 CiteSpace Ⅱ 绘制的一幅知识图谱能够显示一个学科或知识域在一定时期发展的趋势和动向，形成若干研究前沿领域的演进历程，使研究者较为容易地对科学领域进行定量和定性的研究。

（4）SPSS

SPSS（Statistical Product and Service Solutions）是“统计产品与服务解决方案”软件，最初软件全称为“社会科学统计软件包”（Solutions Statistical Package for the Social Sciences），由美国斯坦福大学的三位研究生于 1968 年研发成功，后由 IBM 公司收购并更名为 IBM SPSS。SPSS for Windows 是一个组合式软件包，它集数据整理、分析功能于一身。SPSS 的基本功能包括数据管理、统计分析、图表分析、输出管理等等。SPSS 统计分析过程包括描述性统计、均值比较、一般线性模型、相关分析、回归分析、对数线性模型、聚类分析、数据简化、生存分析、时间序列分析、多重响应等几大类，每类中又分好几个统计过程，比如回归分析中又分线性回归分析、曲线估计、Logistic 回归、Probit 回归、加权估计、两阶段最小二乘法、非线性回归等多个统计过程，而且每个过程中又允许用户选择不同的方法及参数。SPSS 也有专门的绘图系统，可以根据数据绘制各种图形。SPSS for Windows 的分析结果清晰、直观、易学易用，而且可以直接读取 EXCEL 及 DBF 数据文件，现已推广到各种操作系统的计算机上，它和 SAS、BMDP 并称为国际上最有影响的三大统计软件。

（5）BMDP

BMDP（Bio Medical Data Processing）第一版诞生于 1961 年，由加州大学洛杉矶分校研发，是由一个名为 BIMED 的生物医学应用软件修改而来。BMDP 是一个大型综合的数据统计集成系统，从简单的统计学描述到复杂的多变量分析都能应付自如。BMDP 为常规的统计分析提供了大量的完备的函数系统，如方差分析（ANOVA）、回归分析（Regression）、非参数分析（Nonparametric Analysis）、时间序列（Times Series）等。此外，BMDP 特别擅于进行出色的生存分析（Survival Analysis）。

（6）SAS

SAS 是统计分析系统（Statistics Analysis System），最早由美国北卡罗来纳大学的两位生物统计学研究生编制，并于 1976 年成立了 SAS 软件研究所，正式推出了 SAS 软件。在数据处理和统计分析领域，SAS 系统被誉为国际上的标准软件系统。SAS 是一个模块化、集成化的大型应用软件系统，它由数十个专用模块构成，功能包括数据访问、数据储存及管理、应用开发、图形处理、数据分析、报告编制、运筹学方法、计量经济学与预测等等。SAS 系统基本上可以分为四大部分：SAS 数据库部分、SAS 分析核心、SAS 开发呈现工具、SAS 对分布处理模式的支持及其数据仓库设计。SAS 系统主要完成以数据为中心的四大任务：数据访问、数据管理、数据呈现、数据分析。SAS 是用于决策支持的大型集成信息系统，统计分析功能是它的重要组成部分和核心功能。

9.3 学位论文撰写

9.3.1 学位论文的基本格式

国家标准 GB 7713—1987 规定了科学技术报告、学位论文和学术论文的编写格式，学位论文由以下两部分构成：

（1）前置部分（图 9-10）

前置部分
- 封面、封二
- 题名页
- 序或前言（必要时）
- 摘要
- 关键词
- 目次页（必要时）
- 插图和附表清单（必要时）
- 符号、标志、缩略词、首字母缩写、单位、术语、名词等注释表（必要时）

图 9-10 前置部分结构

（2）主体部分（图 9-11）

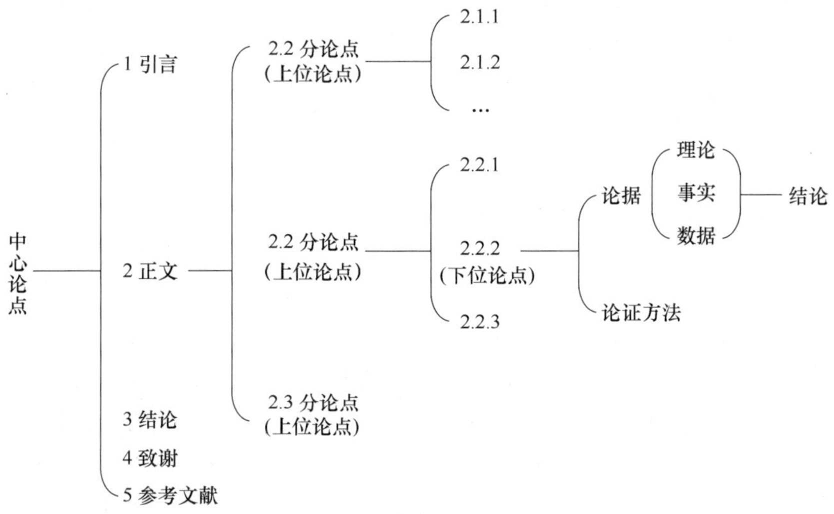

图 9-11　主体部分结构

9.3.2　学位论文的写作要求

（1）题名（Title，Topic）

题名又称题目或标题。题名是以最恰当、最简明的词语反映论文中最重要的特定内容的逻辑组合。

论文题目是一篇论文给出的涉及论文范围与水平的第一个重要信息。对论文题目的要求是：准确得体，简短精练，规范，醒目。题目必须紧扣论文内容，做到题要扣文、文要扣题。论文题目字数要少，用词要精选，一般一篇论文题目不要超出 20 个字。论文题目应符合有关规定，避免使用生僻的缩略语、缩写词、字符代号或公式。

（2）摘要（Abstract）

摘要是论文内容不加注释和评论的简短陈述，具有独立性和自含性。要以十分简练的语言概括论文的精华，不要简单浓缩全文，更不可三言两语草草了事。摘要最好是在全文完成以后再写，这样可以概括得更准确一些。摘要能使读者不用阅读全文，就能获得必要的信息。为了国际交流，还应有外文（多用英文）摘要。

摘要一般应包含以下内容：

① 研究目的和重要性；

② 研究的主要内容，完成了哪些工作；

③ 获得的基本结论和研究成果，突出论文的新见解；

④ 结论或结果及其意义。

（3）关键词（Keyword）

关键词是为了文献标引工作从论文中选取出来以表示全文主题内容信息款目的单词或术语。要精选能反映本文主要特点、具有实际意义的词或术语。每篇论文可选取 3～8 个词作关键词。关键词以显著的字符另起一行，排在摘要的左下方。

（4）引言（Introduction）

引言又称前言，属于整篇论文的引论部分。其写作内容包括：研究背景，前人的研究成果与分析，课题研究的目的和意义，研究方法和途径，关键的研究成果。引言应言简意赅，不要与摘要雷同，不要成为摘要的注释。引言的篇幅应视论文篇幅的大小及论文内容的需要来确定，一般在1000字左右。

（5）正文（Mainbody）

正文是一篇论文的本论，属于论文的主体。

正文部分表述的主要内容是作者详细地阐述个人的研究成果，特别是详细地阐述作者提出的新颖的、独创性的东西。对于文科性质的学术论文，在这一部分，作者必须根据课题的性质，或正面立论或批驳不同的看法或解决别人的疑难问题，来详细地论证论文中的全部思想和新的见解。对于理科性质的论文，写作内容可以包括：调查对象、实验和观测方法、仪器设备、材料原料、实验和观测结果、计算方法和编程原理、数据资料、经过加工整理的图表、形成的论点和导出的结论。由于研究工作涉及的学科、选题、研究方法、工作进程、结果表达方式等有很大的差异，对正文内容不能做统一安排，但正文的结构安排却有一定的形式。

学术论文的结构主要概括为四类：纵贯式、并列式、递进式、综合式。纵贯式是以时间的先后为顺序，或以事物发展变化的前后为程序，或以人们认识事物的发展规律为顺序来安排结构；并列式以不同事例的不同侧面论证中心意图；递进式就是以层层递进的关系，或以因果关系来安排结构，逐步深入地表现事理之间的分析综合的逻辑关系，逐层深入、环环相扣；综合式就是以综合需要为顺序，把纵贯式、并列式、递进式结合运用。论文的结构形式可以千变万化，具体选择哪种形式，一定要视情况需要而定。

（6）结论（Conclusion）

论文的结论部分是最终的、总体的结论，不是正文中各段的小结之简单重复。结论应该准确、完整、明确、精炼。如果不可能导出应有的结论，也可以没有结论而进行必要的讨论。

结论部分的写作内容一般应包括以下几个方面：

① 本文研究结果说明了什么问题，得出了什么规律，解决了什么理论或实际的问题。

② 对前人有关的看法作了哪些修正、补充、发展、证实或否定。

③ 本文研究的不足之处或遗留未予解决的问题，以及对解决这些问题的可能关键点和方向。

结论部分的写作要求是：措辞严谨、逻辑严密、文字具体、像法律条文。对尚不能完全肯定的内容注意留有余地。

（7）致谢（Acknowledgment）

必要时可在文末以简短的语言对给研究工作或论文写作给予了资助、帮助、指导等的组织或个人致以谢意。

（8）参考文献（Reference）

文中引用了参考文献，在文中应使用上标标出，文后必须按先后顺序对应著录参考文献。

9.4　参考文献著录

论文中参考文献的引用以及文后参考文献著录的目的主要有：反映论文作者的研究基础及相关的科学依据；有助于知识产权的保护；尊重别人的学术成果；指明引用资料的出处，便于检索利用等。目前我国参考文献引用与著录的国家标准是《信息与文献——参考文献著录规则》（GB/T 7714—2015），该标准规定了各个学科、各种类型信息资源的参考文献的著录项目、著录顺序、著录用符号、著录用文字、各个著录项目的著录方法以及参考文献在正文中的标注法。

9.4.1　正文中引文的标注格式

参考文献著录格式主要包括顺序编码制和著者-出版年制，国内出版的刊物绝大多数采用顺序编码制著录。

9.4.1.1　顺序编码制

顺序编码制是按文章正文中引用的文献出现的先后顺序连续编码，将序号置于方括号中。如果顺序编码制用脚注方式时，序号可由计算机自动生成圈码。

同一处引用多篇文献时，应将各篇文献的序号在方括号内全部列出，各序号间用“,”隔开，如遇连续序号，起讫序号间用短横线“-”连接，序号的位置视具体情况而定，可放在右上角，也可置于行文中。此规则不适于用计算机自动编码的序号。示例：作者张××[1]对这一现象进行了研究……方法见文献［2］，早期的研究结果[3,4]表明，用变分法导出最优控制条件[5-9]……

多次引用同一著者的同一文献时，在正文中标注首次引用的文献序号，并在序号的“[]”外著录引文页码。如果用计算机自动编序号时，应重复著录参考文献，但参考文献表中的著录项目可简化为文献序号及引文页码。

9.4.1.2　著者-出版年制

正文引用的文献采用著者-出版年制时，各篇文献的标注内容由著者姓名与出版年构成，并置于“()”内，如（陈若水，2022）。倘若只标注姓氏无法识别该人名时，可标注著者姓名。集体著者著述的文献可标注机关团体名称，倘若正文中已经提及著者姓名，则在其后的“()”内只著录出版年。

采用著者-出版年制组织时，文末的参考文献表各篇文献首先按文种集中，可分为中文、日文、西文、俄文、其他文种 5 部分，与正文文种相同的参考文献排列在前，其他文种排列在后；然后按著者字顺和出版年排列。中文文献可以按汉语拼音字顺排列，也可以按笔画笔顺排列。参考文献前不得加编号。在参考文献表中著录同一著者在同一年出版的多篇文献时，出版年后应用小写字母 a，b，c…区别。

9.4.2　著录格式与示例

参考文献类型和标识代码主要有：普通图书［M］，会议录［C］，汇编［G］，报纸［N］，期刊［J］，学位论文［D］，报告［R］，标准［S］，专利［P］，数据库［DB］，计算机程序［CP］，电子公告［EB］，档案［A］，舆图［CM］，数据集［DS］，其他［Z］。

电子资源载体和标识代码：磁带［MT］，磁盘，光盘［CD］，联机网络［OL］。

以下参考文献著录格式以顺序编码制为例介绍。

9.4.2.1 著录格式

（1）专著

主要责任者．题名：其他题名信息［文献类型标识/文献载体标识］．其他责任者．版本项．出版地：出版者，出版年：引文页码［引用日期］．获取和访问路径．数字对象唯一标识符．

数字对象唯一标识符（digital object identifier，DOI）是针对数字资源的全球唯一永久性标识符，具有对资源进行永久命名标志、动态解析链接的特性。

（2）专著中的析出文献

析出文献主要责任者．析出文献题名［文献类型标识/文献载体标识］析出文献其他责任者//专著主要责任者．专著题名：其他题名信息．版本项．出版地：出版者，出版年：析出文献的页码［引用日期］．获取和访问路径．数字对象唯一标识符．

（3）连续出版物

主要责任者．题名：其他题名信息［文献类型标识/文献载体标识］．年，卷（期）-年，卷（期）．出版地：出版者，出版年［引用日期］．获取和访问路径．数字对象唯一标识符．

（4）连续出版物中的析出文献

析出文献主要责任者．析出文献题名［文献类型标识/文献载体标识］．连续出版物题名：其他题名信息，年，卷（期）：页码［引用日期］．获取和访问路径．数字对象唯一标识符．

（5）专利文献

专利申请者或所有者．专利题名：专利号［文献类型标识/文献载体标识］．公告日期或公开日期［引用日期］．获取和访问路径．数字对象唯一标识符．

（6）电子资源

凡属专著、电子专著中的析出文献、电子连续出版物、电子连续出版物中的析出文献以及电子专利的著录格式，分别按以上有关规则处理。除此以外的电子资源根据本规则著录。

主要责任者．题名：其他题名信息［文献类型标识/文献载体标识］．出版地：出版者，出版年：引文页码（更新或修改日期）［引用日期］．获取和访问路径．数字对象唯一标识符．

（7）各种未定义类型的文献

主要责任者．文献题名［Z］．出版地：出版者，出版年．

9.4.2.2 著录格式示例

（1）普通图书

［1］ 王知津．工程信息检索教程［M］．北京：机械工业出版社，2008．316-320．

［2］ KINCHY A. Seeds. science，and struggle：the globle politics of transgenic crops［M/OL］．Cambridge，Mass.：MIT Press，2012：50［2013-07-14］．http://lib. mylibrary. com? ID=381443.

（2）论文集、会议录

［1］　雷春光．综合湿地管理：综合湿地管理国际研讨会论文集［C］．北京：海洋出版社，2012.

［2］　BABU B V，NAGAR A K，DEEP K，et al. Proceedings of the second international conference on soft computing for problem solving，December 28-30，2012［C］. New Delhi：Springer，2014.

（3）报告

［1］　中华人民共和国国务院新闻办公室．国防白皮书：中国武装力量的多样化运用［R/OL］（2013-04-16）［2014-06-11］．http://www.mod.gov.cn/affair/2013-04/16/content_442839.htm.

（4）学位论文

［1］　吴云芳．面向中文信息处理的现代汉语并列结构研究［D/OL］．北京：北京大学，2003［2013-10-14］．http://thesis.lib.pku.edu.cn/dlib/List.asp? lang=gb&type=Reader&DocGroupID=4&DocID=6328.

（5）专利文献

［1］　张凯军．轨道火车及高速轨道火车紧急安全制动辅助装置：201220158825.2［P］．2012-04-05.

（6）标准文献

［1］　国家环境保护局科技标准司．土壤环境质量标准：GB 15616—1995［S/OL］．北京：中国标准出版社，1996：2-3［2013-10-14］．http://wenku.baidu.com/view/b950a34b767facfalc7cd49.html.

（7）专著中析出的文献

［1］　白书农．植物开花研究［M］//李承森．植物科学进展．北京：高等教育出版社，1998：146-163.

（8）期刊中析出的文献（期刊论文）

［1］　于潇，刘义，柴跃廷，等．互联网药品可信交易环境中主体资质审核备案模式［J］．清华大学学报（自然科学版），2012，52（11）：1518-1523.

［2］　陈建军．从数字地球到智慧地球［J/OL］．国图资源导刊，2010，7（10）：93［2013-03-20］．http://d.g.wanfangdata.com.cn/Periodical_hunandz201010038.aspx. DOI：10.3969/J.issn.1672-5603.2010.10.038.

［3］　FRANZ A K，DANIELLEWICZ M A，WONG D M. et al. Phenotypic screening with oleaginous microalgae reveals modulators of lipid productivity［J/OL］．ACS Chemical biology，2013，8：1053-1062［2014-06-26］．http://pubs.acs.org/doi/ipdf/10.1021/cb300573r.

（9）报纸中析出的文献

［1］　张田勤．罪犯 DNA 库与生命伦理学计划［N］．大众科技报，2000-11-12（7）．

（10）电子资源（不含电子专著、电子连续出版物、电子学位论文、电子专利）

［1］　李强．化解医患矛盾需釜底抽薪［EB/OL］．（2012-05-03）［2013-03-25］．http://wenku.baidu.com/view/47e4f206b52acfc789ebc92f.html.

［2］ Dublin core metadata element set：version 1.1［EB/OL］.（2012-06-14）［2014-06-11］. http://dublincore.org/documents/dces/.

9.5 论文写作常见问题与投稿

9.5.1 论文写作常见问题

论文写作通常存在的问题主要涉及论文篇名、署名、摘要、关键词、基金项目、作者简介、注释、参考文献等项。

（1）篇名

① 篇名应简明、具体、确切，概括文章要旨。

② 篇名应符合编制题录、索引和检索的有关原则，并有助于选择关键词和分类号。例如一篇研究鲁迅的文章，篇名为“在灵魂深处寻找黑暗”，似乎有些文采，但篇名中不含任何鲁迅研究方面的信息，检索时此文就可能漏检，而且这样的篇名过于抽象。像这类篇名可以加上含有关信息的副标题。

③ 篇名以“浅”冠名太多也须注意。不少含“浅探”“浅谈”“浅论”“浅析”“浅议”“试论”“初探”的篇名，一方面或许是作者自谦；但另一方面也表明了作者的底气不足，功夫下得有限。我们提倡谦虚谨慎，治学严谨，但在学术繁荣竞争激烈的时代，如果老停留在浅谈、浅论、浅析上，怎么可能脱颖而出？当然实事求是的创新初探是进入科学殿堂的阶梯，但若以“浅”掩饰平庸和不思进取则是不可取的。

（2）作者署名及工作单位

文章应有作者署名及工作单位。在论文上署名，表明署名者对此论文做了贡献，与此同时，作为作者也须承担论文结论所产生的责任。单位署名常见的问题有：有的作者工作单位标的是简称，不是按要求标明作者工作单位全称；有的文章有多位作者，且不是同一单位，没有按要求分别标注，仅标第一作者工作单位；有的作者工作单位中英文不一致。

（3）摘要

公开发行的期刊论文应附中英文摘要，摘要要求能客观反映论文主要内容的信息，具有独立性和自含性，使读者通过阅读摘要就能迅速了解论文的主要内容和在相应领域中的重要性。摘要编写常见的问题有：

① 摘要内容太简单，有的论文摘要仅一两句数十字，要反映论文主要内容的信息且具有独立性和自含性是不可能的。

② 摘要内容不简练，详略失当。有的摘要字数不少，却详略失当，导入性文字写了不少，涉及文章实质内容的却一笔带过。

③ 把摘要写成了提要、评介。摘要是论文的浓缩，应完全用论文中的语句或用论文中的语句归纳的话来揭示文章的最主要观点或结论，并且不应加入任何评介性语言。

④ 有的论文只有中文摘要而无英文摘要，或中英文摘要内容差别太大。

⑤ 有的英文摘要翻译欠妥。

（4）关键词

论文需选 3～8 个反映论文主题概念的词或词组。这方面常见的问题是选词过少或选词随意，甚至把非主题概念的词语等也选作关键词，有的论文中英文关键词不同或顺序不同。

（5）基金项目

基金项目反映文章获得基金资助的来源，也可反映出论文研究课题在一定范围内得到的重视以及论文在该研究课题中的地位、该研究课题的进度等。应将需列项目列清。这方面常见的问题是只列课题主项目，缺少子项目或缺少项目编号等。

（6）作者简介

作者简介介绍文章主要作者的姓名、出生年、性别、民族、籍贯、工作单位、职称（职务）、学位、研究方向、研究成果等。

（7）注释与参考文献

注释主要用于对文章篇名、作者及文内某一特定内容作必要的解释或说明。而参考文献则主要是指明文章论点论据的出处。二者形式不同，注释是其解释或说明的表述，参考文献是其各项内容的罗列。

参考文献著录方面通常存在的问题有：

① 参考文献列得过多或过少。

② 参考文献序码与其正文引文标注不是一一对应。

③ 参考文献的著录没有严格按照要求，随意增添用语，项目顺序错误，标点、符号错误。

④ 参考文献的著录项错误或者著录不完整。

⑤ 有的参考文献涉及外国文献时仍用中文的格式著录。如涉及英文著作、报纸、杂志名时，打上中文书名号或者双引号，这不符合英文格式。在英文中，规范的书写格式应是把书名写成斜体字或者加底线，文章则一般加双引号表示。此外，英文字母的大小写是有极强的规定性的，不能随便乱写。

⑥ 引用的参考文献或过于陈旧或缺乏权威性。

⑦ 引用非公开出版资料，著录不规范、不准确。

9.5.2　论文投稿之忌

（1）忌选题陈旧雷同

学术研究论文需要有新的创见，立论要新，研究角度要新。论文研究的应当是前人不曾研究过的问题，或者前人虽已研究，但研究得不深，见解不统一，结论不准确，论证不全面，需要进一步深入探讨，补正、扬弃或赋予新内容。有不少编辑部反映，相当部分投稿选题陈旧雷同，内容缺乏创新。泛泛而论者多，有新见者鲜，有些论文从题目到内容到论证框架都惊人的相似。这是由于这类选题的实践者众，但真正从学术上深入研究者不多。

（2）忌行文草率

有些论文，粗看即可发现不少毛病。比如，有的文章立论就站不住脚，论证简单肤浅；有的文章基本概念不清，如把上位概念与下位概念并列或搞颠倒；有的文中有大段重复却没被作者看出；有的文中同音的错别字特别多，或形近的错别字特别多等。

（3）忌盲目投稿

有的投稿者对投稿没有一定的研究，对期刊的类型、级别、特色、需求不了解，把质量高的论文投到低级别的期刊上，浪费了可能被高级别的期刊刊登的机会；而有的质量低的论文投往级别高的期刊，可想而知，最终只能是石沉大海。因此，投稿者在投稿之前一定要了解该刊的特色以提高被采用的可能。

（4）忌一稿多投

出版界的惯例是，一篇研究论文绝对不允许同时投往不同刊物，只有在被一种刊物明确不采用之后或约定稿件处理期过后，才能投往另一刊物，这在知识产权备受重视的今天更是应该遵守的。有的作者没有这样的意识，利用现在网上投稿的便捷一稿两投甚至一稿多投，或者把同样内容的一篇论文略为改头换面又作为新的论文去投稿。这些做法都是不被允许的。一旦发现一稿多发，作者要遭遇通报批评、追回稿酬等等处罚，落得难堪的结果。

9.5.3 论文投稿策略

一般论文都是通过学术期刊发表的。论文只有发表才能广泛交流，才有被学术界认可的机会和更大程度转化为成果的可能。很多论文都具有较强的时效性，因此论文一旦完成，就要想办法尽快发表。论文除了本身的质量外，投稿时还有一定的技巧。

（1）严格选题，突出创新

作者在完成一项学术研究任务后，往往会有多方面的成果、经验、体会可以成文，这些成果或经验、体会可以写成多篇文章，但不一定都适合在同一份刊物上发表。因此，怎样从科研成果中抽出合适的选题成文并投向相应的刊物是有讲究的。核心成果可以写成学术论文，投给本专业的纯理论或技术类刊物；经验体会可以投给相关专业的综合性杂志；信息报道可以投给信息类刊物。但是不管写成何种体裁，有一点是共同的，那就是要通过查阅资料、跟踪研究、分析对比，突出与国内外同一领域类似成果的不同点，尤其是论文中的研究方法、结果和结论部分要突出重点、创新点、关键点。只有有所创新，才能吸引编辑的注意，从而提高录用概率。

（2）了解本学科专业期刊和核心期刊

一般专业论文都希望投向专业期刊。目前在国内有哪些专业期刊，必须了解。可以通过报刊征订目录了解邮发期刊的出版情况；可以通过相关的图书、期刊了解期刊出版情况，比如《中文核心期刊要目总览》，它既有核心期刊目录，也有其他公开（有 ISSN 号或 CN 号的期刊）和非公开（有内部准印证的期刊）期刊目录；可以通过网络了解期刊出版情况等。

怎样向国际和国内核心期刊投稿？

① 投国际刊物，请参考 JCR（包括科技版和社科版），选择自己想要找的学科类目，按照影响因子排序，挑选适合的刊物。然后上“乌利希国际期刊指南”网站查找刊物的地址或网站信息，登陆刊物的网站，查找在线投稿信息。

② 投国内刊物，可参考《中文核心期刊要目总览》、《中国科学引文索引》（CSCD）、《中国社会科学引文索引》（CSSCI）、《中国科技期刊引证报告》等，从中选择自己想要找的学科类别，然后按照影响力，挑选适合的刊物。投稿地址信息可以参考工具书《中文核心期刊要目总览》，也可以登录“CNKI 中国知网”，查找刊物的投稿信息。

③ 在给核心期刊投稿的过程中，需要注意的事项：尽量不要投增刊、年刊；单位署名要规范。例如署江南大学时还要写上“Wuxi，Peoples Republic of China”，这在给国际核心期刊投稿时尤其要注意。

（3）知己知彼，有的放矢

论文能够在什么档次的期刊上发表，作者要心中有数，准确定位。低层次的文章投到高档次的期刊上，命中率极低。好高骛远的投稿行为不但浪费了时间，也增加了投递费用。了解期刊的等级情况，有助于作者根据自己的实际情况，决策投稿目标。投稿目标的决策在遵循门当户对原则的同时，也需要发挥一点冲劲，首投可以考虑适当往稍高级别的期刊投稿。高投不中后，再退而求其次。

另外要通过对期刊征稿要求的了解，对期刊专题板块设置的分析，把自己的文章投往对胃口的期刊。不同的期刊办刊方针是有区别的，有的偏重录用理论研讨文章，有的喜欢录用实践操作的文章，有的偏爱现代技术研究的文章，有的钟爱鸿篇大论，有的倾向短小精悍。还可以为某一种期刊量身定制文章。比如，对某刊一定时期内发表的文章进行统计分析，特别是选择期刊的五周年、十周年等时期，做出统计分析，按分析的导向写论文。这样的文章投往该刊，发表的可能性相对就更大一些。另外，要注意期刊发表论文的排版风格。不同的期刊，其对作者和单位所处位置、版式、字体等等方面会有所不同，采用打印稿、软盘还是电子邮件投递稿件，最好是符合该期刊的个性化特点。

（4）及时与编辑部沟通

在寄论文的同时，给编辑部写一封短信，简单而实事求是地说明论文的主要创新点或实用意义，是否在行业内被推广应用，是否因此得了奖项，有哪些不足，哪些地方需要编辑给予重点关注，是否有特殊原因需要加急处理尽早发表等。如果是在某领域内的首次发现、首先应用，或者在别人工作基础上有所突破，取得了明显效果，具有很高理论和实用价值，或者因此获得了奖项的，这样的论文编辑部都会在第一时间内优先录用。在论文质量较好的前提下，如果作者有特殊需要时，编辑部一般也会考虑适当加急处理。作者投稿的同时，在论文的适当位置留下详细通信地址、邮编、办公电话或手机号、E-mail 信箱等信息，并附寄电子文件。当编辑部决定刊用某篇论文时，经常需要和作者联系，或作修改补充，或要求付版面费等。作者应及时通过适当方式，了解编辑部对稿件的处理进度以及是否能被采用。如果收到编辑对不采用稿件的具体意见，应认真地、虚心地吸取，针对不足之处加以修改，再做处理。

（5）提高时效

目前期刊在收到稿件后一般 2～3 个月内进行答复。但有的期刊社可能不回复或迟回复。如果一篇文章首投不中，期刊社审稿时间加上邮寄回复时间，就有可能需要三四个月；二投不中，再来这样一个回合就要费去半年多的时间。作者显然不愿意这样耗时间。那么就必然要有投稿对策，争取时间，有效的办法有：用电子邮件或网上投稿，缩短途中时间；缩短审稿等待时间，利用电话联系；缩短前后次投稿的时间，进行次第投稿；有些期刊把收到来稿的情况在网上公布，作者可以在网上查知投稿是否被杂志社及时收到。

习　　题

1. 如何利用 EndNote 20 在 Word 文稿中插入引用文献？

2. 信息分析的基本功能有哪些？
3. 试述文献信息分析的方法。
4. 如何撰写学位论文的摘要？
5. 试述学位论文写作的基本步骤。
6. 论文写作与投稿常见问题有哪些？
7. 简述学术论文投稿策略。

参考文献

[1] 彭奇志. 信息检索与利用 [M]. 北京：中国轻工业出版社，2014.

[2] 彭奇志. 信息资源检索策略与分析 [M]. 南京：南京大学出版社，2015.

[3] 沈艳红. 信息检索 [M]. 北京：高等教育出版社，2012.

[4] 赵乃瑄，冯君，俞琰. 实用信息检索方法与利用 [M]. 3 版. 北京：化学工业出版社，2018.

[5] 黄如花. 信息检索 [M]. 3 版. 武汉：武汉大学出版社，2020.

[6] 乔好勤，潘小明，冯建福，等. 信息检索与信息素养 [M]. 武汉：华中科技大学出版社，2022.

[7] 王立清. 信息检索教程 [M]. 3 版. 北京：中国人民大学出版社，2021.

[8] 周建芳. 信息素养与信息检索 [M]. 3 版. 北京：科学出版社，2022.

[9] 邓发云. 信息检索与利用 [M]. 3 版. 北京：科学出版社，2022.

[10] 明均仁. 信息检索 [M]. 武汉：华中科技大学出版社，2021.

[11] 肖冬梅. 知识产权信息检索与利用 [M]. 北京：中国人民大学出版社，2021.

[12] 王瑜，张丽英，高彦静. 文献信息检索与案例分析：学术硕士分册 [M]. 北京：科学出版社，2022.

[13] 胡德华，李小平，罗爱静. 科技信息检索 [M]. 北京：科学出版社，2022.

[14] 韩冬，傅兵. 文献信息检索与利用 [M]. 2 版. 北京：清华大学出版社，2022.

[15] 黄晓鹂. 医学信息检索与利用 [M]. 2 版. 北京：科学出版社，2020.

[16] 顾萍，谢志耘. 医学文献检索 [M]. 北京：北京大学出版社，2018.

[17] 童国伦，程丽华，王朕. EndNote & Word 文献管理与论文写作 [M]. 3 版. 北京：化学工业出版社，2022.

[18] 王细荣，郭培铭，张佳. 文献信息检索与论文写作 [M]. 7 版. 上海：上海交通大学出版社，2020.